HISTORIA DE LA EDUCACIÓN
Y DE LA PEDAGOGÍA

BIBLIOTECA PEDAGÓGICA
COLECCIÓN FUNDADA POR
LORENZO LUZURIAGA

LORENZO LUZURIAGA

HISTORIA DE LA EDUCACION Y DE LA PEDAGOGIA

Editorial Losada, S.A.
Buenos Aires

© Editorial Losada, S. A.
Moreno 3362,
Buenos Aires, 1951

ISBN: 950-03-8344-6

23ª edición: noviembre 1997

Tapa: Alberto Diez

Queda hecho el depósito que marca la ley 11.723
Marca y características gráficas registradas en la
Oficina de Patentes y Marcas de la Nación

Impreso en Argentina
Printed in Argentina

A la memoria de mi maestro

Manuel B. Cossío

INTRODUCCIÓN

En la obra presente se aspira a ofrecer una visión de conjunto de la historia de la educación y de la pedagogía. No se trata, pues, de un trabajo erudito o de investigación, sino más bien de un esfuerzo para exponer en la forma más clara y precisa posible el desarrollo histórico de las ideas e instituciones pedagógicas. Es ésta, por lo tanto, una obra esencialmente didáctica.

En la exposición nos hemos fijado principalmente en las ideas que tienen valor más actual, en las que han sobrevivido a las mudanzas del tiempo y que pueden contribuir a resolver los problemas del nuestro. En este sentido, la obra tiene un carácter más bien pragmático, sin que por ello hayamos caído en el pecado del practicismo o del partidismo. Por el contrario, hemos tratado de ser lo más veraces y objetivos posible.

Para facilitar la más clara comprensión de las ideas expuestas hemos presentado siempre que ha sido posible los textos o fuentes de donde proceden, por creer que es más breve y más preciso reproducir las mismas palabras en que fueron expresadas, y dar así también mayores garantías de autenticidad a lo manifestado. En este mismo sentido, creemos necesaria la lectura de un número determinado de obras clásicas de pedagogía, que puedan servir de estímulo o norma para el estudio ulterior.

Se ha tratado de poner en relación la educación con las concepciones sociales y culturales de cada momento histórico. La educación, en efecto, no es algo aislado, abstracto, sino que está relacionada estrechamente con la sociedad y la cultura de cada época. Éstos producen ideales y tipos humanos que la educación trata de realizar.

En nuestra exposición hemos intentado también establecer la más íntima conexión entre la realidad educativa y las ideas pedagógicas, ya que ambas son sólo parte de un todo indiviso: la educación misma. Hemos antepuesto en ella la educación a la pedagogía, no por creer que aquélla tenga más valor que ésta, sino porque así se hacía más inteligible el estudio de ambas. Queda sin resolver por ahora si el ideal de la educación surge de la realidad educativa o si ésta procede más bien de aquél.

Por el momento sólo debemos advertir que para nosotros los ideales no son algo vago y fluctuante, alejado de la realidad, sino que son tan precisos y concretos como la realidad misma. Constituyen en efecto una parte tan intrínseca de nuestra vida y de la sociedad humana como puedan serlo nuestras acciones y las instituciones sociales, generalmente más caducas y circunstanciales que los ideales humanos históricos.

Finalmente, creemos que para la comprensión de una y otra realidad educativa —la ideal y la real— es necesario un conocimiento no sólo de la pedagogía, sino también de la historia general y de la cultura en particular, pues sin ellas la historia de la educación como la educación misma, no tiene sentido.

Hablando del valor humano de la historia, advierte Dilthey, el gran maestro de ella: "Sólo la historia nos dice lo que el hombre es. Es inútil, como hacen algunos, desprenderse de todo el pasado para comenzar de nuevo la vida sin prejuicio alguno. No es posible desprenderse de lo que ha sido; los dioses del pasado se convierten en fantasmas. La melodía de nuestra vida lleva el acompañamiento del pasado. El hombre se libera del tormento y la fugacidad de toda alegría mediante la entrega a los grandes poderes objetivos que ha engendrado la historia".

En un momento histórico como el actual, de gran tensión política y honda crisis ideológica, en que no se ven salidas claras para nuestras vidas, el estudio de la historia, y particularmente el de la historia de la educación, quizá nos pueda servir para encontrar una solución a los graves problemas del momento.

Es posible, en efecto, que lo que, al parecer, no pueden lograr las medidas de la política o del gobierno, lo realice la educación, si es verdad, como decía hace ya veinticinco siglos Platón, que no importaba mucho que el gobierno estuviera en manos de uno solo o en las manos de muchos si se observaban rigurosamente los principios de la educación.

L. L.

CAPÍTULO I

HISTORIA DE LA EDUCACIÓN Y DE LA PEDAGOGÍA

1. CONCEPTO DE LA HISTORIA DE LA EDUCACIÓN Y DE LA PEDAGOGÍA

La historia de la educación es una parte de la historia de la cultura, como ésta, a su vez, es una parte de la historia general universal. No es fácil definir lo que sea la historia, pues de ella se han dado multitud de interpretaciones. Para nosotros, sin embargo, la historia es el estudio de la realidad humana a lo largo del tiempo. No es pues sólo cosa del pasado, sino que el presente también le pertenece, como un corte o sección que se hiciera en el desarrollo de la vida humana. Por otra parte, la historia de la cultura se refiere más bien a los productos de la mente o del espíritu del hombre, tal como se manifiestan en el arte, la técnica, la ciencia, la moral o la religión y sus instituciones correspondientes. La educación constituye una de esas manifestaciones culturales, y como ellas tiene también su historia.

Ahora bien, para tener una idea precisa de lo que la historia de la educación y de la pedagogía son, conviene recordar lo que significan la educación y la pedagogía mismas [1].

Por educación entendemos, ante todo, la influencia intencional y sistemática sobre el ser juvenil con el propósito de formarlo o desarrollarlo. Pero también significa la acción general, difusa, de una sociedad sobre las generaciones jóvenes con el fin de conservar y transmitir su existencia colectiva. La educación es así una parte integrante, esencial, de la vida del hombre y de la sociedad, y ha existido desde que hay seres humanos sobre la tierra.

De otra parte, la educación es un componente tan fundamental de la cultura, como puedan serlo la ciencia, el arte o la literatura. Sin la educación no sería posible la adquisición y transmi-

[1] Véase L. Luzuriaga, *Pedagogía*, Buenos Aires, Losada, 6ª ed., 1962.

sión de la cultura, ya que por ella vive ésta en el espíritu de los hombres. Una cultura sin educación sería una cultura muerta. Y ésta es también una de las funciones esenciales de la educación: hacer que la cultura siga viviendo a través de los siglos.

A la reflexión sistemática sobre la educación llamamos pedagogía. La pedagogía es la ciencia de la educación; por ella adquiere unidad y elevación la acción educativa. La educación sin pedagogía, sin reflexión metódica, sería pura actividad mecánica, mera rutina. La pedagogía es una ciencia del espíritu, y está en íntima relación con la filosofía, la psicología, la sociología y otras disciplinas, aunque no depende de ellas, ya que es una ciencia autónoma.

La educación y la pedagogía están en la relación de la práctica y la teoría, de la realidad y la idealidad, de la experiencia y el pensamiento, pero no como entidades independientes sino fundidas en una unidad indivisible, como el anverso y el reverso de una moneda.

Aunque la educación es un elemento esencial y permanente de la vida individual y social, no se ha realizado siempre del mismo modo. sino que ha variado conforme a las necesidades y aspiraciones de cada pueblo y de cada época. La sociedad a que se refiere la educación no es, en efecto, algo estático, constituido de una vez para siempre. sino que está en continuo cambio y desarrollo. Así lo está también la educación. En tal sentido, la educación tiene su historia. La historia de la educación estudia el cambio y desarrollo que ha experimentado la educación a través del tiempo en los diversos pueblos y épocas. Por otra parte, como la educación es una parte de la cultura, y ésta se halla también condicionada históricamente, variando según las características de los pueblos y las épocas, la historia de la educación es también una parte de la historia de la cultura, y estudia las relaciones de ésta con la acción educativa.

Si la educación tiene su historia, asimismo la posee su parte teórica y científica, la pedagogía. La historia de la pedagogía estudia el desarrollo de las ideas e ideales educativos, la evolución de las teorías pedagógicas y las personalidades que más han influído en la educación.

La historia de la pedagogía está íntimamente relacionada con las ciencias del espíritu, y como la historia de éstas es relativamente reciente. Es tanto que la historia de la educación comienza con la vida del hombre y de la sociedad, la historia de la pedagogía empieza sólo con la reflexión filosófica, es decir, con el pensamiento helénico, con Sócrates y Platón principalmente.

Aunque la historia de la educación y de la pedagogía se halla en íntima relación con la historia de la sociedad y la cultura, constituye un campo autónomo; tiene sus características y modalidades propias. Por otro lado, no se la puede considerar totalmente independiente, sino que forma parte de un todo más amplio, que es la pedagogía. Así como dentro de ésta hay una parte descriptiva y otra normativa, así también hay en aquélla una parte histórica constituida por la historia de la educación y la pedagogía; ésta sería la pedagogía considerada en su desarrollo histórico y por tanto no distinta de la pedagogía misma.

2. FACTORES DE LA HISTORIA DE LA EDUCACIÓN Y DE LA PEDAGOGÍA

De lo expuesto anteriormente se desprende que la historia de la educación y de la pedagogía no es sólo un producto del pensamiento y la acción de los pedagogos y hombres de escuela, sino que está integrada por multitud de factores históricos —culturales y sociales—, los más importantes de los cuales son:

La *situación general histórica* de cada pueblo y de cada época. Es decir, la posición ocupada por la educación en el suceder histórico. Así, la educación europea del siglo XVII, atormentada por las guerras religiosas, no es la misma que la educación del siglo XIX, en que se desarrolla más pacíficamente su historia.

El carácter de la cultura. Según que en ella se destaquen unas u otras manifestaciones espirituales: la política o la religión, el derecho o la filosofía, influirán en la educación de la época. Así, la educación clásica es esencialmente política; la medieval, religiosa; la del siglo XVII, realista; la del siglo XVIII, racionalista, etc.

La estructura social. Según las clases sociales, la constitución familiar, la vida comunal y los grupos profesionales que predominen en la sociedad, la educación tendrá uno u otro carácter. Así la educación ateniense era sólo para los hombres libres; la de la Edad Media, principalmente para los clérigos y guerreros, la del Renacimiento para los cortesanos, etc.

La orientación política. Según que el momento histórico de un pueblo sea imperial como en la Roma del siglo I o regional como en la Europa del siglo XIV, absolutista como en Alemania del siglo XVIII o revolucionario como en la Francia de la misma época, así será también su educación.

La vida económica. La educación es distinta, según sea la estructura económica de la época, su posición geográfica, su tipo de producción. Así, la educación primitiva era principalmente agrícola y ganadera; la del siglo XIV, gremial y la del siglo XIX, comercial e industrial.

A estos factores históricos hay que añadir los específicamente educativos y pedagógicos, como son:

Los ideales de educación, que están en relación con la concepción del mundo y de la vida de cada época. Al ideal caballeresco de la Edad Media corresponde la educación del noble; al ideal del Humanismo la educación del erudito.

La concepción estrictamente pedagógica, basada en las ideas educativas más importantes. La educación sensorialista de Locke es muy diferente de la idealista de Fichte; la educación naturalista de Rousseau, de la intelectualidad de Herbart; la educación pragmática de Dewey, de la cultural de Spranger.

La personalidad y la actuación de los grandes educadores son decisivas para la marcha de la educación: Sócrates y Platón, Lutero e Ignacio de Loyola, Comenio, Pestalozzi y Froebel sin ejemplos, cada uno en su género, de este tipo.

Las reformas de las autoridades públicas, como las llevadas a cabo por Federico el Grande en Prusia, por Napoleón en Francia, por Horacio Mann en los Estados Unidos, por Sarmiento en la Argentina, etc., transforman radicalmente la realidad educativa.

Finalmente, las *modificaciones de las instituciones y métodos de la educación*, como las de Ratke y Basedow en tiempos pasados o las de Montessori y Decroly en el nuestro, son también decisivas para la historia educativa.

Vemos así cómo la educación está influída por un conjunto de factores de todo género. Pero, a su vez, la educación influye también en todos ellos. Siempre, en efecto, que se ha querido realizar o consolidar un cambio esencial en la vida de la sociedad o del Estado, se ha acudido a la educación para ello. Así ocurrió, por ejemplo, con la Reforma religiosa en el siglo XVI o con la Revolución francesa en el XVIII. Lo mismo puede decirse de la cultura. Las grandes conquistas de la ciencia, como las realizadas después del Renacimiento con Galileo y Copérnico, con Bacon y con Descartes, sólo tienen arraigo y permanencia mediante la acción educativa. Así se establece en suma un movimiento de acción y reacción entre la sociedad y la educación, y entre ésta y la cultura, que dan continuidad y estabilidad a la historia de los pueblos.

3. ETAPAS DE LA HISTORIA DE LA EDUCACIÓN

En el desarrollo histórico de la educación se pueden observar diferentes etapas, cada una de las cuales tiene una característica particular, aunque no única ni exclusiva, ya que la vida humana no puede reducirse a esquemas simplistas. La vida individual y la social están, en efecto, constituidas por multitud de ideales e instituciones que forman la complejidad de la historia. Esto no obstante, se pueden distinguir en la historia de la educación las siguientes etapas principales:

1. *La educación primitiva*, de los pueblos originarios, anteriores a la historia propiamente dicha, y que podemos caracterizar como educación natural, ya que en ella predomina la influencia espontánea, directa, sobre la intencional. No existen aún en esta etapa pueblos o Estados, sino sólo pequeños grupos humanos dispersos sobre el haz de la Tierra; tampoco se puede establecer aquí una rigurosa cronología.

2. *La educación oriental*, o sea de los pueblos en que ya existen civilizaciones desarrolladas, generalmente de carácter autocrático, erudito y religioso. Comprende a pueblos muy diversos como Egipto, India, Arabia, China y el pueblo hebreo, entre otros. Es difícil establecer una cronología exacta, pero podemos decir que esta etapa abarca desde el siglo XXX al X a. de C. o sea unos 20 siglos.

3. *La educación clásica*, en que comienza la civilización occidental y que posee sobre todo un carácter humano y cívico. Comprende a Grecia y a Roma, las cuales, a pesar de sus diferencias, tienen muchos rasgos comunes. Su vida cultural autónoma se desarrolla principalmente entre los siglos X a. de C. y V d. de C., o sea un espacio de unos 15 siglos.

4. *La educación medieval*, en la que se desarrolla esencialmente el cristianismo, que había comenzado en la etapa anterior, y que ahora comprende a todos los pueblos de Europa, desde el siglo V al XV, en que comienza otra etapa, aunque naturalmente sin haberse terminado la educación cristiana, que llega hasta nuestros días.

5. *La educación humanista* que empieza en el Renacimiento, en el siglo XV, aunque ya antes había vestigios de ella. Esta etapa representa una vuelta a la cultura clásica, pero más aún el surgimiento de una nueva forma de vida basada en la naturaleza, el arte y la ciencia.

6. *La educación cristiana reformada.* Así como en el siglo XV se produce un renacimiento cultural humanista, surge en el XVI una reforma religiosa, como resultado de aquél. Ésta da lugar al nacimiento de las confesiones protestantes, de un lado, y a la reforma de la iglesia católica, de otro. Es lo que generalmente se llama la Reforma y la Contrarreforma, y cada una de ellas comprende ya, como las etapas sucesivas, a los pueblos de Europa y América.

7. *La educación realista,* en que comienzan propiamente los métodos de la educación moderna, basados en los de la filosofía y la ciencia nuevas (de Galileo y Copérnico, de Newton y Descartes). Esta etapa empieza en el siglo XVII y se desarrolla hasta nuestros días, dando lugar a algunos de los más grandes representantes de la didáctica (Ratke y Comenio).

8. *La educación racionalista y naturalista.* Propia del siglo XVIII, en que culmina con la llamada "Ilustración", o sea el movimiento cultural iniciado en el Renacimiento. Es el siglo de Condorcet y Rousseau. Al final de este siglo comienza el movimiento *idealista* de la pedagogía, cuyo más alto representante es Pestalozzi.

9. *La educación nacional,* iniciada en el siglo anterior con la Revolución francesa, alcanza su máximo desarrollo en el siglo XIX dando lugar a una intervención cada vez mayor del Estado en la educación, a la formación de una conciencia nacional, patriótica, en todo el mundo civilizado, y al establecimiento de la escuela primaria universal, gratuita y obligatoria.

10. *La educación democrática.* Aunque es muy difícil caracterizar la educación del siglo XX, acaso el rasgo que más la distingue es la tendencia a una educación *democrática*, haciendo de la personalidad humana libre el eje de sus actividades, independientemente de su posición económica y social, y proporcionando la mayor educación posible al mayor número posible de individuos.

Tales son, a grandes rasgos, las principales etapas que ha recorrido la educación hasta nuestros días, y que sólo hay que considerar como hitos o señales de su desarrollo histórico, el cual naturalmente continúa en nuestro tiempo y continuará seguramente mientras el hombre viva.

4. FUENTES PARA EL ESTUDIO DE LA HISTORIA DE LA EDUCACIÓN Y DE LA PEDAGOGÍA

La historia de la educación y de la pedagogía no se estudia solamente en las obras pedagógicas, sino que tiene un radio mucho más amplio; en relación con las diversas manifestaciones de la cultura. En este sentido, acude a las siguientes fuentes principales:

Las *obras religiosas fundamentales*, como los Vedas de la India, los libros de Buda y de Confucio, el Antiguo y el Nuevo Testamento, el Corán y el Talmud, las obras de San Agustín y de Santo Tomás, de Lutero y Calvino, de Pascal y Kierkegaard, etc., todas las cuales han influido en la historia de la cultura y por tanto de la educación.

Las *obras literarias clásicas*, como el Mahabarata y el Ramayana, la Ilíada y la Odisea, la Divina Comedia y el Quijote y las obras de Shakespeare y de Goethe, de Moliére y Lope de Vega, todas las cuales reflejan escenas sociales y tipos humanos que han influido en la educación.

Las *obras maestras del pensamiento universal*, como *La República* y los *Diálogos* de Platón, la *Ética* y la *Política* de Aristóteles, la *Ciudad de Dios* de San Agustín, los *Ensayos* de Montaigne, el *Discurso del método* de Descartes, la *Crítica de la razón pura* de Kant, *Sobre la Libertad*, de Stuart Mill, el *Origen de las especies* de Darwin, *El Capital*, de Carlos Marx, *Así hablaba Zaratustra* de Nietzsche, *La evolución creadora* de Bergson, etc., obras que sin ser pedagógicas han dejado un rastro profundo en la historia de la cultura y de la educación.

Las *obras fundamentales de la pedagogía*, como la *Educación del orador* de Quintiliano, el *Tratado de la enseñanza* de Vives, la *Didáctica Magna* de Comenio, el *Emilio* de Rousseau, el *Cómo Gertrudis enseña a sus hijos* de Pestalozzi, la *Pedagogía general* de Herbart, *La educación del hombre* de Froebel, *Democracia y educación* de Dewey, etc., que son las bases en que se apoya la educación y la pedagogía.

Las *biografías y autobiografías* de los grandes hombres, como las *Vidas paralelas* de Plutarco, las *Confesiones* de San Agustín y las de Rousseau, el *Canto del cisne* de Pestalozzi, *Poesía y realidad* de Goethe, la *Autobiografía* de Stuart Mill, la *Historia de mi vida* de la sordomudo-ciega Helen Keller, obras que presentan tipos humanos en su formación y desarrollo en su más alto grado, y otras de menor cuantía, pero también interesantes cuando representan tipos de valor medio.

Las leyes y disposiciones legales, como las *doce Tablas* de Roma, las *Leyes de Licurgo*, las *Siete Partidas* de Alfonso el Sabio, las *Leyes de Indias*, las ordenzas de Federico el Grande, las resoluciones de la Revolución francesa, etc., y más particularmente las disposiciones legales de cada país sobre educación y materias relacionadas con ella como las que se refieren a la familia, la ciudadanía, etcétera.

Todas estas fuentes y muchas que pudieran citarse constituyen los medios o instrumentos necesarios para el estudio de la historia de la educación. Tal historia no es algo vago, abstracto, sacado de la cabeza de los educadores y pedagogos, sino que es una parte viva de la realidad humana presente y pasada. Y su estudio es tan atractivo y tan interesante como lo pueda ser el de la literatura o la ciencia. En la bibliografía final de esta obra se indican las fuentes históricas más al por menor.

5. VALOR DE LA HISTORIA DE LA EDUCACIÓN Y DE LA PEDAGOGÍA

El estudio de la historia de la educación y de la pedagogía es imprescindible para el conocimiento de la educación actual, ya que ésta es un producto histórico y no una invención exclusiva de nuestro tiempo. La educación presente es, en efecto, una etapa del pasado a la vez que una preparación para el porvenir. La educación actual es como un corte transversal que se hiciera en el desarrollo histórico infinito del suceder educativo.

La historia de la educación, por tanto, no estudia el pasado como mero pasado, como cosa muerta, por pura erudición, sino como explicación de la situación actual. "El pasado como pasado —dice Dewey— no es nuestro objeto. Si estuviera completamente pasado no habría más que una actitud razonable: dejar que los muertos entierren a los muertos. Pero el conocimiento del pasado es la clave para entender el presente" [1].

En el mismo sentido, el filósofo Karl Jasper dice: "La historia es la que nos abre el horizonte más vasto, la que nos transmite los valores tradicionales capaces de fundamentar nuestra vida. Ella nos libera del estado de dependencia en que nos hallamos

[1] Dewey, *Democracia y educación*, Buenos Aires, Losada, 4ª ed., 1961.

sin tener conciencia de ello respecto a nuestra época, y nos enseña a ver las posibilidades más elevadas y las creaciones inolvidables del hombre... Nuestra experiencia actual la comprendemos mejor en el espejo de la historia, y lo que ella nos transmite adquiere vida para nosotros a la luz de nuestro tiempo. Nuestra vida prosigue mientras que el pasado y el presente no dejan de iluminarse recíprocamente" [1].

Por otra parte, el estudio de la historia de la educación constituye un excelente medio para mejorar la educación actual, porque nos informa sobre las dificultades que han encontrado las reformas de la educación, sobre los peligros de las ideas utópicas, irrealizables y sobre las resistencias anacrónicas, reaccionarias que la educación ha sufrido. "El pasado con sus intentos felices y sus fracasos —dice Dilthey— enseña tanto a los pedagogos como a los políticos" [2].

Pero la historia de la educación tiene además un gran valor educativo en sí misma porque informa a los que la estudian en el espíritu de la veracidad y en la fidelidad a la realidad de los hechos, afina la sensibilidad para los grandes problemas de la cultura y la educación y desarrolla el sentido de la comprensión y la tolerancia. "La historia enseña aun otra cosa —dice Ziegler—: la modestia; con todo su saber y poder, con todas sus nuevas ideas el individuo es sólo una ruedecilla en la gran empresa del desarrollo histórico" [3].

Asimismo, la historia de la pedagogía, al hacernos ver los grandes horizontes ideales de la humanidad, las conquistas de la técnica pedagógica y los perfiles de los grandes educadores, nos impide caer en la estrechez de la especialidad y en la rutina del profesionalismo. Al mismo tiempo, nos obliga a un mayor rigor en el pensar y a una fundamentación teórica de nuestro trabajo. "En lugar de no considerar más que al hombre de un instante —dice Durkheim— es el hombre en el conjunto de su devenir a quien es necesario considerar. En vez de encerrarnos en nuestra época, hay por el contrario, que salir de ella, a fin de sustraernos a nosotros mismos, a nuestras opiniones estrechas, parciales y partidistas. Y a esto precisamente debe servir el estudio histórico de la enseñanza" [4].

---

[1] K. Jaspers, *Introduction à la philosophie*, París, Plon, 1951.
[2] Dilthey, *Historia de la pedagogía*, Buenos Aires, Losada, 5ª ed., 1961.
[3] Th. Ziegler, *Geschichte der Pädagogik*, München, Beck, 5ª ed., 1923.
[4] E. Durkheim, *L'évolution pédagogique en France*, París, Alcan, 1938.

Finalmente, sobre el valor de la historia de la educación dice Spranger: "No es sólo, en absoluto, un trabajo estéril, de anticuario. Más bien es la historia de la educación, cuando se la cultiva adecuadamente, quien da aquella amplitud, claridad y elevación de la conciencia cultural, sin la cual la educación no sería más que un oficio muy limitado. No puede reunir únicamente opiniones extrañas y organizaciones escolares de épocas extinguidas, sino que tiene que ser auténticamente historia de la cultura"[1].

---

[1] E. Spranger, *Cultura y educación*, Buenos Aires, Espasa-Calpe, 1948

CAPÍTULO II

LA EDUCACIÓN PRIMITIVA

1. CULTURA Y SOCIEDAD DE LOS PUEBLOS PRIMITIVOS

La educación existe desde que hay hombres sobre la Tierra, y la vida de éstos se calcula hoy que empezó hace unos 3.000 siglos. De ellos sólo unos 60 pertenecen a las sociedades civilizadas [1]. La mayor parte, pues, de la vida humana ha transcurrido en la etapa primitiva o prehistórica.

El conocimiento de la cultura y la educación de los pueblos primitivos se obtiene, a falta de documentos escritos, de dos fuentes principales: de los restos y productos prehistóricos y de la vida de los pueblos primitivos actuales.

Desde luego, no se puede hacer ninguna determinación cronológica o geográfica fija. Sin embargo, se suelen distinguir en general dos etapas principales en el desarrollo de esa vida primitiva: la del hombre cazador, que corresponde más o menos a la edad paleolítica, y la del hombre agricultor, correspondiente a la neolítica y que se calcula comenzó hace 10 ó 12.000 años. Los pueblos, o mejor dicho, los grupos de hombres primitivos no han pasado de una a otra etapa súbitamente, sino a través de muchas dificultades y experiencias.

El hombre cazador es nómada, y vive en pequeños grupos dispersos, sin relación apenas entre sí. Se refugia en cuevas o chozas provisionales que abandona tan pronto como escasea o desaparece la caza en el terreno en que se halla. Se sirve como armas de lanzas y trozos de piedras talladas a golpe. Se alimenta de la caza, de la pesca y de los frutos salvajes que encuentra a su paso. Se cree que iba desnudo o medio desnudo en los climas cálidos y cubierto de pieles en los fríos.

[1] A. J. Toynbee, *Estudio de la Historia*, Vol. 1, Buenos Aires, Emecé, 1951.

El hombre nómada, cazador, se convierte poco a poco en agricultor y ganadero, adquiriendo así cierta estabilidad y formando clanes, hordas y tribus. Vive ya en poblados y en casas rudimentarias. Pulimenta la piedra y después conoce el fuego y emplea algunos metales; desarrolla la cestería y la alfarería para usos domésticos. Cultiva algunos cereales como el trigo y la cebada, algunas legumbres como la lenteja y la arveja, y posee animales domésticos como el perro, el toro y el caballo, el asno, la cabra, la oveja y el cerdo. Hablando de esta época dice el escritor inglés G. H. Wells: "Es evidente que tenemos aquí un género de vida separado ya por un gran lapso de miles de años de invención de su etapa originaria paleolítica. Los pasos que le levantaron a tal condición sólo podemos imaginárnoslos. De ser un cazador que rondaba por las inmediaciones de los lugares en que vivían las reses y manadas de vacas y ovejas salvajes y de serlo en competencia con el perro, el hombre, por grados sensibles, fué desarrollando un sentimiento de propiedad de los animales y estrechó la amistad con su rival canino. Aprendió a hacer dar la vuelta al ganado cuando éste se iba demasiado lejos; puso la mayor suma de inteligencia en conducirlo a los pastos frescos. Encerró a los animales en valles cercados donde pudiera volver a encontrarlos con seguridad. Los alimentó cuando estaban hambrientos, y así poco a poco los fué domando. Quizá empezó su educación agrícola con el almacenado de forrajes. El antepasado paleolítico en las desconocidas tierras originarias del Sureste, suplió al principio la precaria alimentación de los cazadores con frutas y granos silvestres. El hombre que almacenaba hierbas graminíferas para sus rebaños podía llegar fácilmente a moler el grano para sí"[1].

Correspondiendo a estas formas de vida se desarrollan estructuras sociales diferentes. En la época del hombre cazador, el varón ocupaba el lugar más importante, y la mujer uno secundario. En la edad del agricultor, la mujer aparece en un lugar preeminente, por estar a su cargo, además de las faenas domésticas, las labores agrícolas. En esta edad predomina el matriarcado, en aquella el patriarcado.

La base de la vida de estos grupos sociales era la familia, bien en forma de poligamia, bien en la de monogamia. Las familias viven agrupadas en forma de clanes o tribus con un *totem* o ser

---

[1] G. H. Wells, *Esquema de la historia universal*, Buenos Aires, Anaconda, Vol. 1º.

animado, del cual se suponen descendientes y que es *tabú*, es decir, sagrado e intocable. Se practicaba el matrimonio con mujeres fuera del clan *(exogamia)*, en forma de compra o rapto. Los hijos son los hijos de la madre, más que del padre, y a veces adquieren tal importancia que el padre recibe el nombre del hijo *(teknonomia)*.

Estos grupos no carecen de cultura, aunque sólo aparezca en formas rudimentarias. En primer lugar poseían armas y utensilios domésticos y de labranza fabricados o mejor manufacturados por ellos. Además, en las etapas más avanzadas, construían chozas o refugios, casas y palafitos. En las sociedades más desarrolladas se formaron quizá grupos o sociedades secretas para el ejercicio de ciertas actividades o profesiones, como la herrería y la fabricación de armas. Pero en esto no se limitaban al aspecto práctico, utilitario, sino que conocieron las artes en sus diversos aspectos; hacían trabajos de alfarería con formas y dibujos de valor estético. Los hombres y las mujeres usaban adornos y probablemente se tatuaban el cuerpo. Revestían las cuevas y las cavernas con pinturas, modelados y dibujos, y en una de las épocas más antiguas, la paleolítica, se hicieron las estupendas figuras de la cueva de Altamira, en España, no superadas en valor artístico por el arte posterior.

Estas pinturas tienen probablemente un sentido mágico y estaban encaminadas a facilitar la caza a sus primitivos moradores. Pero también tienen quizá un sentido psicológico. Como dice el historiador Worringer: "Desconcertado, aterrorizado por la vida, el hombre primitivo busca lo inanimado en que se halla eliminada la inquietud del devenir y donde encuentra fijeza permanente. Creación artística significa para él evitar la vida y sus caprichos, fijar intuitivamente, tras la mudanza de las cosas presentes, un más allá en que el cambio y la caprichosidad son superados"[1].

A esto hay que añadir el carácter mágico de la mentalidad primitiva, que interpreta los fenómenos naturales en forma irracional, emotiva y sobrenatural y les asigna un espíritu que los anima, al que generalmente se teme y al que trata de hacer propicio.

---

[1] Worringer, *Abstracción y simpatía*, citado por J. Ortega y Gasset.

2. LA EDUCACIÓN DE LOS PUEBLOS PRIMITIVOS

No sabemos nada directamente de la educación de los pueblos primitivos; sólo podemos inferirlo por sus manifestaciones culturales y por la vida de los pueblos primitivos actuales que en cierto modo se asemejan a ellos.

Esencialmente era una *educación natural, espontánea, inconsciente*, adquirida por la convivencia de padres e hijos, adultos y menores. Bajo la influencia o dirección de los mayores, el ser juvenil aprendía las técnicas elementales necesarias para su vida: la caza, la pesca, el pastoreo, la agricultura y las faenas domésticas. Se trata, pues, de una educación por imitación, o mejor, por *coparticipación* en las actividades vitales. Así aprende también los usos y costumbres de la tribu, sus cantos y danzas, sus misterios y ritos, el uso de las armas y sobre todo el lenguaje, que constituye su mayor instrumento educativo.

La educación de los pueblos primitivos se puede dividir en las dos grandes etapas que hemos señalado correspondientes a las edades prehistóricas: la del hombre cazador y la del hombre agricultor.

En los pueblos cazadores, los procedimientos para la educación o mejor para la crianza de los hijos son muy laxos, dejándoles en gran libertad, que raya en la indisciplina. La razón de esto, según Paul Barth [1], es que esos pueblos carecen de la disciplina que impone la guerra. Los pueblos cazadores no conocen ésta porque no poseen riquezas o propiedades que puedan incitar al ataque y al robo de los otros pueblos. Sin embargo, en ellos se cultivan ciertas cualidades personales, particularmente la destreza física y la resistencia o endurecimiento respecto al dolor y al clima. Dado el género de vida nómada que llevan estos pueblos es muy poco probable que existiera entre ellos un orden o régimen de vida estable, que facilitara la formación de hábitos morales e intelectuales entre los jóvenes. Sin embargo, hay el hecho sorprendente de que en este período primitivo, en la edad paleolítica, es cuando se realizan las pinturas y dibujos rupestres más notables, como las citadas de Altamira, que debían requerir un serio aprendizaje, ya que no es fácil llevarlas a cabo espontáneamente.

En los pueblos agricultores y ganaderos de la época posterior, las condiciones de la vida y la educación cambian grandemente.

[1] Paul Barth, *Geschichte der Erziehung*, Leipzig, Reissland, 1911.

En primer lugar, las faenas agrícolas y ganaderas requieren un orden, una normalidad y estabilidad que no poseen los grupos cazadores. La generación joven tiene que aprender los fenómenos meteorológicos, el cultivo de las plantas, el cuidado de los animales. Por otra parte, al ocupar la madre un lugar más importante en la vida de la familia y del clan, es de suponer que tuviera mayor influencia sobre sus hijos. Existen ahora habitaciones y poblados, y en ellos se hacen obras de cestería y alfarería para guardar los productos de la tierra y cuya técnica hay que aprender. Sí, como parece cierto, hay en estos pueblos mayor tendencia a la guerra, ésta impondría en la educación de los hijos una disciplina más rigurosa y una preparación para el uso de las armas, el arco y la lanza principalmente. En cambio, es notable el hecho de que el arte de este tiempo decae en relación con el de la época anterior, haciéndose más esquemático y geométrico, quizá por el carácter más utilitario de la época y quizá también por no ser tan necesarias las representaciones mágicas de la caza, que el arte de la edad anterior realizaba, a causa de las nuevas armas e instrumentos fabricados por el hombre.

Pero aparte de esta educación espontánea, general, hay en los pueblos primitivos una forma intencional de educación, que constituye la llamada *iniciación de los efebos*. Mediante ella, los jóvenes reciben, alejados de las familias y los clanes, en lugares apartados, un entrenamiento muy riguroso para iniciarlos en los misterios del clan y prepararlos para las actividades guerreras. Krieck describe así esta iniciación: "Los niños son tomados de la familia y de la aldea, reunidos por grupos y sometidos durante unas semanas en lugares solitarios, en montes y bosques, en cabañas o en tiendas construídas al objeto, a todo un sistema de ejercicios y pruebas. El sentido más profundo de estas prácticas es la disciplina del alma, una cura anímica preparatoria para el renacimiento en la iniciación: ésta sirve para el alejamiento de los malos demonios y para la adquisición del carácter masculino. Los ejercicios son danzas, ascetismo, mortificaciones que provocan estados anímicos y éxtasis pasajeros. Pero también se practica toda clase de ejercicios con una finalidad racional: partidas de caza, ejercicios de armas, corporales, de desmonte y plantación. La dirección de todo esto puede confiarse al jefe, a un sacerdote magno o también a un anciano experimentado y distinguido"[1]. Tal iniciación termina con

---

[1] E. J. Krieck, *Bosquejo de la ciencia de la educación*, Buenos Aires, Losada.

una gran ceremonia de *ordenación* a la que asisten todos los miembros de la tribu y en la que se somete a los muchachos a pruebas muy rigurosas y duras para probar su estado de entrenamiento. Es también muy probable que en esta etapa hubiera un comienzo de educación profesional en los grupos de oficios relacionados con la herrería y la confección de armas como se ha dicho.

Vemos ya aquí algunas de las formas que más tarde ha de adoptar la educación de los pueblos civilizados: de una parte, una educación elemental en la familia y de otra, una preparación profesional y militar, que termina en una especie de graduación. Sin embargo, nada hay aquí aún de educación sistemática, intencional, en instituciones y con personal especializado.

3. LA EDUCACIÓN EN LOS PUEBLOS INDOAMERICANOS

En la historia de la cultura y la educación, los pueblos aborígenes de América ocupan una posición especial entre las sociedades primitivas y las civilizadas. En general, han pasado, hasta la época del Descubrimiento, por las mismas etapas que los pueblos primitivos, es decir, por la de los cazadores y la de los agricultores; pero han ido más allá que éstos, alcanzando un grado superior social y cultural, aunque sin llegar tampoco al de los pueblos orientales.

Prescindiendo de las etapas más primitivas, se reconoce en la América precolombiana dos grandes centros de cultura, situados geográficamente en la zona mexicana y en la zona peruana. La historia de estos centros es muy complicada por la diversidad de razas y pueblos que los componen [1]. Pero en general, se admite que dos pueblos o grupos humanos de carácter guerrero, los aztecas en el norte y los incas en el sur, dominaron a los pueblos anteriores (mayas, aymarás, etc.), y con ello dieron origen a una civilización basada en el sistema de clases sociales y a una educación subsiguiente.

Estos pueblos no conocieron, sin embargo, elementos esenciales de civilización como la escritura alfabética, el arado, la rueda y el hierro. En cambio tuvieron un espíritu arquitectónico muy desarrollado, perceptible en sus grandes construcciones de piedra,

---

[1] Toynbee reconoce cuatro civilizaciones indoamericanas: la maya, la yucateca, la mexicana y la andina, y a su vez, dentro de cada una de ellas, varias razas.

templos, fortalezas, etc., y un elevado sentido escultórico, sobre todo en la zona mexicana.

Socialmente, ya se ha indicado el nacimiento de las clases sociales y una organización del Estado. Según Canals Frau [1] en estas culturas aparece por primera vez el Estado, el Estado político, y junto a él la ciudad, ambas instituciones con una base territorial y una capital que en el Estado azteca era la ciudad de Tenochtitlan y en el incaico el Cuzco. El régimen del Estado era despótico, disponiendo el soberano a su antojo de sus súbditos. Las clases sociales dominantes son la militar y la sacerdotal, quedando aparte la masa del pueblo, la cual estaba organizada en *gens* o clases. En este sentido, los pueblos indoamericanos son pueblos civilizados.

Culturalmente, los *aztecas* tuvieron un conocimiento astronómico muy desarrollado y en particular poseyeron un calendario complicado. Su escritura era muy primitiva compuesta de ideogramas y fonogramas. El cultivo del maíz era la base de su agricultura, y la forma de propiedad fue comunal. Su religión tenía rasgos crueles, como los sacrificios humanos y sus hombres eran de un carácter marcadamente guerrero. Los *mayas* fueron de temperamento más pacífico y de una cultura muy avanzada; conocieron una cronolgía y poseyeron también un calendario propio.

La educación de los aztecas, según Francisco Larroyo [2], tenía un carácter marcadamente tradicionalista con la misma orientación bélico-religiosa de su pueblo. Hasta los 14 años el niño era educado en el seno de la familia, y en forma dura y austera, con castigos muy severos. Al terminar la educación doméstica comenzaba la educación pública dada por el Estado en dos instituciones: el *calmélac* y el *telpochcalli* (casa de los jóvenes). Al primero asistían los hijos de los nobles, al segundo los de la clase media. El resto de la población no podía asistir a estos establecimientos. En el *calmélac* predominaba la formación religiosa, en el *telpochcalli*, la guerrera. Las niñas de los nobles recibían su educación en un anexo al templo, que constituia el *calmélac* femenino donde podían permanecer por vida.

Entre los *incas*, la educación era semejante, pero con algunas variantes. En primer lugar existía una menor diferenciación de clases sociales, quedando casi reducidas al predominio de los incas

---

[1] S. Canals Frau, *Prehistoria de América*, Buenos Aires, Ed. Sudamericana, 1950.
[2] Francisco Larroyo, *Historia comparada de la educación en México*, México, Porrúa, 1947.

o nobles, de carácter militar, y menos religiosa que entre los aztecas. Al parecer la educación la recibían aquellos en las casas de enseñanza *(yacahuasi)* dada por los *mautas*, que no eran propiamente sacerdotes. Allí aprendían las artes de la guerra y la técnica del *kipú*, especie de registro manual numérico, más los cantos y tradiciones de su raza, hasta los 16 años en que entraban en la vida pública después de sufrir una iniciación especial. Las jóvenes nobles eran educadas también en casas especiales por ancianas que las iniciaban en las tareas domésticas, la alfarería, el tejido y en las ceremonias religiosas.

CAPÍTULO III

LA EDUCACIÓN ORIENTAL

Antes de pasar adelante en el estudio de la historia de la educación, conviene señalar la diferencia existente entre los pueblos primitivos y civilizados. Se ha dicho que aquellos carecen de cultura, llamándoseles salvajes o bárbaros y confundiendo así la *cultura* con *civilización*. En realidad, todos los pueblos, por primitivos que sean, posen una forma u otra de cultura, considerando a ésta como el conjunto de instituciones y productos humanos como son la familia, el clan, el lenguaje, los usos y costumbres, los utensilios, las armas, etc. En cambio, para llegar al grado de la civilización se necesita alguna forma de organización política, un Estado o Ciudad, que rebasen la vida del clan o de la tribu. A esta organización superior sólo llegan algunas sociedades o pueblos primitivos. Según el historiador Arnold J. Toynbee, de los centenares de sociedades primitivas que se conocen sólo han alcanzado veintinua el grado de la civilización [1].

Entre las primeras sociedades civilizadas figuran los pueblos lamados *orientales*, como son China, India, Egipto, Palestina, etc., que aun poseyendo cada uno caracteres peculiares presentan ciertos rasgos comunes. En primer lugar, tienen una organización política, un Estado, con un jefe supremo único y una administración pública. En segundo lugar, existen también en ellos clases sociales diferenciadas, como la de los guerreros y sacerdotes y la masa del pueblo trabajador. En tercer lugar, surge en ellos la escritura, que fija el saber, y una clase social especial encargada de su cultivo, la de los *letrados*, que unas veces se llaman *escribas* como en Egipto, otras *mandarines* como en la China, y otras *brahmanes*, como en la India. Esta clase social tiene a su cargo, junto a ciertas funciones culturales y religiosas, la administración y gobierno, y llega a alcanzar tanto o mayor poder que las otras. Finalmente, estos pueblos

[1] Toynbee, *Estudio de la Historia.*

poseen grandes personalidades espirituales como Buda, Confucio o Moisés, que inspiran su vida y dan lugar a una cultura religiosa. Estas características hacen necesaria la organización de una educación sistemática, intencional, y así surgen las escuelas y maestros y, en algunos momentos, una instrucción organizada.

1. LA EDUCACIÓN CHINA

El pueblo chino es uno de los más antiguos y cultos de la historia. Aunque sus orígenes son bastante inciertos, su historia comprende tres grandes etapas: la primitiva, arcaica, de carácter agrícola y matriarcal, que llega aproximadamente hasta el siglo XXIII a. de C.; la feudal, de carácter guerrero y patriarcal, que alcanza hasta el siglo V a. de C. y la imperial, de los funcionarios *mandarines* que llega hasta nuestro siglo, en que fue sustituida por la forma republicana de gobierno.

A cada una de esas etapas corresponde una forma determinada de educación, como veremos después. Pero la educación china ha estado quizá más unida que a la vida política, a la cultura, en la que existe una gran continuidad y un elevado grado de desarrollo. La cultura china ha sido en efecto una de las más notables y refinadas del mundo antiguo. En ella ha sobresalido una moral muy humana; una gran atención a la civilidad y buenas maneras; una sensibilidad muy fina para la naturaleza; una arquitectura, una pintura y una cerámica de gran belleza; una poesía lírica de alta perfección, y grandes inventos técnicos, como la pólvora y la imprenta, conocidas antes que en Europa.

La cultura china ha permanecido, sin embargo, estacionaria durante largos siglos, debido quizá a su aislamiento del resto del mundo y a su peculiaridad ideológica. Como dice F. E. A. Krause: "Por mucho que el cuadro político haya cambiado en los distintos períodos, es lo cierto que la forma de la cultura no ha sufrido modificación fundamental. Esta base inconmovible del bien cultural da a la historia de China su carácter estacionario"[1].

Socialmente, la base de la vida china está constituida por la familia. En la época primitiva, matriarcal, era naturalmente la ma-

---

[1] F. E. A. Krause: "Historia del Asia oriental", en la *Historia Universal*, de Walter Goetz, Vol. 1, Madrid, Espasa-Calpe.

dre el eje de ella; en la feudal, guerrera, lo fue el padre, como lo ha sido hasta ahora. El Emperador mismo aparece como el padre de todos, y a su vez como Hijo del Cielo. A esta constitución familiar se une el culto de los antepasados, casi la única forma de vida religiosa china existente.

La educación en la etapa agrícola estaba determinada por el régimen matriarcal; en ella la madre llevaba el peso del trabajo y también de la educación de los hijos; ella los iniciaba en las faenas agrícolas y en las tareas domésticas. Como dice Marcel Granet: "La casa campesina era (y en suma ha quedado) cosa femenina. El hombre no penetraba apenas en ella; el mobiliario está formado por la dote de la mujer. Principalmente, la adea pertenecía a las mujeres; la divinidad que la protegía se llamaba la "madre de la aldea" [1].

En la etapa de los príncipes feudales, la educación se realizaba hasta los siete años en la casa paterna; después los niños pasaban a vivir con un señor que les enseñaba las artes de la guerra y las cortesías de la paz. Según el mismo Granet: "En teoría debían quedar en esa escuela hasta los 20 años y ejercitarse en danzar, tirar al arco y conducir un carro. La tradición quiere que desde los tiempos feudales los jóvenes nobles se reunían junto al príncipe en una especie de escuela de pajes. Las crónicas parecen mostrar por el contrario que la adolescencia se pasaba con los parientes maternos. La educación del adolescente terminaba con los ritos de la iniciación, con la toma del birrete, que facilitaba la entrada en la vida pública. Las hijas de los nobles se educan también al principio en la casa materna, pero después pasan a vivir con una familia ajena. Se les enseña las artes domésticas, especialmente el tejido y el hilado, y se las tiene muy encerradas hasta la época del matrimonio".

En la época imperial cambia radicalmente el rumbo de la educación china. Al constituirse un Estado fuerte y unitario, era necesario que hubiera funcionarios encargados de la administración; esos funcionarios son los *mandarines* que alcanzan una influencia considerable en la vida pública y que requieren una educación especial para ella.

En la educación china, a partir de la época imperial, ha intervenido además un nuevo factor, la doctrina de *Confucio* (551-478

---

[1] M. Granet, *La civilisation chinoise*, París, La Renaissance du livre, 1939. (Hay traducción española).

a. C.). Éste fue un pensador, un reformador más que un teólogo. Su influencia personal fue muy grande, pero aún más lo fueron sus escritos. Sus ideas son de un carácter muy humano, y regulaban todos detalles de la vida, que trataba de llevar a la mayor altura y perfección posible. Asimismo, influyó grandemente en la vida política no sólo de su tiempo, sino de siglos posteriores. Tenía gran confianza en la obra de la educación, como lo revelan estas palabras suyas: "Amar una virtud, cualquiera que sea, sin amar instruirse no hace más que aumentar un defecto". "Los hombres difieren menos por sus complexiones naturales que por la cultura que se dan". "Sólo no cambian los sabios de primer orden y los peores idiotas".

Aunque Confucio escribió numerosas obras, no se tiene seguridad respecto a las que se le atribuyen ni al contenido de ellas, que ha sido muy elaborado por sus discípulos. Sin embargo, se citan como suyas los cinco grandes *king* (libros), a saber: el *Libro de los Versos*, el *Libro de la Historia*, el *Libro de los Ritos*, el *Libro de la Adivinación* y la *Crónica de Lou* (su patria). Todos ellos, y algunos más atribuidos a él, pero escritos varios siglos después, han constituido los textos que han orientado la educación china hasta nuestros días.

Anterior a Confucio fue el sabio Lao-tse (siglo IV a. de C.), llamado "el maestro", fundador del *taoísmo*, especie de misticismo natural, que armonizaba al hombre con la naturaleza y que recomendaba el quietismo o la mínima intervención en los asuntos humanos, ya que el hombre es naturalmente bueno. Recomendaba la vuelta a la naturaleza y el abandono de los artificios de la civilización. Rechazaba por tanto la educación del pueblo, el aprendizaje de conocimientos mundanos y el afán de reformas [1]. Pero el taoísmo fue superado en este respecto por el confucismo.

En esta época imperial queda constituida la educación china, dividida en dos grandes sectores: la de la masa del pueblo y la de los funcionarios mandarines; aquélla de carácter elemental y ésta de tipo superior. La primera se daba en la casa o por maestros en escuelas privadas, las cuales a veces estaban subvencionadas con fondos públicos. Su contenido se limitaba al aprendizaje del complicado alfabeto chino, que cuenta con miles de signos y que re-

---

[1] Ralph Turner, *Las grandes culturas de la humanidad*, México, Fondo de Cultura Económica, 1948.

quería por lo menos cuatro o cinco años de estudio. A él se añadía la enseñanza de ciertos preceptos de Confucio y algunas materias prácticas como la aritmética y la agronomía. El método empleado era esencialmente mecánico, el aprendizaje de memoria de los signos y los preceptos. La disciplina era muy rigurosa, empleándose frecuentemente duros castigos corporales. Sin embargo, también se atendía a la formación de las buenas maneras, de la urbanidad, conforme a un ritual muy preciso y prolijo.

La educación en el grado superior estaba constituida por la preparación para los exámenes de los funcionarios mandarines. Hay que advertir que, a diferencia de los demás pueblos orientales, la educación china era en este sentido muy democrática, ya que a los cargos directivos del gobierno y la administración podían aspirar todos los habitantes, con tal que aprobaran los exámenes correspondientes. Estos exámenes eran muy complicados y estaban organizados en varios grados según la categoría de los cargos a que se aspiraba, realizándose en diversas etapas que duraban varios años. Su contenido principal lo formaban las ideas y preceptos morales, jurídicos e históricos de los libros de Confucio, y se realizaban con trabajos escritos en prosa y en verso, pero siempre dentro de la más estricta ortodoxia, es decir, por la reproducción literal de las ideas confucianas tradicionales.

No ha habido en China un sistema organizado de educación pública, ni tampoco escuelas superiores o universidades donde se pudiera enseñar e investigar libremente. De aquí que la cultura china quedara estacionaria durante tantos siglos, sin que hubiera posibilidad de un desarrollo científico. Por eso decía Hegel hace más de un siglo: "La falta de libertad interna, la falta de interioridad es también el signo distintivo de la ciencia china. No existe una ciencia libre y liberal. Los chinos no cultivan las ciencias por interés científico. Las ciencias son fines del Estado, y entran en la administración del Estado, el cual determina todo lo que debe ser" [1]. Es decir, se trataba de un Estado totalitario. Pero al mismo tiempo, un Estado regido por "letrados", no por guerreros o sacerdotes, como los demás pueblos orientales.

---

[1] Hegel, *Filosofía de la historia universal*, Buenos Aires, Revista de Occidente Argentina, 1946.

2. LA EDUCACIÓN INDIA

La sociedad de la India ha estado constituida esencialmente por tres núcleos de pobladores: los aborígenes, asentados en los valles del Indo y el Ganges; los drávidas, de origen asiático y los arios, de origen europeo. Aquéllos habían alcanzado ya cierto grado de cultura, de carácter nómada, hacia 1500 a. de C. Esta invasión dio lugar a la principal característica de la sociedad y la cultura hindúes: la formación de castas cerradas.

El sistema de castas formaba como una pirámide social integrada por cuatro castas principales: los *brahmanes* o sacerdotes, que se hallan en la cúspide de aquélla; los *ksatriyas* o guerreros nobles; los *vaisyas* o cultivadores y comerciantes y los *sudras* dedicados a los trabajos más humildes. Las tres primeras corresponden a los *aryas* u hombres libres; la última a la masa de pobladores aborígenes o asiáticos; todas ellas en rigurosa separación e incomunicación, especialmente respecto a la última.

La educación india se acomoda, como es natural, al tipo y jerarquía de las castas existentes. En las inferiores se reducía a la educación puramente familiar, como en las sociedades primitivas, es decir, a la participación en los quehaceres agrícolas y domésticos. Por el contrario, la casta de los brahmanes disfrutaba de una educación superior, que les servía de sostén. Como dice Alfred Weber: "Este sistema de los brahmanes que configuró todo el país era el sistema de una clase señorial, la cual externamente no aspiraba en modo alguno al poder; pues dicha clase imperante se apoya sobre una esmerada educación literaria de la juventud. Esta educación consiste en enseñar un conocimiento regular a todo lo largo de la vida y la fundación de la familia para la propagación de la casta".[1]

La cultura de la India está concentrada en los cuatro textos llamados *Vedas*, que son colecciones del saber tradicional, de carácter religioso y que originariamente se transmitían oralmente. A éstos se añadían otros textos, como los *Brahamanas* de comentarios rituales y los *Upanishidas* de carácter metafísico. Estos libros orientaron la educación de la juventud de los arios, como la Ilíada lo hizo después con la de los griegos.

---

[1] A. Weber, *Historia de la cultura*, México, Fondo de Cultura Económica, 1941.

La educación de los indoeuropeos se realizaba en la familia hasta los siete años en que el niño era admitido como un novicio o escolar por un maestro *(upanayana)*; con él permanecía hasta los 12 en que recibía el cordón sagrado que le investía de hombre libre; esto constituía como un segundo nacimiento. Durante ese tiempo aprendía el *gayatri*, que servía como de iniciación a los Vedas y que constituirá el alimento espiritual dado en el curso de la enseñanza. Según Masson-Oursel: "Teóricamente hay que contar doce años de aprendizaje para cada *Veda* o sea un total de cuarenta y ocho años, pero al parecer ni aun los dedicados al sacerdocio empleaban ese tiempo. Ritos especiales liberan al joven de su fase estudiantil y le introducen en el mundo" [1].

Aunque en la educación hindú no existió un sistema escolar sistemático, se reconoció el valor de la educación. El Código de Manú, escrito posteriormente a los Vedas, dice a este respecto: "El que comunica el conocimiento sagrado de los Vedas es un padre más digno de veneración que el que solamente hace don del ser natural, porque el segundo nacimiento, o nacimiento de Dios, no sólo asegura una nueva existencia en este mundo, sino también la vida eterna para el futuro".

La educación estaba por lo general encomendada en las demás castas no bramánicas a maestros ambulantes, que daban la enseñanza en lugares improvisados al aire libre y se reducía a la lectura y escritura, con el aditamento de fábulas y canciones tradicionales. En la casta brahmánica, el maestro era un brahmán con quien vivían los alumnos como aprendices y que cuando gozaba de gran autoridad acudían a él de todas partes, como los "estudiantes viajeros" de la Edad Media.

Respecto a los métodos de enseñanza dice el citado Código de Manú: "Al alumno se le debe dar buena instrucción sin impresiones desagradables, y un maestro que presta tributo a la virtud tiene que usar palabras dulces y suaves; cuando un alumno comete una falta, su maestro debe castigarle con duras palabras, y amenazarle con que si comete otra falta le dará duros golpes".

Una influencia poderosa en la cultura y la educación hindú fue la del *Gautama Buda* (560-580 a. de C.), de origen noble, que con sus doctrinas y predicaciones religiosas cambió la vida espiritual de su país y países limítrofes, aunque sufrió después un eclip-

[1] P. Masson-Oursel, *L'Inde antique et la civilisation indienne*, París, La Renaissance du Livre, 1933.

se. La doctrina de aquél se encierra en las cuatro "nobles verdades", que son: 1º Todo lo que existe está sometido a sufrimiento. 2º El origen de todo sufrimiento reside en los deseos humanos. 3º La supresión de los sentimientos viene de la supresión de los deseos. 4º La vida que conduce a esta supresión es el "noble sendero" octuplo: buen juicio, buena aspiración, buen hablar, buena conducta, buena vida, buen esfuerzo, buena atención y buena concentración. Esto conduce al *nirvana*, el cual no es la total extinción del deseo, sino la de los deseos fútiles, personales, no valiosos.

La educación nacida del budismo era diferente de la del brahmanismo en el sentido de que era más espiritual, más íntima y en cierto modo más pasiva, de renuncia a los bienes terrenos. Pero también dio lugar a una clase sacerdotal muy poderosa, que recibía también una educación especial teológica en las comunidades y conventos.

El mayor valor de la educación india, según Karl Schmidt, es la valoración y apreciación que hace del maestro: "El reconocimiento de la importancia y altura del magisterio ha encontrado su cumbre en la India. La piedad del alumno respecto al maestro no se ha desarrollado en ninguna parte de un modo tan sistemático e intenso como en la India... En el país de la intimidad, del espíritu y de la fábula, en el lejano Oriente, se ha mostrado a la humanidad el elevado valor del maestro" [1].

3. LA EDUCACIÓN EGIPCIA

La historia de la educación está condicionada en Egipto, como en todos los pueblos, por su estructura social y cultural, y además por sus especiales circunstancias geográficas. Egipto se halla enclavado, como se sabe, en el estrecho y largo valle del Nilo, y está rodeado por desiertos y el mar. Allí se desarrolló, desde la época prehistórica, su civilización en una forma homogénea y continua, que duró más de 4.000 años, es decir, el doble que nuestra civilización cristiana. Su posición geográfica obligó a sus habitantes a realizar continuamente trabajos para aprovechar las aguas del Nilo, que constituyó su principal fuente de riqueza.

En su organización política predominó el poder absoluto de sus reyes (los Faraones), en los que se encarnaba el Estado. De su

[1] Karl Schmidt, *Geschichte der Pädagogik*. Vol. 1º.

poder y riqueza dan idea la grandeza de las Pirámides, que constituyeron sus tumbas. Junto al rey había un número considerable de funcionarios, o *escribas*, que administraban el país y que llevaron a éste a un elevado grado de prosperidad. Existían además los sacerdotes, que en parte eran seglares, pero que ejercieron una gran influencia. Finalmente, estaba el ejército compuesto en su mayor parte por campesinos y extranjeros y que no tuvo tanto influjo como en otras partes. Además de estas tres clases sociales: funcionarios, sacerdotes y militares, hay que contar la población trabajadora, compuesta de labradores, comerciantes y obreros, que apenas tenían derechos políticos. El individuo, como tal, apenas era reconocido en Egipto; todo estaba subordinado al Estado.

El factor decisivo en la cultura egipcia es el religioso. Como dice A. Moret: "En su gobierno, como en sus costumbres, la sociedad egipcia, anacrónica respecto a Grecia y Roma, permanece hasta su fin, en la etapa en que predomina lo *sagrado*". Y el mismo autor cita un escrito egipcio en el que se afirma: "Egipto es la imagen del cielo, el templo del Mundo, la sede de las religiones"[1].

La cultura egipcia ha tenido su evolución a través de muchos siglos, como se ha dicho. En una de sus etapas llegaron a predominar dos dioses: Ra y Osiris; aquél, el dios de la realeza; éste, del pueblo, que entraron en conflicto pero que acabaron por conciliarse. Fruto de esta conciliación es el llamado "Libro de los Muertos", que dominó la vida religiosa egipcia durante 2.000 años. La idea de la muerte, o mejor de la otra vida, preocupó grandemente a los egipcios, como lo muestran sus templos, sus pirámides y el embalsamamiento de sus muertos (momias).

Los egipcios sobresalieron en todas las artes prácticas, como la ingeniería, la agricultura, etc., pero también se distinguieron en las ciencias, especialmente en las matemáticas, la medicina y la astronomía. Además cultivaron con gran éxito las bellas artes, como lo demuestra la magnífica arquitectura, escultura y pintura de sus templos y enterramientos.

Respecto a esta cultura dice Worringer[2] que "aunque existe una ciencia egipcia, no existe una formación o educación cultural egipcia. La sabiduría egipcia es el dominio de las fórmulas, no

---

[1] A. Moret, *Le Nil et la civilisation egiptienne*, París, La Renaissance du Livre.
[2] G. Worringer, *El arte egipcio*, Revista de Occidente Argentina, Buenos Aires, 1947.

el afán del saber por el saber. Ya se trate de ciencia matemática o de ciencia médica, la doctrina se detiene en el momento en que termina su aplicación práctica. Sólo queda una técnica del aprovechamiento práctico e inmediato, no un libre empeño de saber". Era pues, una cultura utilitaria. Lo mismo se observa respecto a la moral, que constituia sólo una serie de "consejos" prácticos y elementales.

En el "Libro de los Muertos", del escriba real Humefer, conservado en un papiro del siglo XIII a. de J. C. se expresa el carácter de la moralidad egipcia al hablar de la confesión que ha de prestar el muerto, quien afirma: "No he hecho nada malo. No he dejado a nadie morirse de hambre. No he matado a nadie. No he mandado matar a nadie. No he hecho mal a nadie. No he disminudo los sacrificios y las ofrendas al templo. No he cometido adulterio. No he agrandado ni achicado la medida del trigo. No he alterado los pesos de la balanza. No he echado a las ovejas de los pastos. No he impedido ninguna procesión de ningún dios" [1].

La educación estaba en íntima relación con la religión y la cultura, y llegó a alcanzar un gran desarrollo. La primera educación la recibían los niños en la familia, que en la masa del pueblo era monógama y en las clases superiores polígama. Los padres cuidaban con gran afecto de sus hijos. En la *Doctrina de la Sabiduría* atribuida a Ptahotep, visir de la V dinastía (2680-2540 a. de J. C.). se aconsejaba así al padre: "Si eres un hombre razonable educa y cuida de su bienestar, le mostrarás todo afecto. Pero aun el hijo desobediente es el brote de tu cuerpo; no le prives de tu corazón amante; sigue siendo para él un padre y un consejero amable". Junto a este cuidado, los niños estaban sometidos a una rigurosa obediencia y disciplina.

A los seis o siete años los niños asistían a las escuelas, que al principio estaban sólo reservadas a los hijo de la clases superiores, pero que después se generalizaron, quedando divididas en dos clases: las escuelas elementales para el pueblo y las escuelas superiores o eruditas para los hijos de los funcionarios.

En las escuelas elementales se enseñaba la lectura, la escritura y el cálculo, y según Platón la gran masa del pueblo conocía estas técnicas. Además se enseñaron rudimentos de geometría y ciertos ejercicios gimnásticos.

[1] G. Steindorf, "Historia de Egipto", en *Historia Universal*, de Walter Goetz, Vol. I.

La instrucción más importante se daba en las escuelas superiores, que estaban en los templos y que retenían a los alumnos hasta los 17 años. A ellas asistían los que se preparaban para los cargos de escribas y otras funciones del Estado. Estaban abiertas a todas las clases sociales, pero preferentemente asistían a ellas los hijos de las superiores. En ellas se enseñaban todas las técnicas y artes necesarias para la vida del país, así como las normas de la administración. Los alumnos aprendían las complicadas escrituras, jeroglífica y hierática, compuestas de centenares de signos. Como libro de lectura se empleó, entre otros, la citada "Doctrina" de Ptahotep que puede considerarse como el primer libro pedagógico conocido. Los alumnos escribían también composiciones conforme a ciertos modelos que debían copiar.

Junto a la enseñanza de la escritura y las técnicas de la astronomía, las matemáticas y la agricultura se cultivó en estas escuelas la música, la poesía y la danza, así como las artes plásticas, arquitectura, pintura y escultura. Parece que estas escuelas funcionaban bajo el régimen de internado.

Como la religión ocupó lugar tan destacado en la vida egipcia también lo tuvo en su educación, que estaba unida íntimamente a aquélla, hasta el punto de correr a cargo de los sacerdotes.

En suma, la cultura egipcia tuvo un gran desarrollo y sirvió en parte de inspiración a otras culturas, como la griega y en parte también a la cristiana primitiva.

4. LA EDUCACIÓN HEBREA

Si el pueblo hebreo no ha tenido una significación política tan grande como los pueblos anteriores, en cambio ha cumplido una misión de la mayor trascendencia histórica al constituir la base para crear dos religiones, una nacional, el judaísmo, y otra de carácter universal, el cristianismo. En esencia, el pueblo hebreo fue un pueblo más que religioso, teocrático, ya que estuvo gobernado y orientado por patriarcas, sacerdotes, rabinos y profetas. Esto, más que su significación racial, es lo que le ha dado su carácter y permanencia a través de la historia.

El territorio ocupado por este pueblo era una estrecha faja de tierra, de escaso tamaño, pero que ha servido de paso al oriente y al occidente, al norte y al sur, constituyendo una encrucijada, que le ha hecho ser conquistado y destruido repetidas veces por otros pueblos. Los hebreos primitivos tenían un carácter ganadero y pastoril. Eran nómadas antes de la llegada a ese territorio. Éste había estado ocupado por otros pueblos, entre ellos los filisteos, a los que se lo conquistaron. Después, como dice A. Weber: "Consiguieron establecerse en ese territorio y llevar a cabo en el mismo lo más esencial de su destino exterior, en rápidos acontecimientos durante el tiempo no largo que aproximadamente va desde el 1200 hasta el 586 (destrucción de Jerusalén) como sobre la decoración llamativa, brillantemente iluminada por sus propios relatos. En ese tiempo hubo peculiares constelaciones que sentaron las bases de su acción cultural y sobre todo religiosa, de alcance universal y que desarrollaron la parte más importante de su influjo espiritual en el mundo" [1].

En la primera parte de su vida, en la época anterior al destierro en Egipto, su régimen social era puramente patriarcal con jefes como Abraham, Isaac y Jacob. La base de la vida era la familia, de carácter poligámico, y en la que el hombre tenía un marcado predominio sobre la mujer. La educación era puramente doméstica y familiar, teniendo en ella su dirección el padre, quien podía llegar a disponer de la vida y muerte de sus hijos. En este pueblo de pastores, la disciplina era muy rigurosa y hasta cruel, según lo demuestra la lectura del Antiguo Testamento.

La vuelta del destierro de Egipto cambia el carácter del pueblo y su educación. Aquél tiene ya un jefe medio religioso, medio político, Moisés, un libro y una ley que obedecer. El pueblo nómada, sin dejar de ser pastor, se hace sedentario y agricultor. La vida de familia está más regulada como en general todos los actos de la vida. La educación se orienta también por el libro de la ley, por el Decálogo, que hay que hacer aprender y transmitir a las generaciones jóvenes. Por otra parte, el contacto con una civiilzación más desarrollada como era la egipcia, da al pueblo hebreo una mayor sensibilidad para la cultura. Probablemente en esta época comienza también el empleo de la escritura y la necesidad de su aprendizaje: "Samuel recitó luego al pueblo el derecho del reino, y escribiólo en un libro, el cual guardó delante de Jehová" (Samuel, I, 10, 25), y en el Deuteronomio se dice: "Y estas palabras que yo te mando estarán sobre tu corazón. Y las escribirás en los postes de tu casa y en tus portadas" (Deuteronomio, 6 y 9).

[1] A. Weber, *Historia de la cultura.*

El padre era el natural instructor de sus hijos, y no se tiene noticias de que hubiera escuelas en esta época.

Más tarde, a la vuelta del cautiverio en Babilonia y también después del contacto con un pueblo de alta cultura, se desarrolla una educación de carácter superior para la preparación de los *peritos en leyes y en escritura*, aquéllos para la interpretación jurídica de los libros sagrados, éstos para la religiosa, dando lugar la formación de los *rabinos*, que son después también los maestros o profesores de este pueblo. En esta época, Isaías, Jeremías, Daniel y Ezequiel son ya los profetas, los inspiradores de la educación y la cultura hebreas. Se crean escuelas especiales para aquéllos en relación con los sanedrines y sinagogas. Sólo en el siglo I d. C., por iniciativa del sumo sacerdote José Ben Gamala, comenzaron a crearse escuelas elementales *(Beth ha Sopher)* para los niños hasta los 14 años. El *Talmud*, el libro religioso hebreo, regula la vida de estas escuelas.

El libro de los Proverbios, que es un manual de educación moral y que codifica en aforismos la sabiduría tradicional del medio cultural de los escribas reales de Judá e Israel (siglos X a VII a. de C.) contiene una serie de consejos de educación muy significativos. Así se dice en él: "Hijo mío, si tomares mis palabras, y mis pensamientos guardas dentro de ti, haciendo estar atento tu oído a la sabiduría, si inclinaras tu corazón a la prudencia, si clamares a la inteligencia, y a la prudencia dieres tu voz; si como a la plata la buscares, y la escudriñares como a tesoros, entonces entenderás el temor de Jehová" (II; 1-5). "No deseches, hijo mío, el castigo de Jehová ni te fatigues de su corrección: porque al que ama castiga, como el padre al hijo a quien quiere" (III, 11-12). "Guarda, hijo mío, el mandamiento de tus padres, y no dejes la enseñanza de tu madre" (VI, 20-21). "El que detiene el castigo, a su hijo aborrece; mas al que lo ama madruga a castigarlo" (XIII, 24). "Mejor es adquirir sabiduría que oro preciado; y adquirir inteligencia vale más que la plata" (XVI, 16). "Instruye al niño en su carrera; aun cuando fuere viejo no se apartará de ella" (XXII, 6). "No rehuses la corrección: porque si lo hicieres con vara, no morirá. Tú lo herirás con vara, y librarás su alma del infierno" (XXIII, 13-14). "Corrige a tu hijo, y te dará descanso, y dará deleite a tu alma" (XXIX, 17) [1].

La escuela popular y la erudita, marchaban paralelamente:

---

[1] *Proverbios*. Versión de C. de Reina, revisada por Cipriano de Valera.

ambas alcanzaron en el siglo II d. de C. su completo desarrollo y organización. "Así la juventud es instruida durante diez años (de los 8 a los 18) en el Tora y el Talmud; así también el adulto consagra dos días de la semana a la concentración de estas fuentes de la piedad y la sabiduría judías. Naturalmente, esto tuvo que ser de la mayor significación para el desarrollo del carácter judío. Con ello recibía una educación muy unilateral de la memoria. Al piadoso se le ha de reconocer en que posee el mayor número de partes posibles del Talmud. En la escuela el maestro lee y explica en voz alta los trozos y hace que los alumnos los aprendan de memoria. Es evidente que este cultivo unilateral de la memoria era a costa de otras facultades intelectuales. De una parte se resta tiempo para otros trabajos, pero por otra el recargo de tal saber procedente de las opiniones de los antepasados actúa perjudicialmente sobre la indagación y reflexión autónomas, propias. Y este investigar mismo recibe su forma y contenido del Talmud" [1].

La significación de la educación hebrea es como se ve fundamentalmente religiosa. En esto se halla su fuerza y su debilidad. Su fuerza, porque dio a este pueblo una unidad y una permanencia que no han tenido los pueblos anteriores; su debilidad porque cerró su horizonte a otras actividades y otras manifestaciones de la vida y la cultura, aunque después se destacaran en ellas sus miembros individualmente. Respecto a los métodos de enseñanza, no sobresalieron los hebreos particularmente, ya que como se ha visto estaban sobre todo basados, como en todos los pueblos orientales, en el aprendizaje de memoria.

---

[1] Meinhold, *Geschichte des jüdische Volkes*, citado por Krieck, en *Bildungssysteme der Kulturvölker*, Leipzig, Quele u. Meyer.

CAPÍTULO IV

LA EDUCACIÓN GRIEGA

Con Grecia empieza una nueva era en la historia de la humanidad, la era de nuestra cultura occidental. Mientras que la de los pueblos anteriores sólo ha influido indirectamente en ella, la cultura griega es su progenitora directa. De ella se derivan, en gran parte, nuestra educación y nuestra pedagogía.

No es fácil trazar una línea de los rasgos característicos de la cultura griega, pero, aun a riesgo de simplificarlos, podemos decir que son los siguientes:

1º El descubrimiento del valor humano, del hombre en sí, de la personalidad, independientemente de toda autoridad religiosa o política.

2º El reconocimiento de la razón autónoma, de la inteligencia crítica, liberada de dogmas o consideraciones externas.

3º La creación del orden, de la ley, del cosmos, tanto en la naturaleza como en la humanidad.

4º La invención de la vida ciudadana, del Estado, de la organización política.

5º La creación de la libertad individual y política dentro de la ley y del Estado.

6º La invención de la poesía épica, de la historia, de la literatura dramática, de la filosofía y de las ciencias físicas.

7º El reconocimiento del valor decisivo de la educación en la vida social e individual.

8º El principio de la competición y selección de los mejores en la vida y la educación.

Todo esto y mucho más creó el pueblo griego en unos pocos siglos, aunque su influencia durara mucho más en la historia. Mientras que en los pueblos orientales el desarrollo cultural fue lento y vacilante, en el griego se realizó como un relámpago que ha iluminado toda la historia humana.

En la historia de la educación griega se pueden distinguir cuatro períodos esenciales:

1º La educación heroica, caballeresca, representada por los poemas homéricos.

2º La educación cívica, representada por Atenas y Esparta.

3º La educación humanista, representada por Sócrates, Platón y Aristóteles.

4º La educación helenística, enciclopédica, representada por la cultura alejandrina.

1. LA EDUCACIÓN HEROICA O CABALLERESCA

La historia de Grecia comienza aproximadamente en el tercer milenio a. de C. con una cultura mediterránea que se llama *cretense o minoica* y que llega a alcanzar un alto grado de desarrollo. Desde el siglo XVI a. de C. comienzan las invasiones de pueblos arios, los *aqueos*, procedentes del centro de Europa, que se asimilan la civilización minoica. Después, en el siglo XII a. de C., ocurren las invasiones de los dorios, también centroeuropeos, que destruyen aquélla en forma parecida a como lo hicieron más tarde los bárbaros al invadir al Imperio Romano. Desde aquella época la cultura de Grecia sufre un colapso, hasta el siglo IX a. de C., en que vuelve a surgir bajo una nueva forma, constituyendo la auténtica civilización helénica.

La sociedad helénica primitiva estaba constituida en forma aristocrática, basada en las hazañas bélicas. En ella, los nobles o guerreros más sobresalientes alcanzaban la dignidad de la realeza, aunque los reyes no eran más que los primeros entre sus pares. Éstos constituían una especie de consejo donde se debatían las cuestiones de la paz y de la guerra. Con ellos vivían los jóvenes nobles en calidad de familiares o pajes. Por debajo de todos quedaba la masa del pueblo formada por los trabajadores manuales y los labriegos en calidad de siervos o esclavos. La familia era de carácter patriarcal.

El ideal de educación de esta época está, como siempre, en relación con los ideales o aspiraciones de la sociedad, y siendo una época de carácter heroico y guerrero, la educación habría de tener ese mismo carácter. Así aparece expresado en las obras fundamentales de este período, la *Ilíada* y la *Odisea*, escritas hacia el siglo VIII a. de C. (la Odisea más tarde), aunque reflejan una sociedad anterior en lucha con la cretense o minoica. Homero ha sido llamado por Platón "el educador de la Hélade"[1].

Esta educación heroica o caballeresca estaba basada esencialmente en el concepto del honor y del valor, en el espíritu de la lucha y del sacrificio, así como en el de la capacidad y la excelencia personales. Todo esto aparece expresado en la idea de la *areté* que significa en esta época, según Werner Jäger "el más alto ideal caballeresco unido a una conducta selecta y cortesana"[2].

Otro rasgo esencial de esta educación es el espíritu de competición, la aspiración a sobresalir entre los demás, a figurar entre los primeros, en ser superior, en una especie de competición deportiva. Así lo dice Néstor en la *Ilíada:* "Ser siempre el mejor y distinguirse de los demás". Tal es el ideal *agonal.*

Un carácter esencial de la educación helénica de esta época y de las siguientes es su atención a la totalidad de la persona. Así aparece expresado sintéticamente en la *Ilíada* en las palabras de Fénix, el educador de Aquiles, al recordarle que lo ha educado "para ambas cosas, para pronunciar discursos y para realizar hazañas"; es decir, para hablar en los consejos e intervenir en la política de su país, y para hacer la guerra.

Conforme a estos ideales, la educación del joven guerrero constaba de dos partes esenciales. En primer lugar, se ejercitaba en el manejo de las armas, del arco y la flecha, y practicaba diversos juegos y deportes caballerescos; es decir se le daba una educación física completa. Pero también se le enseñaba al mismo tiempo las artes musicales (canto, lira, danza) y la oratoria. Finalmente, se cultivaba en él el sentido de la cortesía, de las buenas maneras, así como el ingenio y la astucia para salir de los apuros.

La educación no se daba en esta época en escuelas o instituciones especiales, sino que se recibía en los palacios o castillos de los nobles, a donde se enviaban los jóvenes en calidad de escuderos. Aparte de esto existían también preceptores que acompañaban a los jóvenes en sus guerras y viajes como aparece Fénix respecto a Aquiles, o Mentor respecto a Telémaco.

Hablando de esta época heroica dice Dilthey: "Amplios espacios para los ejercicios físicos, que debía cultivar no sólo la fuerza, sino también la belleza; juegos festivales en los que se demostraban éstas; la enseñanza de la poesía y el canto, acompañada con instru-

---

[1] Platón, *La República*, Libro X.
[2] Werner Jäger, *Paideia*, Los ideales de la cultura griega. México, Fondo de Cultura Económica, 1942, Vol. 1º.

mentos musicales; relatos y memorias de Homero; las leyes, la sabiduría vital depositada en poesías morales; tales son los elementos mediante los cuales se cultivaba al joven griego para estar preparado para la guerra y la elocuencia en las asambleas"[1].

Respecto la educación de la mujer, sabemos poco, si bien existen datos para ver que estaba poco atendida, quedando limitada a las faenas domésticas, aunque en esta cultura sobresalieran mujeres tan delicadas como Nausicaa y Penélope.

2. LA EDUCACIÓN ESPARTANA

Como es sabido, Grecia se hallaba dividida en diversos Estados o mejor Estados-Ciudades, de los cuales los dos más conocidos son los antagónicos Esparta y Atenas. Pasada la época heroica, guerrean los Estados-Ciudades griegos y logran un gran desarrollo a costa de las organizaciones feudales de esa época. Surge entonces una organización política nueva en la que de una u otra forma intervienen todos los ciudadanos libres y con ella un nuevo tipo de vida, de cultura y educación.

Esparta ha alcanzado un gran renombre en la historia de la cultura como un pueblo militarizado, rudo e inculto. Pero en realidad no fue siempre así, y sobre todo no lo fue en los comienzos de su historia, en los siglos VIII y VII a. de C., en que alcanzó un elevado grado de cultura, antes que la misma Atenas. Pero después a causa de sus conquistas políticas, y debiendo mantener sumisos a los pueblos conquistados, todos los ciudadanos libres de Esparta tuvieron que convertirse en soldados. Esto le dio la rigidez y la severidad que la han caracterizado a lo largo de la historia. Como dice H. I. Marrou: "La educación del espartano no es ya la de un caballero, sino la de un soldado; se sitúa en una atmósfera *política* y no ya señorial"[2].

Al mismo tiempo, Esparta desarrolla, en sustitución del guerrero individual homérico, la formación de líneas o cuerpos de infantería en orden cerrado para el combate, y en lugar de las bandas o agrupaciones de nobles, el ideal colectivo del Estado, al que se subordina todo.

El Estado espartano es el que más se acerco a los Estados totalitarios modernos. Sus ciudadanos, que eran minoría, estaban some-

---

[1] Dilthey, *Historia de la pedagogía*.
[2] H. I. Marrou, *Histoire de l'éducation dans l'antiquité*, 2ª ed., París.

tidos incondicionalmente a sus autoridades; no podían tener relación con el exterior, y en toda su vida se hallaban al servicio del Estado. Los espartanos vivían en un campamento permanente. Y ello fue posible porque de su subsistencia cuidaban los "periecos" y los "ilotas", que estaban sujetos a la tierra.

La educación espartana ha quedado como modelo de severidad y dureza. En este sentido ha sido admirada por muchos pensadores, como Platón, que en cierto modo la reproduce en su *República* como una solución al individualismo y a las divisiones de su época. Licurgo, el supuesto autor de la mítica Constitución espartana, ha pasado a la historia como ejemplo de legislador ejemplar. Pero tanto o más que él influyeron en la educación espartana las elegías de Tirteo, que según Werner Jäger "se hallaban impregnadas de un ethos pedagógico de estilo grandioso. El ideal homérico en la *areté* heroica es transformado en el heroísmo del amor a la patria". En sus poesías dice: "Yo no juzgaré a un hombre digno de memoria, ni haré caso de él en las carreras a pie o en la lucha... si no tiene el valor militar, si no es hombre que se mantenga firme en la batalla"[1].

Pero al mismo tiempo que militar, la educación espartana era también deportiva y musical. Sabido es que en los Juegos Olímpicos, Esparta alcanzó el mayor número de victorias, debido al entrenamiento especial de sus atletas. Asimismo, los espartanos sobresalieron en la música y la danza. Pero en estos aspectos, Esparta quedó detenida por las necesidades militares, renunciando a la participación en los juegos olímpicos y a las artes y acentuando el predominio de las actividades guerreras.

La educación espartana clásica, la del siglo IV a. de C., en que triunfa Esparta sobre Atenas, estaba totalmente en manos del Estado. La intervención de éste comienza con el nacimiento del niño, que es sacrificado en caso de no ser robusto. Hasta los siete años el Estado delega la crianza del niño en la familia, y a partir de esta edad hasta los 20, la educación la realiza directamente el mismo Estado. El niño pasa por una serie de organizaciones juveniles, que recuerdan las de los países totalitarios modernos. Todo estaba subordinado a la instrucción militar. Y a ella se dirigían todas las pruebas y los ejercicios. No existían escuelas propiamente dichas, sino más bien campamentos para la educación de los muchachos.

Según Plutarco: "De letras no aprendían (los espartanos) más

[1] W. Jäger, *Paideia*.

que lo más preciso; toda su educación se dirigía a que fuesen bien mandados, sufridos en el trabajo y vencedores en la guerra; por eso, según crecían en edad, crecían también las pruebas, rapándolos hasta la piel, haciéndolos andar descalzos, y jugar por lo común desnudos. Cuando ya tenían doce años, no gastaban túnica ni se les daba más que una ropilla para todo el año... Dormían juntos en fila y por clases sobre mullido de ramas que ellos mismos traían rompiendo con las manos sin hierro alguno las puntas de las cañas que se crían a la orilla del Eurota... A los más pequeños les mandaban traer leña, y verduras y para traerlo lo hurtaban; y el que se dejaba tomar llevaba muchos azotes con el látigo, haciéndoseles cargo de desidioso y torpe en el robar. Robaban también lo que podían de las cosas de comer, estando en acecho de los que dormían o se descuidaban en su custodia, siendo la pena del que era tomado azotes y no comer; y en general su comida era escasa para que por sí mismos remediaran esta penuria y se vieran precisados a ser resolutos y mañosos"[1].

La educación de la mujer estaba especialmente atendida pero en vista de su función de madre. El mismo Plutarco dice a este respecto: "Ejercitó [Licurgo] los cuerpos de las doncellas en correr, luchar, arrojar el disco y tirar con el arco para que el arraigo de los hijos, tomando principio en unos cuerpos robustos, brotase con más fuerza... Removiendo por otra parte el regalo, el estarse a la sombra y toda delicadeza femenina acostumbró a las doncellas a presentarse desnudas igualmente que los muchachos en sus reuniones..."[2].

3. LA EDUCACIÓN ATENIENSE

Atenas pasó por las mismas fases de desarrollo que Esparta, pero mientras ésta quedó detenida en la fase guerrera y autoritaria, Atenas llegó a un estado superior, el de la vida política democrática.

En su fase guerrera, aristocrática, Atenas reproduce el tipo de sociedad heroica y caballeresca de la época de Homero. Pero hacia el siglo VII a. de C., sufre un cambio radical en el sentido ciudadano, y la cultura y la educación adquieren en ella un lugar preeminente quedando en segundo término el guerrero.

---

[1] Plutarco, *Vidas Paralelas*, Licurgo, XVI. Buenos Aires, Losada, "Las cien obras maestras".
[2] Ídem, XIV.

La *polis*, la ciudad, es el centro de esta cultura. Mientras que en Esparta los hombres viven en aldeas y campamentos, en Atenas surge la vida urbana: "La *polis* es la fuente de todas las normas de vida válidas para el individuo", dice Werner Jäger [1]. "La *polis*, la ciudad que hubo de prolongarse a lo largo de toda su historia; la ciudad como organización de la vida externa e interna, como estructura social de su desarrollo espiritual, como unión cultural no sólo de índole militar y política, sino como algo que abarca la totalidad de la existencia", dice Alfred Weber [2]. Así se convierte la *polis* en el educador de la juventud; es el lugar de educación cívica y espiritual. Allí adquiere aquélla la conciencia cívica, el espíritu democrático, la libertad política propia de la vida ateniense.

En la primera parte de su cultura, en los siglos VII a VI a. de C., en la época de la llamada educación antigua, Atenas no tiene una organización educativa propia; pero posee una institución que estimula las actividades educativas: los concursos nacionales deportivos, que sustituyen a los torneos guerreros de la época homérica, y para los que se prepara a la juventud desde su primera infancia.

La educación era más un asunto social que estatal, y se recibía en diversas formas. En primer lugar, como en todas partes, en la familia, aunque ésta no tuviera tanta importancia como en la fase anterior. A partir de los siete años comenzaba su educación propiamente dicha, la cual comprendía dos partes esenciales: la gimnástica y la musical. La educación física la adquiría el muchacho con el "paidotriba" en campos de deportes llamados "palestras"; después, pasaba a los "gimnasios" que ya eran sostenidos por la ciudad. Allí practicaba los ejercicios físicos básicos del salto, la carrera, la lucha, la jabalina y el disco. Pero como ya se ha dicho esta educación gimnástica no sólo tenía un aspecto físico, sino que también contribuía a la formación del carácter.

La educación musical comprendía no sólo la música, sino también la poesía, y la daba el "citarista" unas veces en las palestras mismas y otras en lugares especiales. Más tarde se desarrolló una educación de tipo más instructivo, escolar, dada por el *didaskalos* o maestro elemental, al que seguía el *grammatikos* que daba instrucción en gramática y retórica. A estos educadores hay que añadir el *pedagogo* que acompañaba a los muchachos y que cuidaba de su conducta.

"La preparación musical y la gimnástica —dice Dilthey— se

[1] Werner Jäger, *Paideia*.
[2] Alfred Weber, *Historia de la cultura*.

hallan unidas en la *paideia* para este fin común: la bella conformación de toda la persona, el desarrollo de la energía guerrera y amante de la vida lo cual constituye el ideal educativo de estas *politeien* [Estados-Ciudades] que luchan entre sí y en las que el trabajo corresponde a los esclavos" [1].

El espíritu de esta educación quizá lo exprese mejor que nada la palabra *kalokagathía*, es decir la educación moral y estética unidas, en lo cual se comprende tanto el cultivo del cuerpo, la belleza física, como el sentido moral y social. Ambos aspectos predominan aquí sobre el intelectual y técnico. Los juegos y deportes, el canto y la poesía son los instrumentos esenciales de esta educación de tipo todavía minoritario, aunque con un espíritu cívico y en cierto sentido democrático, por ser patrimonio de todos los hombres libres.

A los 18 años el joven entraba en la *efebia*, especie de servicio militar, pero también de carácter cívico, en la que se preparan para el uso de las armas. Al cabo de un año recibían, éstas en forma de espada y escudo y prestaban el juramento siguiente, que revela el espíritu de su educación: "No deshonraré estas armas sagradas, ni abandonaré a mi compañero de filas; combatiré por los dioses y los hogares y no dejaré mi patria disminuida, sino que la dejaré más grande y más fuerte que la he recibido sea solo, sea con los compañeros, y obedeceré a los que sucesivamente ejerzan la autoridad con sabiduría, y respetaré las leyes existentes y las que el pueblo establezca de común acuerdo; si alguno trata de destruirlas o de desobedecerlas no lo permitiré, sino que combatiré por ellas sea solo, sea con mis compañeros; y yo veneraré los cultos de mis padres. Sean testigos: Aglauros, Ares, Atena, Zeus, Heracles, las fronteras de la patria, sus trigos, cebadas, viñas, olivos e higueras". Después el efebo pasaba otro año en el servicio militar como guardián de las fronteras en forma de milicias.

En el siglo v la sociedad y la cultura ateniense sufren una cambio aún más radical que el anterior que da origen a la llamada "educación nueva". Por una parte, el Estado-Ciudad ateniense pasa de la fase agrícola y en parte minoritaria, aristocrática, a la comercial y marítima, dando lugar a una nueva clase social y a una democracia más extensa. En segundo lugar, ocurren las guerras de liberación frente a Persia, que aumentan el poder ateniense. Finalmente se desarrolla la cultura en un sentido cada vez más intelectual, y da lugar a una educación de carácter más elevado.

[1] Dilthey, *Historia de la Pedagogía.*

Aunque los cambios más intensos ocurrieron en la enseñanza superior, no dejaron de tener su influencia en la educación elemental. En ella se acentúa la intervención del *didaskalos*, que sustituye al *citarista* de la época anterior, y con ello aumenta la instrucción ampliándola a otros aspectos de la vida cultural como la aritmética y las letras, independientemente de la música. Parece también que la rígida disciplina anterior se hace más flexible y que la música misma se enriquece con nuevas modalidades.

Pero los cambios más profundos se experimentaron en la educación de la juventud. La mayor complejidad de la vida política y social hizo necesaria una mayor preparación para ésta, sobre todo para la intervención en las asambleas. Así surgió un tipo de profesores, los *sofistas*, que mediante retribuciones elevadas se encargaban de preparar a la juventud para la oratoria. Estos sofistas, que después fueron mal calificados, eran personas de gran cultura y elocuencia, y proporcionaban la instrucción que necesitaba el hombre político no sólo en oratoria sino también en ciencias. Pero tenían en cambio un defecto: prescindiendo de toda objetividad acomodaban su enseñanza a los deseos y triunfos personales, es decir, sacrifibacan la veracidad a la subjetividad. Mas de ellos se hablará más adelante.

Otra innovación producida en la educación ateniense de la nueva época es la formación de comunidades o fundaciones de cultura superior como la *Academia* de Platón y el *Liceo* de Aristóteles a las que hay que añadir la escuela de Isócrates. En ésta se cultivaba especialmente la retórica, mientras que en aquéllas se atendía especialmente a la filosofía y a las ciencias. Respecto a las ideas pedagógicas de unos y otras se tratará después.

4. LA EDUCACIÓN HELENÍSTICA

La última fase de la educación helénica comienza con la formación del Imperio de Alejandro en el siglo IV a. de C. y con la debilitación de los Estados-Ciudades griegos. La cultura helénica se universaliza y se convierte en *helenística;* pero por otra parte pierde la intensidad de la época clásica de Sócrates, Platón y Aristóteles. Gana también en contenido: la *paideia* se convierte en *Enkyklospaideia,* en enciclopedia.

En este período la educación deja de ser asunto de la iniciativa privada y se convierte en educación pública, aunque no del Estado, sino de los municipios, de las ciudades; sólo la *efebia*, la preparación de los efebos, queda función del Estado como en las épocas anteriores. Existe también la enseñanza privada dada en escuelas particulares sostenidas con las retribuciones de los alumnos. El papel de "pedagogo" se eleva también ahora. La educación escolar sigue siendo más o menos la misma que en las épocas anteriores, sólo que con mayor acentuación del aspecto intelectual y con una minoración del físico y estético. La lectura, la escritura y el cálculo se desarrollan más, pero los métodos son constantemente los castigos corporales.

Adquiere ahora mayor desarrollo la que podríamos llamar enseñanza secundaria, la escuela de *grammatikos*, en la que se estudian ya los clásicos, sobre todo Homero, Hesíodo y Solón, así como los poetas líricos y dramáticos posteriores: Alceo, Píndaro, Safo, Esquilo, Sófocles y Eurípides, finalmente también los historiadores: Herodoto, Jenofonte y sobre todo Tucídides. En cambio, las ciencias ocupan un lugar secundario, aunque se enseñan las matemáticas y la astronomía.

Finalmente, viene la enseñanza superior, la dada a los *efebos*, que ya no tiene sólo carácter premilitar sino más bien de cultura general y científica, dándose en los colegios y academias, en la llamada Universidad de Atenas y en el famoso Museo de Alejandría, aunque éste tenía más carácter científico que pedagógico. En estos centros se cultivan la retórica y la filosofía sobre todo y en el último las ciencias.

Lo importante de esta época es que deja establecido con su enciclopedia el programa de estudios que va a seguir después el mundo occidental, durante muchos siglos, con el *trivium* y el *quadrivium*; aquél comprendía la gramática, la retórica y la filosofía o dialéctica; éste la aritmética, la música, la geometría y la astronomía; es decir, la división en materias humanistas y realistas que ha perdurado en el mundo.

Hablando de la cultura helenística a la que llama "religión de la cultura", dice H. I. Marrou: "La civilización helenística asigna tanto precio a los valores culturales que no puede concebir la felicidad suprema de otro modo que bajo la forma de la vida del letrado o del artista. La imagen depurada que se hace de la vida eternamente bienaventurada que disfrutan las almas de los héroes de los Campos Elíseos nos lo muestra entregados a las alegrías supremas del arte y del pensamiento" [1].

---

[1] H. I. Marrou. *Histoire de l'éducation dans l'Antiquité*.

CAPÍTULO V

LA PEDAGOGÍA GRIEGA

Si la pedagogía es la reflexión de la actividad educativa, la pedagogía tiene su origen en Grecia, que es donde primero se comenzó a meditar sobre la educación. Ya la misma palabra "pedagogía" surgió allí, y lo mismo ocurrió con las ideas pedagógicas. No se trata todavía, claro es, de una ciencia propiamente dicha, pero sí de una teoría de la educación que tiene valor aún en nuestros días.

Los principales representantes de la pedagogía griega son los sofistas, Sócrates, Platón, Isócrates y Aristóteles que significan en la teoría o reflexión pedagógica helénica lo que Homero, Hesíodo y Píndaro significaron para la inspiración de su actividad educativa.

La principal característica de esta naciente pedagogía es su claridad y transparencia, como ocurre con todas las corrientes cuando se las toma de sus fuentes. En ella aparecen las ideas expuestas en una forma esencial, elemental, es decir, en sus fundamentos. De aquí su valor pedagógico, didáctico, clásico.

No existe, sin embargo, en la pedagogía griega un tratado sistemático, unitario, como los hay para la filosofía y para la política. Las ideas pedagógicas de los griegos aparecen íntimamente unidas con aquéllas; pero se distinguen claramente de ellas. Platón y Aristóteles, los dos grandes clásicos de la pedagogía griega, expresaron sus ideas educativas en sus obras de filosofía y de política.

Finalmente, la pedagogía griega ha tenido una enorme energía procreadora. Periódicamente, la civilización occidental ha vuelto la vista a ellas, como ocurrió en el Renacimiento y en el siglo XVIII y como ocurre en parte de nuestros días. Esta facultad creadora ha sido interpretada de diversas formas, pero casi todas ellas coinciden en reconocerle un fervor humanístico, de afirmación de la personalidad libre sobre todas las circunstancias políticas.

1. LOS SOFISTAS

Ante todo conviene destruir el prejuicio corriente respecto a los sofistas, a quienes se considera algo así como a embaucadores o tergiversadores de las ideas. En realidad, son los primeros profesores, los primeros educadores profesionales conscientes que ha tenido la historia. Su descrédito obedeció, como se ha dicho, a que fueron contra la educación tradicional, a que percibieran retribuciones por sus enseñanzas y a que entre ellos hubo alguno de carácter arbitrario y fraudulento.

Los sofistas desarrollaron su actividad docente como profesores ambulantes en la segunda mitad del siglo V a. de C. en el momento de la gran transformación social y política de Atenas, cuando se convirtió en una gran potencia económica y comercial y cuando se sustituyó el régimen aristocrático por el democrático. Entonces, frente a la *areté* de la nobleza surge la *areté* política, es decir, la formación de minorías directoras de la *polis* de entre la masa de los hombres libres. Esto a su vez exigía una preparación, una educación más alta, más intelectual que la tradicional de la música y la gimnástica.

Así surgió un grupo de hombres, los sofistas, que sin conexión entre sí, perseguían sin embargo la misma finalidad: la educación para la vida pública, la formación del político, del orador. Esos hombres eran de diverso linaje, unos serios y responsables y otros frívolos y utilitarios. Entre los primeros, que son los que interesan, figuran Protágoras, Trasímaco, Gorgias e Hippias, especialmente el primero.

De ellos dice Dilthey: "Oradores sobresalientes, estas personas sabían comunicar una verdadera elocuencia. Espíritus científicos para la profesión del hombre político. Así se separó esta instrucción superior de la profesión, de exigencias moderadas, del maestro elemental, del gramático y del maestro de música"[1].

Más que científicos o filósofos originales, los sofistas son ante todo profesores, y su influencia fue considerable en la cultura y la educación de su tiempo. Contra ella, sin embargo, se dirigieron Sócrates y Platón, como veremos oportunamente.

Las ideas pedagógicas de los sofistas, tal como las podemos colegir de las referencias que tenemos de ellos, pues apenas escribie-

[1] Dilthey, *Historia de la pedagogía.*

ron nada o nos han llegado poco de sus escritos, podemos sintetizarlas en las siguientes:

En primer lugar, los sofistas acentuaron el valor de lo humano, del hombre, y más concretamente del individuo en la educación, según la conocida fórmula de Protágoras: "El hombre es la medida de todas las cosas". Así rompieron los moldes rígidos de la organización estatal, de la *polis*, colocando en su lugar la vida del hombre individual.

En segundo lugar, reconocieron que la *areté*, la virtud, la capacidad, no es privilegio de una minoría aristocrática, sino que es transmisible, enseñable. De esta manera, por la enseñanza pueden tener acceso al gobierno todos los capaces debidamente preparados.

En tercer lugar, organizaron un sistema y unos métodos de educación para la intervención de la vida pública, para la formación del político y el orador. En este sentido crearon una dialéctica y una oratoria de gran eficacia basada en cierto modo en la psicología.

En cuarto lugar, dieron cabida en la educación a la cultura general, al saber múltiple, universal, no sólo retórico o dialéctico, elevando el nivel de la instrucción a alturas no conocidas en su tiempo.

Finalmente, y como consecuencia de todo esto, fueron los creadores de la educación intelectual, independientemente de la gimnástica y musical, predominante hasta su tiempo.

Por todo esto se ha considerado a los sofistas como los fundadores de la educación autónoma. "En efecto —dice Jäger— pusieron los fundamentos de la pedagogía, y la formación intelectual sigue en gran parte todavía los mismos senderos" [1].

En otras palabras, los sofistas fueron los fundadores del intelectualismo, del individualismo y del subjetivismo en la educación con todos los beneficios y los perjuicios que han producido estos conceptos.

2. SÓCRATES

Si los primeros educadores profesionales fueron los sofistas, el primer gran educador espiritual en la historia ha sido Sócrates. Tanto como un pensador o un filósofo, con serlo en alto grado, Sócrates ha sido sobre todo eso, un educador, el educador por excelencia.

[1] Jäger, *Paideia*.

Sócrates nació en Atenas 469 a. de C., de una familia de artesanos, aunque libres; su padre fue cantero o escultor y su madre, partera. Murió o le hicieron morir en 399 a. de C., o sea cuando tenía setenta años [1]. Su vida entera fue una vida ejemplar, tanto en el aspecto cívico como en el intelectual; participó en la actividad política de Grecia y también en la militar, interviniendo en las tres batallas más importantes de su tiempo. Vivió pobremente, ascéticamente, aunque frecuestó la mejor sociedad de su tiempo. Influyó grandemente en ésta y en sus mejores hombres: Jenofonte, Platón, Aristóteles, y fue atacado también por alguno de los escritores de la época, como Aristófanes. Su poder de atracción, no obstante su fealdad física, fue extraordinario, como lo demuestra la afluencia de jóvenes que acudían a él en busca de orientación y consejo. Su mayor placer consistía en conversar y discutir con sus amigos y discípulos. A pesar de su enorme influencia nunca se aprovechó de ella para fines egoístas, personales; no se enriqueció ni ocupó ningún cargo en el gobierno ateniense. Murió como vivió, pobre. De su grandeza moral da una idea su muerte relatada por Platón en su *Apología de Sócrates,* en la que sus últimas palabras se refirieron, precisamente, a la educación de sus hijos, recomendando a sus amigos que "los hostiguen, como yo lo he hecho a vosotros, si se preocupan por la riqueza u otra cosa, más que por la virtud o si pretenden ser algo cuando no son realmente nada" [2].

De Sócrates ha dicho Jenofonte, el gran historiador griego: "Todos los discípulos le echamos de menos porque era el mejor para cuidar la virtud. Era piadoso, pues en todo obraba según el pensamiento de los dioses; justo, pues fue el más útil a quienes le trataron; continente, pues nunca prefirió lo cómodo a lo mejor; prudente, pues no se equivocó juzgando lo bueno y lo malo; capaz de juicio, de consejo y de responder a los que se equivocaban. Por todo lo cual era considerado el mejor y más feliz de los hombres" [3].

Sócrates tenía algunos puntos en común y muchos en divergencia con los sofistas. Como ellos, su actividad educativa la realizó por medio de la conversación, de la palabra hablada; co-

---

[1] Sobre *Sócrates,* véase el mejor estudio publicado en castellano, de Antonio Tovar, *Vida de Sócrates,* Madrid, Revista de Occidente.
[2] Platón, *Apología de Sócrates,* ed. inglesa de Jowett.
[3] Jenofante, *Memorables,* 4.

mo ellos, estaba en disconformidad con la educación de su tiempo sometida a la influencia excesiva del Estado; como ellos insistía en el valor del hombre, de la vida personal, y como ellos creía que la virtud, la *areté*, no era patrimonio de la aristocracia, sino que debía serlo de todos, pues era comunicable, enseñable.

Pero las diferencias de Sócrates con los sofistas son aún mayores que las coincidencias. En primer lugar, Sócrates no hizo de la educación una profesión remunerada, utilitaria, ni trató de buscar adeptos, sino que éstos acudían a él espontáneamente. En segundo lugar, su educación no tenía un carácter práctico, de provecho personal, sino que era de tipo espiritual, moral. En tercer lugar, mientras que los sofistas emplean el diálogo y su enseñanza para imponer sus ideas o para servir a fines egoístas, Sócrates lo utiliza para convencer y descubrir la verdad. Finalmente, mientras que los sofistas permanecen indiferentes a las ideas morales, Sócrates se preocupa ante todo de la vida ética.

Filosóficamente, la aportación mayor de Sócrates corresponde en efecto, al dominio de la moral, de la ética. Para él, el saber y el conocimiento no sólo conducen a la virtud, sino que el saber y la virtud son idénticos. Ahora bien, el saber no consiste en meros conocimientos u opiniones, como en los sofistas, sino en el razonamiento preciso, en los conceptos exactos. Como ha dicho Ortega y Gasset: "Antes de Sócrates se había razonado; en rigor se llevaba dos siglos razonando dentro del orbe helénico... Sócrates es el primero en darse cuenta de que la razón es un nuevo universo perfecto y superior al que espontáneamente hallamos en torno nuestro. Esto lleva consigo que en el orden intelectual debe el individuo reprimir sus convicciones espontáneas que son "opinión" —*doxa*— y adoptar en vez de ellas los pensamientos de la razón pura que son el verdadero "saber", *episteme*. Parejamente, en la conducta práctica tendrá que negar y suspender todos sus deseos y propensiones para seguir dócilmente los mandatos racionales"[1]. Se trata en suma de someter la vida emotiva y volitiva a la razón, y esto lleva naturalmente al racionalismo posterior.

El fin último de la educación era para Sócrates la virtud, el bien, y no el Estado como lo era para la antigua educación, ni el provecho individual como para los sofistas, sino la personalidad moral. Ahora bien, como la virtud es igual al conocimiento, y por

---

[1] J. Ortega y Gasset, *La rebelión de las masas*, Obras, Vol. III.

tanto, comunicable, lo decisivo en la educación es la enseñanza de la virtud.

Mas para que esta enseñanza sea efectiva no basta transmitir conocimientos aislados, información, como hacen los sofistas, sino que debe haber en aquéllos unidad y precisión, convirtiendo las opiniones en conceptos. Para ello es necesario ante todo enseñar a pensar. La educación intelectual es así la base de la educación moral.

Como método para esta educación intelectual, Sócrates emplea fundamentalmente el diálogo, con sus dos momentos de la *ironía* y la *mayéutica*. La ironía la usa como punto de partida haciendo ver al interlocutor su propia ignorancia. Con la mayéutica hace surgir del alma de éste, como una partera, ideas que estaban latentes en él.

En el diálogo socrático se trata, claro es, de una especie de ficción o convención por la cual el interrogado cree llegar a descubrir la verdad que el interrogador le sugiere. Tiene una gran importancia pedagógica, porque el alumno es estimulado a pensar, a descubrir las cosas por sí mismo en una forma activa, no receptiva.

El diálogo tiene también un aspecto inductivo ya que en él se parte de hechos o ideas concretas, particulares, para llegar a una conclusión general, que se expresa en una definición.

Finalmente, el diálogo tiene la ventaja de su vivacidad. Frente al aprender frío de la palabra escrita, que nunca usó Sócrates, la palabra viva se adapta a la peculiaridad individual; es en cierto modo un método pedagógico, aunque de carácter intelectual.

La aportación de Sócrates a la educación puede sintetizarse diciendo que es el primero en reconocer como fin de ella el valor de la personalidad humana, no la individualidad subjetiva, sino de carácter universal. Con ello comienza el humanismo en la educación. Ahora bien, como lo decisivo en el hombre es la virtud, el fin inmediato de la educación es la formación ética, la moral. Pero la educación tiene también un aspecto social, aunque subordinado al humano, y en este sentido ha de estar de acuerdo con las leyes y tradiciones del Estado. La educación religiosa no figura entre las preocupaciones socráticas, como en general tampoco en la educación helénica. Asimismo, la educación científica, naturalista, tampoco sobresale en las ideas pedagógicas de Sócrates, que se refieren más al aspecto literario, intelectual. En este sentido, la pedagogía de Sócrates es intelectualista, unilateral. En cuanto a sus procedimientos educativos, ya se ha dicho en qué consiste el método, forma viva y activa de la educación, con cierto carácter psicológico. Pero tan importante o más que las ideas de Sócrates es su propia vida, su actividad educativa y la repercusión que ha tenido en los otros dos grandes filósofos de Grecia, Platón y Aristóteles, que lo consideran como su maestro e inspirador. Sócrates ha sido, en efecto, ante todo, más que un pedagogo, un educador.

De él ha dicho Dilthey: "Sócrates fue un genio pedagógico que no ha tenido igual en la antigüedad. Esto se halla confirmado por la impresión inmediata de sus contemporáneos y se puede deducir igualmente de sus efectos. Con él se introduce un elemento nuevo en la historia de la educación: la penetración en lo más íntimo de la juventud. En él se hallaba indisolublemente unido el eros platónico, el amor pedagógico, la intención de liberar mediante la conversación los conceptos que se hallaban en su espíritu y la tendencia a hacer del saber y de las verdades en ellos el poder directivo de su obrar. ¡Cuán grande fue el encanto que ejerció!" [1].

3. PLATÓN

Si Sócrates fue el primer gran educador de la historia, Platón ha sido el fundador de la teoría de la educación, de la pedagogía. Mientras que en aquél predominó la actividad educativa, en éste sobresalió la reflexión pedagógica unida a la políti̇ica.

Platón nace en Atenas en 427 a. de C. de una familia noble, a diferencia de la popular de Sócrates. Fue discípulo de éste, quien le indujo al estudio de la filosofía, abandonando la poesía a la que se había dedicado antes. A la muerte de Sócrates, se retira con otros discípulos suyos a Megara, donde se entrega al estudio y a escribir sus primeras obras. Más tarde emprende viajes a la Magna Grecia (Italia) y Egipto, poniéndose en contacto con la vida y la cultura de estos países, y a Sicilia, donde entra en relación con el tirano de Siracusa, Dionisio, en la esperanza de poder influir en su gobierno. Fracasado en su intento fue puesto a la venta como esclavo y después rescatado; vuelve a Grecia, y

[1] Dilthey, *Historia de la pedagogía.*

a los 40 años funda su célebre *Academia*, en un terreno que compró en Atenas cerca de un santuario dedicado a Akademos y de un gimnasio del mismo nombre. Allí concretó su actividad pedagógica, durante 40 años, y después de otro viaje sin éxito a Siracusa, falleció en 347, a los 80 años de edad.

A diferencia de Sócrates, Platón organizó una enseñanza y una investigación sistemáticas, pues tal era la finalidad de la Academia. Ésta se hallaba constituída en forma de corporación o comunidad de alumnos y maestros, en la que se realizaban estudios superiores de carácter filosófico y político. En ella participaron los más destacados hombres de la época, entre ellos Aristóteles, que pasó allí 20 años dedicados al estudio.

Platón estuvo toda su vida preocupado por los problemas políticos. La situación de su país, después de una tiranía, pero con una democracia que condena a Sócrates, le impide participar activamente en la vida política. En cambio, dedica a ésta gran parte de sus escritos, entre ellos sus dos obras maestras, *La República* y *Las Leyes*, que aunque no ejercieron una influencia inmediata sobre su país, lo han hecho en el mundo a lo largo de los 25 siglos transcurridos desde que fueron escritas. Platón tampoco abandonó nunca su interés por la poesía, como lo demuestra el bello estilo de la mayoría de sus obras. A estas preocupaciones unió la no menos intensa por la pedagogía.

La pedagogía de Platón está basada en su filosofía, la cual a su vez descansa en su concepción de las *ideas*. Éstas son el último fundamento y esencia de la realidad. Son como los arquetipos o modelos de las cosas, a las que éstas aspiran, como la auténtica realidad, sobre la puramente sensible, tal como se ve en la famosa alegoría de la caverna platónica. Lo esencial para nosotros es que en Platón, como en Sócrates, predominan las ideas éticas, la preocupación por la justicia. De aquí surgen sus dos obras citadas, en las que expone sus ideas políticas y pedagógicas.

En Platón la educación está al servicio del Estado, pero a la vez éste se halla al servicio de la educación. No hay educación sin Estado, pero tampoco hay Estado sin educación. El Estado es como el individuo en grande. Éste se halla constituído por tres estratos o capas: la de los apetitos o instintos, de carácter irracional y biológico; la del valor o voluntad combativa, y la racional o espiritual. A estas tres partes del hombre corresponden tres clases sociales en el Estado: a la de los apetitos e instintos, la de los productores o trabajadores; a las del valor, los guerreros guardianes y a la racional los gobernantes. Cada una de estas clases tiene un tipo especial de educación dentro de la organización general educativa del Estado. Ésta se halla expuesta como se ha dicho en *La República* de carácter más utópico y en *Las Leyes*, escritas después y de carácter más realista. Aquélla está orientada en la dura educación espartana, sin duda para contrarrestar el carácter individualista de la sociedad en que vivía Platón; la última tiene más en cuenta la realidad y es menos rigurosa. En *La República* se llega a la comunidad de mujeres e hijos, en beneficio del Estado, pero en detrimento de la vida familiar. En *Las Leyes* se organiza una educación estatal, pero se respeta la vida individual. Aquélla recuerda a los Estados totalitarios actuales, en ésta predomina una concepción democrática.

El fin de la educación para Platón es, como para Sócrates, la formación del hombre moral, y el medio para ello es la educación del Estado, en cuanto éste representa la idea de la justicia. El Estado no es, pues, un fin en sí, sino un medio para realizar la justicia y la educación conforme a ella.

Como toda la educación helénica, Platón considera a la gimnástica y a la música como los instrumentos esenciales de la educación, pero asigna a ambas un papel más amplio que la educación tradicional. En la gimnástica incluye no sólo los ejercicios físicos y la higiene, sino también la formación del carácter, el cultivo del valor; en tanto que la música comprende a más de la música, la danza y el canto, las letras y por primera vez las matemáticas. Pero unas y otras puestas al servicio del espíritu. "Los dioses —dice— han hecho a los hombres el presente de la música y la gimnástica, no con el objeto de cultivar el alma y el cuerpo (pues si éste saca alguna ventaja es sólo indirectamente) sino para cultivar el alma sólo y perfeccionar en ella la sabiduría y el valor, concertándolos, ya dándoles expansión, ya conteniéndoles en sus justos límites" [1].

Platón define a la educación diciendo "que debe proporcionar al cuerpo y al alma toda la perfección y belleza de que uno y otra son susceptibles" [2].

La educación para él comienza antes del nacimiento con la eugenesia e incluso con la regulación de los matrimonios. En la

---

[1] *La República*, Libro III.
[2] *Las Leyes*, Libro VI.

primera infancia predominan los juegos educativos practicados en común por los niños de uno y otro sexo. La educación propiamente dicha empieza a los siete años con la gimnástica y la música, como se ha dicho. Aquí sólo queda añadir la gran importancia que asigna en la educación a las narraciones y cuentos y en general a la literatura, que quiere que se cuide para evitar perturbaciones. Esa educación continúa hasta los 18 años en que comienza la "efebia" o preparación cívico-militar. Los mozos más capaces continúan su educación después de los 20 años ya con carácter superior y basada en las matemáticas y la filosofía. De entre ellos se seleccionan a los futuros gobernantes, prosiguiendo su educación hasta los 50 años. En realidad ésta continúa durante toda la vida.

En *Las Leyes*, Platón atenúa su radicalismo pedagógico y se atiene más a la realidad ateniense. En ellas, sin embargo, se sigue manteniendo la educación igual para los hombres y las mujeres, incluso en la gimnástica, aunque separadamente. Unos y otras se dedicarán desde los 10 a los 13 años al estudio de las letras y después otros tres al de la música, la lira principalmente. A éstos se añaden dos cursos de 3 años cada uno dedicado a la aritmética, a la geometría y a la astronomía, terminando su educación como se ha dicho en la dialéctica y filosofía. Es interesante observar que Platón pide ya aquí la creación de su comisario de educación encargado de inspeccionarla y dirigirla y de maestros especiales para ella.

La educación, como la sociedad de Platón, está basada en la diferenciación de clases sociales; pero ésta no es una separación fija, de tipo aristocrático, sino que surge de los caracteres y talentos de los individuos. Así, si los hijos de los gobernantes son incapaces "no quiere [el dios] que se les dispense ninguna gracia, sino que se les relegue al estado que les conviene, sea el de artesano, sea el de labrador".

Para Platón lo decisivo en la vida del Estado es, sobre todo la educación, más que las leyes o la forma de gobierno. Así dice "que el mando esté en manos de uno solo o en la de muchos, esto no alterará en nada las leyes fundamentales del Estado, si los principios de educación que hemos establecido son rigurosamente observados"[1].

Platón emplea como Sócrates, el diálogo como forma de educación; y no se puede diferenciar las modalidades de uno y otro,

[1] *La República*, Libro IV.

ya que Platón es el que las expone en sus obras sin establecer distinciones entre ellas. Pero se supone que el diálogo platónico es más sistemático y encaminado a fines fijados de antemano. En uno y otro la educación tiene el mismo carácter intelectualista, al referirse en último término a los conceptos y las ideas, aunque en Platón se acentúa más el aspecto de la belleza.

Si después de todo lo expuesto quisiéramos resumir la idea esencial de la pedagogía de Platón, podríamos decir que es la formación del hombre moral dentro del Estado, en cuanto éste representa la justicia.

4. ISÓCRATES

Dentro de la educación y la pedagogía griegas representa Isócrates (436-338 a. C.) un papel singular, el de la retórica frente a la filosofía. Se conocen pocos detalles de su vida, pero ideológicamente procede de los sofistas, a quienes tanto se parece, aunque los ataca, como lo hace también con Platón. Isócrates aparece, en efecto, como la antítesis más completa de la filosofía platónica. Según Dilthey, lo mismo que existió una lucha entre Sócrates y los sofistas, hubo otra entre la escuela de retórica de Isócrates y la escuela platónica decidiéndose, con gran perjuicio para el desarrollo espiritual griego, a favor de las escuelas de retórica. Isócrates fue también un educador; fundó en Atenas hacia 380 una escuela que tuvo muchos alumnos, que pagaban elevadas sumas por la enseñanza. En ella se enseñaba sobre todo la retórica, la elocuencia y las disciplinas necesarias para la política y la vida. Isócrates desdeñaba la filosofía y la pedagogía platónica, diciendo: "Yo desapruebo la *paideia* llegada en nuestros días, a saber la geometría, la astronomía y la discusión de cuestiones litigiosas. La joven generación encuentra en esto un gran placer. Entre los ancianos nadie lo sentirá más que como algo insoportable". Lo importante de Isócrates es la influencia que ejerció no sólo en su tiempo, sino en los posteriores. Pues muchos de los pedagogos romanos y del Renacimiento humanista se inspiraron en su retórica más que en los filósofos clásicos La lucha entre la retórica y la filosofía ha llegado hasta nuestros días.

5. ARISTÓTELES

Como Sócrates y Platón, Aristóteles une a la reflexión pedagógica una gran actividad educativa; fue no sólo un gran filósofo, sino también un educador, un maestro. De aquí el interés de sus ideas pedagógicas, aunque desgraciadamente se hayan perdido parte de sus escritos más importantes sobre ellas.

Nacido en 384 a. de C., fuera de Grecia, en Estagira, hijo de un médico, ingresa a los 18 años en la *Academia* platónica, donde permaneció hasta los 38 en íntima relación con su maestro. A la muerte de éste abandona la Academia, y después de pasar tres años en Misias, donde se casa, marcha a Macedonia a encargarse de la educación del hijo de Filipo, del que después había de ser Alejandro Magno. En 334 vuelve a Atenas y funda, como Platón, una escuela en un bosquecillo dedicado a Apolo Licio, de donde toma su nombre de *Liceo*. Allí estuvo 8 años, pero al morir Alejandro, Aristóteles como Sócrates, fue acusado de impiedad y tuvo que refugiarse en la isla de Eubea, donde murió en 322, a los 62 años de edad.

En la vida de Aristóteles hay dos momentos de gran interés para la educación. Uno, como educador, o preceptor durante cuatro años de Alejandro, con lo que inicia lo que después ha de llamarse *educación del príncipe*. Aristóteles educó a Alejandro conforme a la tradición helénica heroica, basándose en Homero, pero dando un gran lugar también en las ciencias, a la ética y a la política. El segundo momento de la actividad educativa de Aristóteles está representado por su *Liceo*, que era a la vez, como la *Academia*, un centro de educación y de investigación, pero con una mayor participación de las ciencias que en aquélla. En efecto, en el Liceo reunió Aristóteles un material científico y bibliográfico enorme. Pero no se descuidaba tampoco la enseñanza. A ésta se dedicaban las mañanas, reduciéndolas a pequeños grupos de alumnos seleccionados, que seguían cursos de estudios regulares; las tardes se dedicaban a un público más amplio, dándose conferencias sobre temas generales de filosofía y política. Tanto la *Academia* como el *Liceo* son, con el *Museo* de Alejandría, las instituciones más altas de la cultura y la educación helénicas y quizás de todos los tiempos.

La finalidad de la educación para Aristóteles es el bien moral, el cual consiste en la felicidad, que no hay que confundir con el placer, aunque éste sea una condición necesaria para aquélla. Por felicidad entiende Aristóteles la plenitud de la realización de lo humano en el hombre. Ahora bien, para conocer el bien no basta con conocerlo, con el saber como quería Sócrates, sino que hay que practicarlo, realizarlo. No basta adquirir las ideas morales sino que hay que partir de los actos, de la formación de hábitos, del dominio de las pasiones para llegar a las voliciones completas, racionales. Con esto Aristóteles se aleja del intelectualismo socrático y crea la dirección voluntarista en la educación.

Para Aristóteles hay, en efecto, tres cosas que pueden hacer al hombre bueno: la naturaleza, el hábito y la razón. La primera nos es dada, pero puede ser modificada por el hábito, como éste a su vez debe ser dirigido por la razón. Pero es preciso que las tres cosas se armonicen, aunque siempre predominando el elemento racional. A estos tres elementos corresponden tres momentos en la educación: la educación física, la educación del carácter y la educación intelectual, que deben realizarse en forma sucesiva. "Es necesario —dice— ocuparse del cuerpo antes de pensar en el alma; y después del cuerpo es preciso pensar en el instinto, bien que en definitiva no se forme el instinto sino para servir a la inteligencia, ni se forma el cuerpo sino para servir al alma"[1].

Para Aristóteles, como para Platón, la educación es una función del Estado, aunque no llega al radicalismo de éste, ya que reconoce a la familia como lugar de la primera infancia. Pero la educación es necesaria para el Estado: "Donde quiera que la educación ha sido desatendida, el Estado ha recibido un golpe funesto", dice en su *Política*[2]. Y esta concepción estatal la acentúa aún más al pedir su monopolio por el Estado frente a la forma privada de educación: "Como el Estado todo sólo tiene un solo y mismo fin, la educación debe ser una e idéntica para todos sus miembros... En nuestra opinión es de toda evidencia que por la ley debe arreglarse la educación, y que ésta debe ser pública"[3]. Y por ello regula en su obra minuciosamente la educación de los niños, empezando por la celebración del matrimonio y por la generación de los hijos.

Según su plan, hasta los cinco años los niños reciben en sus casas una educación que sólo consiste en reglas higiénicas de vida y en someterles al endurecimiento. De los cinco a los siete años deben asistir a ciertas lecciones, y de los siete en adelante la edu-

[1] I. *Política*, Libro IV.
[2] Ídem, Libro VIII.
[3] *Política*, Libro VIII.

cación debe comprender dos períodos: el primero desde los siete años a la pubertad y el segundo desde la pubertad hasta los veintiún años.

Las dos partes esenciales de la educación para Aristóteles, como para todos los griegos, son la gimnástica y la música. La primera no tiene por fin formar atletas, sino desarrollar el valor, el coraje, y hasta la adolescencia los ejercicios deben ser ligeros para no detener el crecimiento del cuerpo; después deben ser más rudos y severos. La música tiene por fin ejercer una influencia moral, aunque también debe servir para el recreo, y el placer. Además de la gimnástica y la música, la educación comprende las letras y el dibujo.

Por desgracia, Aristóteles no nos ha dejado un escrito exponiendo su plan de educación intelectual, que sin duda debería alcanzar un gran desarrollo. Pero dadas sus ideas filosóficas y científicas es de presumir que las ciencias ocuparían en él un lugar muy importante, como ocurría en el *Liceo*, y que entre ellos figuraran no sólo las matemáticas sino también las ciencias naturales en las que fué también un maestro. Lo mismo podemos decir respecto al método. Siendo Aristóteles el fundador del método inductivo hay que suponer que lo aplicaría también ampliamente en la educación. Aristóteles cultivó también la retórica en su escuela. Pero, a diferencia de Isócrates, la basaba en la lógica y la dialéctica, dándole un carácter objetivo científico.

La influencia de Aristóteles en la educación y la pedagogía se debe no tanto a sus ideas pedagógicas, que no desarrolló ampliamente, como a sus concepciones filosóficas y científicas. Éstas influyeron grandemente en las épocas posteriores sobre todo en la Edad Media y el Renacimiento, y aún lo hacen en nuestros días.

CAPÍTULO VI

LA EDUCACIÓN ROMANA

Aunque la cultura y la educación romanas se han desarrollado más tarde que las griegas, ambas han seguido una marcha semejante, como parte de un mismo todo, que Toynbee y otros historiadores han llamado la "civilización helénica". Sin embargo, la educación romana posee, a nuestro juicio, una importancia tan destacada y su influencia ha sido tan grande en el mundo occidental, sobre todo en los países latinos, que merece ser estudiada independientemente.

La cultura romana tiene como fondo, igual que la griega, una civilización anterior, en este caso la etrusca, que alcanzó un gran desarrollo y que ha influido grandemente en aquélla, sobre todo en su arte y su religión, y se sospecha que también en su educación, aunque carecemos de datos suficientes para demostrar esto último.

A pesar de su estrecho parentesco, existen bastantes puntos de divergencia entre la cultura y la educación griega y la romana. A nuestro juicio, y expuestas muy sintéticamente, las principales características de la cultura y la educación romanas, son las siguientes:

1º En lo humano, la valoración de la acción, de la voluntad sobre la reflexión y la contemplación.

2º En lo político, la acentuación del poder, del afán de dominio, de imperio.

3º En lo social, la afirmación de lo individual y de la vida familiar, frente o junto al Estado.

4º En la cultura, la falta de una filosofía, de una investigación desinteresada, pero en cambio, la creación de las normas jurídicas, del derecho.

5º En la educación, la acentuación del poder volitivo del hábito y el ejercicio, con una actitud realista, frente a la intelectual e idealista griega.

6º La necesidad del estudio individual, psicológico del alumno.
7º La consideración de la vida familiar, y sobre todo del padre en el ejercicio de la educación.
8º Esto no obstante, en época más avanzada, la creación del primer sistema realmente de educación estatal, extendiéndola fuera de Roma a todos los confines del Imperio.

En relación con la historia de la cultura, se puede dividir la historia de la educación romana en los siguientes tres grandes períodos:

1º La educación de la época heroica-patricia, desde el siglo VI hasta el III a. de C.
2º La educación de la época de influencia helénica, desde el siglo III al I a. de C.
3º La educación de la época imperial, desde el siglo I a. de C. al V d. de C.

1. LA EDUCACIÓN EN LA ÉPOCA HEROICA-PATRICIA

Prescindiendo de la época monárquica, de cuya educación no tenemos noticias, la educación de la primera época de la República tenía como ésta misma un carácter eminentemente aristocrático; se dirigía a los nobles, que a la vez eran guerreros y terratenientes: los *patricios*, que poseían todos los derechos civiles y políticos. Sólo más tarde entraron a participar en ellos los plebeyos, y nunca los esclavos, procedentes en su mayor parte de los pueblos sometidos.

En esta época, la influencia de la familia era todopoderosa. El padre, el *pater familias*, ejercía la máxima autoridad, la *patria potestas*; pero la mujer, la madre, ocupó en el hogar un lugar más elevado que en Grecia, sobre todo en la educación de los hijos. Éstos, en efecto, estaban a su cuidado en la primera infancia, y cuando no podían atenderlos personalmente, los confiaban a una matrona pariente que vigilaba estrictamente la vida de los niños.

A los siete años, el niño pasaba de manos de las mujeres a las del padre, quien se ocupaba en lo sucesivo de su educación. No sabemos exactamente en qué consistía ésta, pero a juzgar por lo que dice Plutarco de la educación del hijo de Catón el Viejo era muy elemental: "Cuando ya empezó a tener alguna comprensión, él mismo tomó a su cuidado el enseñarle las primeras letras, sin embargo de tener un esclavo llamado Quilón, bien educado y ejercitado en esta enseñanza, que daba lección a muchos niños...; le daba a conocer las leyes y le ejercitaba en la gimnástica, adiestrándole no sólo a tirar con el arco, a manejar las armas y a gobernar un caballo, sino también a herir con el puño, a tolerar el calor y el frío y a vencer nadando las corrientes y los remolinos de los ríos. Dice además que le escribió la historia de su propia mano y con letras abultadas a fin de que el hijo tuviera dentro de casa medios de aprovecharse, para el uso de la vida, de los hechos de la antigüedad y los de su patria"[1].

Los hijos acompañan a sus padres a los tribunales y aun a las sesiones del Senado, iniciándose así en todos los aspectos de la vida civil. De igual modo asistían con sus padres a los festines de los mayores, interviniendo en ellos con sus cantos y haciendo las veces de escuderos o servidores. Las niñas quedaban en la casa al cuidado de su madre, entregadas a las faenas domésticas.

A los 16 ó 17 años el muchacho abandonaba la *toga pretexta* para adoptar la *toga viril*. Entonces entraba en el ejército y en la vida pública, pero antes había dedicado un año al aprendizaje de ésta, el *tirocinium fori*. De ello se encargaba, generalmente, no el padre, sino un hombre político experimentado, viejo amigo de la familia; con él solía seguir después algunos años.

En general, en la educación romana primitiva predominaba el mismo espíritu de sobriedad y austeridad, de laboriosidad y de disciplina que caracterizaba a la sociedad de aquella época. Era una educación eminentemente moral, más que intelectual. Sus ideales los tomaba de los héroes de la propia patria, de su historia, y no de la poesía épica como en Grecia, y en ellos se acentuaba el sentido del patriotismo.

En cuanto al contenido, esta educación tenía un doble aspecto. De una parte, la educación física, con carácter premilitar más que deportivo, y de otro la educación jurídico-moral, basada en la Ley de las Doce Tablas. Al mismo tiempo aprendía prácticamente lo que necesitaba el terrateniente, como la agricultura y el cálculo, a la vez que adquiría la experiencia cívica que hemos señalado. Era en suma una educación por la acción, para la vida, por la vida y sin escuelas, aunque con maestros privados. Se basaba en la vida nacional, en la conciencia histórica de Roma, en sus tradiciones y en su religión.

---

[1] Plutarco, *Vidas paralelas: Marco Catón*. Ed. Losada.

2. LA EDUCACIÓN ROMANA BAJO LA INFLUENCIA GRIEGA

A partir de mediados del siglo III a. de C. la educación romana sufre un cambio completo como consecuencia de las modificaciones que sufren la sociedad y la cultura. En ese tiempo se realiza la expansión romana por todo el Mediterráneo hasta llegar a dominarlo por completo. De otra parte, la sociedad romana, al enriquecerse, acentúa la división entre una minoría económicamente poderosa, que sucede a la antigua nobleza, y una masa proletaria, la plebe, que aunque empobrecida cada vez tiene más fuerza política. Finalmente, ocurre la invasión de la cultura helénica con los inmigrantes griegos que acuden a Roma. La complejidad cada vez mayor de la política y la administración del Estado, así como las necesidades económicas y comerciales, hicieron que esa cultura superior fuera en general bien acogida y se difundiera rápidamente.

La influencia de la cultura helénica tuvo la virtud de despertar la cultura de Roma, dando nacimiento a su literatura y a su educación escolar. Como dice el verso de Horacio: "La Grecia vencida ha conquistado a su vez a su salvaje vencedor y llevado la civilización al bárbaro Latium".

La educación romana anterior, de tipo familiar, patriarcal, experimenta varias transformaciones. En primer lugar, respecto a su organización. Los ciudadanos más ricos tuvieron maestros o preceptores privados, generalmente griegos inmigrados, que introducían a sus hijos en la lengua y la cultura helénicas. Pero lo decisivo es que en esta época se fundan o desarrollan escuelas independientes, aunque siempre con carácter privado o particular. No quiere decir que antes no hubiera escuelas en la República romana, pero las que existían eran de tipo esporádico y muy elemental. Ahora se generalizan las escuelas, las cuales son de dos clases: una en la que se da la enseñanza totalmente en griego y otra en la que predomina el latín. En una y otra clase había los que más tarde fueron los tres grados clásicos de la enseñanza: el elemental, el medio y el superior.

La escuela primaria. del *ludus magister*, llamada también del *ludus literarius*. comenzaba a los siete años; tenía un programa muy elemental, consistente en la lectura. la escritura y el cálculo, con algunas canciones, pero con una disciplina muy rigurosa y frecuentes castigos corporales. A ella asistían los niños y las niñas indistintamente. A la escuela elemental sigue la secundaria, la del *grammaticus,* en la que se hizo sentir más la influencia de la cultura griega. Comienza aquélla a los 12 años y dura hasta los 16. En ella se estudia la gramática latina y la griega, sobre la base de Homero y los clásicos; asimismo, la retórica y la oratoria y las matemáticas, pero éstas menos que aquellas otras disciplinas. Se cultivaba poco la música y la gimnástica, a diferencia de la educación griega. En cambio se acentuaba el valor jurídico-político. Pero éste, así como la oratoria, se cultivaban especialmente en el tercer grado de escuela, en la del retórico, llamado del *rhetor,* que era una especie de escuela, de dercho, destinada a la minoría gobernante, y que se inspiraba en la filosofía y aun más en la retórica griegas.

La influencia de la cultura helénica, cada vez más poderosa, no dejó de encontrar resistencia en los elementos conservadores y reaccionarios. Así Catón el Viejo protestó contra ella, defendiendo, como hemos visto, la antigua educación romana. El mismo Senado llegó a expulsar a algunos de los griegos dedicados a la enseñanza. Pero a pesar de estas resistencias la cultura romana se asimiló a la griega y llegó a alcanzar una madurez y esplendor que quizá no habría tenido de otro modo. Como dice Dilthey: "No es verdad que el trato de una cultura superior influya siempre destructoramente sobre una nación. La acogida de la ciencia greco-romana no ha hecho más que fomentar el desarrollo entre nosotros. Ningún americano cree que la ciencia europea pueda influir allá destructoramente. Una nación sana en su constitución elemental había acogido también a Platón, Aristóteles y los estoicos, había rechazado elementos heterogéneos y realizado un considerable progreso" [1].

El espíritu de la nueva educación puede resumirse en la palabra *humanitas,* que según Jäger [2] corresponde a la *paideia* griega o a la nuestra de *cultura.* Se trataba ya no de una educación nacional, local, sino de una enseñanza de tipo general, *humanística* diríamos hoy, basada en una cultura ajena superior, que sirve de inspiración. En esa educación aún se conservan algunas de las virtudes de la antigua educación romana, pero en general predomina un espíritu más liberal, aunque dentro siempre de la estructura del Estado.

---

[1] Dilthey, *Historia de la pedagogía.*
[2] Jäger, *Paideia,* Vol. 1.

3. LA EDUCACIÓN ROMANA EN LA ÉPOCA DEL IMPERIO

Con el Imperio cambia la estructura política y social, y por tanto, la educativa de Roma.

La educación romana en esta época se distingue de la anterior, más que por su contenido por su organización; deja de ser un asunto particular, privado, para convertirse en una educación pública. Esta transformación comienza en el siglo I a. de C. con la creación de escuelas municipales, en las que el Estado interviene más bien con subvenciones y una cierta inspección; pero después llega a hacerse su legislador y director.

La política escolar del Estado romano comienza con César, quien concede el derecho de ciudadanía a los maestros de las artes liberales, y sigue con Vespasiano en el siglo I d. de C., quien libera de impuestos a los profesores de la enseñanza media y superior, manteniéndoles este beneficio los emperadores siguientes. El mismo Vespasiano es el primero que crea cátedras oficiales de retórica latina y griega con sueldos anuales, una de las cuales llegó a ocupar con una buena retribución Quintiliano. Marco Aurelio creó después cátedras de filosofía también retribuidas por el Estado. De gran interés es también la creación, por Trajano, de becas para los estudiantes, en forma de "instituciones alimenticias".

Al mismo tiempo, los emperadores incitaban a las municipalidades a la creación de escuelas públicas, como lo hicieron aquéllas en número cada vez mayor, no sólo en Roma, sino en todo el Imperio, desde las Galias y Españas a África y al próximo Oriente. Estas escuelas tenían por fin preparar a los funcionarios cada vez más necesitados de una formación superior y subsistieron durante todo el Imperio, alcanzando un elevado nivel cultural.

La organización de la enseñanza en la época imperial siguió siendo parecida a la de la época anterior con sus tres grados del *literato*, el *gramático* y el *retórico*; pero con su nuevo sentido imperial, de absorción y nacionalización de los países conquistados. A la liberalización de la cultura de la época anterior, siguió ahora la universalización de la cultura romana y en particular de la lengua latina, así como de su derecho. El vehículo principal para ello eran las escuelas que fueron uno de los principales vehículos de la romanización del mundo.

Refiriéndose a la política imperial de romanización por la educación, dice H. I. Marrou: "Bajo el Imperio comprobamos la política así inaugurada: del norte al sur de la Península [ibérica] encontramos toda una red de escuelas. Hay escuelas elementales hasta en un pequeño centro minero de la Lusitania meridional; en todas las ciudades un poco importantes, gramáticos, latinos o griegos, profesores de retórica, latina o griega. ¿Cómo extrañarse, pues, de ver a la Península Ibérica desempeñar un papel tan activo en la vida romana, aportarla a su vez tan grandes escritores (los Séneca, Lucano, Quintiliano, Maocial), tantos administradores y hombres políticos, y a partir de Trajano, tantos emperadores?" [1].

4. LA PEDAGOGÍA ROMANA

Aunque los teóricos de la educación romana tienen menos importancia que los de la griega, pues entre ellos faltan los pensadores de la altura de Platón y Aristóteles, no dejan de ofrecer interés, sobre todo por la influencia que han ejercido sobre la posterior escolaridad occidental, que ha acudido a ellos aun más que a los helenos. Respondiendo al carácter de la educación romana, sus teóricos tienen un carácter más pragmático que idealista, y más retórico que filosófico. Pero también hay entre ellos pensadores que dieron una orientación ética, espiritual a sus escritos. Característica en este sentido es la frase de Juvenal: "Se debe al niño el máximo respeto" *(Maxima debetur puero reventia).*

Catón el Viejo (234-149 a. de C.). Se puede considerar a Porcio Catón Mayor como el primer romano que escribe sobre educación. Redactó dos libros: *Sobre educación de los niños y Preceptos para el hijo,* que han desaparecido. Pero se conoce su actuación como educador de su hijo por Plutarco, según hemos indicado anteriormente. Defensor de las costumbres antiguas, lo decisivo para él era la formación del carácter conforme a la tradición. Su ideal era "el hombre bueno, diestro en discursos". Se oponía a la corriente helenista, intelectualista, de su época, y acentuaba el valor de la agricultura en la vida y la educación. En general era un espíritu conservador, arcaizante, aunque en los últimos años de su vida reconoció el valor de la cultura griega.

Marco Terencio Varrón (116-27). Representa la transición de la educación antigua a la nueva, helenística. Autor de una obra famosa, *Disciplinas en nueve libros,* que constituye una especie de enciclopedia didáctica, trató especialmente la gramática y su ense-

[1] H. I. Marrou, *Histoire de l'éducation dans l'antiquité.*

ñanza de un modo científico. Su obra influyó grandemente en las enciclopedias con fines escolares, que tanto desarrollo alcanzaron posteriormente.

Marco Tulio Cicerón (106-43). El más grande de los pensadores romanos ejerció también una gran influencia sobre la educación. Dotado de una gran cultura clásica, reconoció todo el valor que tenían la cultura y la filosofía griegas para la cultura y la educación romanas. Representa el tipo más puro de los humanistas, de la *paideia*, de la cultura espiritual. Su finalidad es en este sentido la formación del político-orador, que no sólo debe conocer la retórica, sino también la filosofía. El ideal está comprendido dentro del Estado, pero un Estado no sólo nacional, sino también mundial. Desde el punto de vista individunal, ese ideal se manifiesta en el *vir bonus*, pero con una amplia base cultural. Cicerón fue uno de los primeros en tratar la educación desde el punto de vista psicológico al estudiar la elección de la profesión, que debe acomodarse a la peculiaridad individual. Escribió diversas obras sobre el *Orador* y, como Platón, una sobre la *República* y otra sobre *Las Leyes*. Según Dilthey, Cicerón "ha llegado a ser uno de los más grandes maestros de los pueblos modernos europeos".

Lucio Amneo Séneca (4 a. de C. - 66 d. C.?). El gran filósofo estoico, nacido en España, fue también educador como preceptor de Nerón. En sus obras aparece frecuentemente la preocupación por la actividad educativa. Respondiendo a su concepción filosófica estoica, la finalidad de la educación es el dominio de sí mismo, de las pasiones y apetitos personales. La educación tiene así un carácter activo, como lo manifiestan sus célebres frases: "No hay que aprender para la escuela, sino para la vida". "Los ejemplos conducen al fin más pronto que los preceptos". "Aprendemos mejor enseñando". Séneca realzó también la necesidad de conocer la individualidad del educando, y por tanto el valor de la psicología para la educación. Asimismo dice que la educación retórica debe reducirse y en cambio ampliarse la filosófica. Finalmente, exalta la importancia del educador, "a quien debemos apreciar como uno de nuestros más queridos y próx'mos familiares".

Plutarco (48-120 d. C.). Su mayor influencia educativa la ha ejercido por medio de sus célebres *Vida paralelas*, que han servido a lo largo de la historia para inspiración de numerosas y prominentes personalidades. Se le atribuye también un tratado sobre *La educación de los niños*, aunque no todos lo reconocen como autor. En general, su ideal de educación es más bien ecléctico, tratando de conciliar los fines helénicos con los romanos. En este sentido acentúa el valor de la música y de lo bello en la educación, así como el de los ejercicios físicos, pero también reconoce como fin supremo la formación del carácter. Por último, da su preferencia a la educación doméstica sobre la escolar y afirma la necesidad de conocer la peculiaridad individual.

5. QUINTILIANO

El más importante de los pedagogos romanos, *Marco Fabio Quintiliano*, nació hacia el año 40 d. C., en Calahorra, España, hijo de un profesor de retórica. Estudió en su país, y después pasó a Roma, donde permaneció varios años practicando con el famoso jurista Domitius. Alcanzó allí gran renombre como abogado y escritor, hasta que el emperador Vespasiano le concedió la primera cátedra oficial de retórica griega y latina, con un sueldo considerable. Ejerció la enseñanza durante veinte años, logrando la máxima autoridad como profesor y como abogado. Retirado de la cátedra hacia el año 90, se dedicó a escribir su obra *La educación del orador* ("Institutio Oratoria"); después fue nombrado preceptor o tutor de dos sobrinos-nietos del Emperador Domiciano, recibiendo la insignia consular, con todos los privilegios y jerarquías de ésta. Su gran obra, la *Institutio Oratoria*, en 12 libros, estuvo destinada a servir para la educación del hijo de Marcelo Victorio y del suyo propio, que murió antes que aquélla fuera acabada. En ella recogió sus experiencias como profesor y como orador y ha tenido la mayor influencia tanto en su tiempo como en el posterior, sobre todo en el Renacimiento.

Las ideas pedagógicas de Quintiliano reflejan, depuradas, las ideas de su tiempo y especialmente las de Cicerón, de quien, sin embargo, difiere en algunos puntos esenciales, como en lo que se refiere al papel de la filosofía en la educación, que éste defiende mientras que Quintiliano rechaza. En general, sus ideas son más bien de carácter literario sobre un fondo moral y cívico. Pero nadie antes que él había dado tanta importancia al conocimiento psicológico en la educación. Su rechazo de la filosofía puede explicarse por las circunstancias de su tiempo contrario a ella, debido al descrédito de sus cultivadores y a la falta de libertad que reinaba para expresar las ideas.

Para Quintiliano, la educación comienza en la primera infancia, en el seno de la familia. En esta educación doméstica debe ponerse el mayor cuidado en el ambiente que rodea al niño —ayas y compañías— "porque naturalmente conservamos lo que aprendimos en los primeros años como las vasijas nuevas el primer olor del licor que recibieron". En esta primera edad lo que el niño aprenda ha de ser en forma de juego "para que no aborrezca el estudio el que aún no le tiene afición" [1].

Después, el niño pasa a la escuela elemental. Y aquí conviene deshacer el error de los que interpretan ésta como la escuela pública. A mi juicio, Quintiliano defiende la escuela en general, sea pública o privada, frente a la educación doméstica, dada por el preceptor, por los beneficios que aquélla procura desde el punto de vista del trato de los alumnos unos con otros, frente al egoísmo que la educación doméstica produce. En tiempo de Quintiliano aún no había comenzado a desarrollarse la escuela pública propiamente dicha, sino que, como vimos, es una creación posterior.

En la escuela elemental, "el maestro diestro encargado del niño, lo primero de todo tantea sus talentos e índole". Esta observación psicológica que Quintiliano aplica en toda su obra, tanto respecto a los alumnos como a los maestros, es uno de sus más felices aciertos. En la escuela aprenden los niños la escritura y la lectura recomendando que ésta se haga con figuras movibles, anticipándose así a nuestro tiempo. Y hace también esta observación no siempre atendida: "Una cosa encargaré, y es que se entienda lo que se lee para lograr todo esto". Pero lo importante aquí, como en todo, es tener buenos maestros, pues "los primeros elementos en nuestros estudios son mejor tratados por los mejores maestros". Y así se explica, dice, que Filipo encargara de la educación de su hijo Alejandro nada menos que a Aristóteles, el más famoso filósofo de su tiempo.

En la educación elemental deben alternar el trabajo con el recreo, aunque Quintiliano no defiende éste más que como un medio para intensificar el estudio. Tolera los ejercicios físicos, pero siempre con moderación. Sin embargo, el juego es importante "porque en él revela el niño sus inclinaciones".

Una vez que aprendió a leer y a escribir, el alumno pasa a la escuela de gramática —el grado medio—, donde aprende la gramática propiamente dicha, la redacción, la música, las matemáticas

---

[1] Quintiliano, *Instituciones Oratorias*. Madrid, Hernando, 2 vols. (Biblioteca Clásica).

y los ejercicios orales y físicos. La gramática comprende también la literatura tanto griega como latina, por medio de los poetas y clásicos respectivos. En el lenguaje hay que atender a la corrección, a la claridad y a la elegancia. Y ello ha de conseguirse por medio de la costumbre y la práctica principalmente, y aquí hace también una observación de interés: "Yo juzgo que se debe escribir cada palabra como suena, si no lo repugna la costumbre".

Pero la literatura, además de su valor estético, tiene un valor espiritual, ético; en este sentido se debe empezar por Homero y Virgilio "para levantar el espíritu con la grandeza del verso heroico" y también deben leer "lo que les fomente el ingenio y aumente las ideas", dejando la erudición para otro tiempo. Además de la gramática y la literatura, el alumno debe aprender lo que se llama la *enciclopedia*. En primer lugar, la música, aunque como todos los romanos, no le da la importancia que los griegos, limitándola a la que necesita el orador para el manejo de su voz. En cuanto a las matemáticas, sobresalen en ella el cálculo y la geometría. Tampoco se excede Quintiliano en el uso de los ejercicios físicos, reduciéndolos a los más elementales, y especialmente a los ademanes y gestos.

Finalmente, viene la escuela de retórica, de carácter superior y especial para la formación del orador. Ésta debe hacerse sobre la base de narraciones históricas, ejercicios dialécticos, lecturas y comentarios de clásicos, elocuencia, derecho, etc. Pero sin incluir la filosofía, por las razones antedichas.

Si nos preguntamos ahora por el valor de la pedagogía de Quintiliano, habría que señalar: 1º su reconocimiento del estudio psicológico del alumno; 2º su acentuación del valor humanista, espiritual de la educación; 3º su finura con respecto a la enseñanza de las letras; y 4º su reconocimiento del valor de la persona del educador. De éste ha hecho el primer estudio de carácter psicológico que se conoce en la historia de la pedagogía.

CAPÍTULO VII

LA EDUCACIÓN CRISTIANA PRIMITIVA

Con la aparición del cristianismo cambia el rumbo de la historia occidental. Prescindiendo de sus circunstancias teológicas, aquél arranca, históricamente, de la religión hebraica y de la cultura helénica. De la primera recibe los libros del Antiguo Testamento y la emoción religiosa; de la segunda, la visión filosófica y la actitud ética. Sobre ambas se eleva la actitud espiritual cristiana propia.

Referido a la educación, el significado del cristianismo, históricamente, puede reducirse a lo siguiente:

1º El reconocimiento del valor del individuo como obra de la divinidad.

2º La superación de los límites de la nación y el Estado y la creación de la conciencia universal humana.

3º La fundamentación de las relaciones humanas en el amor y la caridad.

4º La igualdad esencial de todos los hombres, sea cual fuere su posición económica o su clase social.

5º La valoración de la vida emotiva y sentimental sobre la puramente intelectual.

6º La consideración de la familia como la comunidad más inmediata personal y educativa.

7º La desvalorización de la vida presente terrenal en vista del más allá, y por tanto la subordinación de la educación a éste.

8º El reconocimiento de la Iglesia como el órgano de la fe cristiana y por tanto como la orientadora de la educación.

Esto dicho en términos muy generales y siempre con una finalidad didáctica. En lo que sigue nos referiremos primeramente a la educación cristiana primitiva, dejando su desarrollo ulterior al estudio de la educación medieval.

1. LA PRIMERA EDUCACIÓN CRISTIANA

Como es sabido, el cristianismo se desarrolló dentro del Imperio romano y convivió con él durante cerca de cinco siglos. La educación cristiana se realizó en los primeros tiempos directa, personalmente. Los educadores fueron Jesús mismo — el Maestro por excelencia —, los apóstoles, los evangelistas y en general los discípulos de Cristo. Es una educación sin escuelas, como lo fue la budista, la judaica y en general todas las religiones en los primeros tiempos de su existencia.

El medio o ambiente educativo en esta primera época es, de una parte, la comunidad cristiana primitiva, que poco a poco va convirtiéndose en la organización de la iglesia, y de otra la familia, que constituye el núcleo inmediato de la vida y la educación y que subsiste a través de todos los cambios históricos.

Sin embargo, lentamente surge una forma propia de enseñanza, no con carácter pedagógico, sino religioso, de preparación para la vida ultraterrena, y más concretamente para el bautismo, que se hacía en la edad adulta. Surge entonces la *instrucción catequista*, dada por la iglesia misma o por delegados especiales que instruían a los catecúmenos, como maestros, y a los que se llamaba "didascales". Esta preparación, al principio muy elemental, fue desarrollándose poco a poco, hasta convertirse en escuelas propiamente dichas, que estaban a cargo de los sacerdotes. El contenido de esta instrucción era naturalmente el catecismo, aunque más tarde se añadieron el canto y la música. En la época de la persecución religiosa estas enseñanzas y estas escuelas funcionaban, como es sabido, clandestinamente, en los lugares dedicados al culto y a los enterramientos (catacumbas).

Durante mucho tiempo la educación cristiana primitiva estuvo reducida a esta instrucción elemental, catequista. Pero paulatinamente se comprendió la necesidad de contar con personal docente especialmente preparado para la educación y surgieron las *escuelas de catequistas*, la primera de las cuales fue la Escuela de Alejandría, creada hacia 179 por Panteneus, un filósofo griego convertido. En ella se daba enseñanza religiosa desde un punto de vista superior, enciclopédico y teológico a la vez. Al fundador de la Escuela le sucedieron dos de los más sobresalientes Padres de la Iglesia: San Clemente y Orígenes. La Escuela llegó a convertirse en el centro de la cultura religiosa y sacerdotal más importante de su época.

Más adelante surge un tipo nuevo escolar, la *escuela epicospal* para la formación de eclesiásticos, y cuyo ejemplo más distinguido es la fundada por San Agustín en Hipona. En estas escuelas se daba una instrucción superior a los aspirantes a la iglesia (diáconos, sacerdotes, etc.), consistente en la enseñanza de la teología y el servicio eclesiástico, en tanto que la cultura humanista la recibían en las escuelas tradicionales romanas.

Finalmente, después de las invasiones de los bárbaros, nace un tipo de escuela elemental, de radio más vasto que el anterior, la *parroquial* o *escuela presbiterial*, la escuela en las iglesias rurales. El Concilio de Vaison, de 259, ordena "a todos los sacerdotes encargados de parroquia recibir en calidad de lectores a jóvenes, con el fin de educarlos cristianamente, de enseñarles los salmos y las lecciones de Escritura y toda ley del Señor de modo que puedan preparar entre ellos dignos sucesores". Esta recomendación fue repetida por otros Concilios como el de Mérida, en España, en 666.

Todas estas escuelas que hemos indicado tienen, sin embargo, un horizonte muy limitado: la formación de eclesiásticos; la mayoría de la población quedaba sin instrucción o la recibía en las escuelas romanas ordinarias, hasta que éstas desaparecieron con la invasión de los bárbaros. Entonces la enseñanza se dio en los monasterios, como los únicos sostenedores de la educación y la cultura.

La *educación de los monasterios* merece un capítulo aparte por la importancia que tuvo en toda la Edad Media. La *educación monástica* surgió en Oriente, entre los monjes que se retiraron al desierto y que organizaron los primeros monasterios. En ellos recibieron novicios a los que se daba una educación más ascética y moral que intelectual. Sin embargo, ésta no quedaba excluida ya que aquéllos deberían poder leer las Sagradas Escrituras. En la *Regla* de San Pacomio, hacia 320-340, se prescribe que si un ignorante entra en el monasterio se le dará para aprender veinte salmos o dos epístolas. Si no sabe leer aprenderá con un monje letrado, a razón de tres horas de lección por día, las letras, las sílabas y los nombres. Por su parte, la *Regla* de San Basilio ordena que se admita desde la primera infancia a los niños que les lleven sus padres o a los huérfanos para enseñarles a leer y conocer la Biblia. Lo mismo recomendará San Juan Crisóstomo hacia 375. Pero toda esta educación, como la anterior, sigue reservada a una minoría; en aquélla de eclesiásticos; en ésta de monjes. Tal educación se extiende también a los monasterios de monjas, a las que se obliga a aprender a leer, a consagrarse a la lectura y a la copia de manuscritos.

El movimiento de la educación monástica culmina con la *Regla de la Orden de San Benito* (hacia 525), que da el patrón para este tipo de educación en toda Europa. En ella se dispone la lectura de textos sagrados durante la comida de los monjes; la admisión de niños para su educación; el trabajo de los monjes ya que "la ociosidad es el enemigo del alma" y las horas de lectura fuera le las comidas, tomando los libros de la biblioteca que debe haber en el monasterio, instituyéndose un inspector para hacer que se realicen las lecturas. En suma, la orden de los benedictinos llegó a convertirse en un verdadero centro de cultura y educación, como veremos más adelante.

2. LOS PRIMEROS EDUCADORES Y PEDAGOGOS CRISTIANOS

En los primeros siglos de la Iglesia, los pensadores que constituyen la llamada *patrística*, o sea los Padres de la Iglesia, casi todos son educadores; la mayor parte de ellos se formaron en la cultura y filosofía griega y romana, especialmente en el neoplatonismo y estoicismo, y trataron de conciliar aquéllas con la nueva fe. No constituyen una escuela filosófica, ni son filósofos propiamente dichos, sino más bien predicadores y educadores, aunque algunos, como San Agustín, llegaron como filósofos a una altura intelectual incomparable. Entre ellos se destacan los siguientes:

Clemente de Alejandría (150-215). Educado en la filosofía griega, y convertido al cristianismo, fue uno de los rectores de la importante Escuela de Alejandría, como se ha dicho. Al mismo tiempo escribió el primer tratado cristiano de educación, el *Pedagogo*. En él trata de conciliar los estudios humanísticos y científicos con la fe cristiana, subordinando naturalmente aquéllos a ésta. Para él el maestro es el *logos*, que cuando dirige los hombres a la virtud se llama *logos pedagogo*, y cuando enseña la verdad *logos didascalo*. San Clemente diferencia claramente diversos tipos de educación. "Así es —dice— una cosa la educación del filósofo, otra la del retórico y otra la del hombre de mundo; así hay también propiamente una organización de la vida, que, surgiendo de la pedagogía de Cristo, es adecuada a un estado de espíritu satisfactorio y bello, y por la naturaleza son como consagrados el caminar y el descansar, el alimento y el sueño, la comunidad de amor y la obra de la vida, así como todos los restantes bienes educativos; pues tal educación no es exagerada po. el *logos*, sino más bien equilibrada"[1].

Orígenes (185-254). Discípulo de San Clemente, le sucedió en la dirección de la Escuela de Alejandría, y poseyó una gran cultura. Recomienda el estudio de las ciencias, especialmente de las matemáticas y considera a la filosofía como la coronación del saber y el preámbulo para la doctrina religiosa, pues la virtud puede ser enseñada y aprendida. Pero lo decisivo son los evangelios y la tradición apostólica, accesibles a todos. Orígenes escribió obras filosóficas importantes, entre ellas una *Suma teológica-metafísica* que influyó grandemente en la cultura posterior. Pero cayó en la heterodoxia, como era tan frecuente entre los pensadores de esa época en que aún no estaba constituido, rigurosamente, el dogma cristiano. Su importancia como educador está en la escuela que dirigió en Alejandría y en la que fundó más tarde en Cesárea y que alcanzó una gran fama.

En la pedagogía monástica propiamente dicha habría que citar en esta época:

San Basilio (330-379), a quien se debe la fundación de los monasterios del mundo católico oriental, hombre de gran cultura. y cuyas *Reglas* revelan un gran sentido pedagógico. Acentúa sobre todo el sentido social, de comunidad, insistiendo en la necesidad de la caridad y el auxilio mutuo. Con él surge por primera vez la *escuela monástica* que tanto desarrollo alcanzó posteriormente. Como medios de educación recomienda el trabajo y la lectura de los Evangelios; las letras deben aprenderse con relatos y nombres de éstos, especialmente el libro de los *Proverbios*.

San Jerónimo (340-420). Se distinguió en la educación, además de por su acción monástica, por las dos cartas que escribió sobre la educación de las niñas, y que revelan el tipo de educación femenina del cristianismo primitivo, aunque siguiera frecuentemente las ideas y los métodos de Quintiliano. Así recordando, sin duda, a éste, dice de la primera educación: "La experiencia nos enseña que lo que aprendimos en la niñez y se mama con la leche difícilmente se olvida, pues es dificultoso que la lana pierda el color y la tinta que le dieron al principio y le vuelvan su propia blancura por más que la laven, y que la olla pierda el olor y el sabor de lo primero que echaron en ella". Y recomendando la educación doméstica, materna, advierte: "El maestro principal de vuestra hija habéis de ser vos, y vivir de tal manera que la niña

[1] San Clemente, *El Pedagogo*, Vol. I, Cap. XII.

tierna se admire de vuestras santas costumbres, y no vea en vos, ni en su padre, cosa que si la hiciere sea pecado. Acordaos, pues, que sois madre de una doncella y que podrá ser mejor enseñada con ejemplos que con voces y gritos"[1]. San Jerónimo recomienda una educación ascética, hasta rechazar los baños, y una instrucción basada esencialmente en las oraciones, la lectura de libros religiosos y las labores manuales y domésticas.

San Benito (480-543). El gran fundador de la orden benedictina y del Monasterio de Monte Casino, tiene especial significación pedagógica más que por sus escritos por su acción educativa, que trascendió a toda Europa. Como se ha dicho, recomendó el trabajo manual, la lectura en alta voz y la copia de manuscritos. También estableció en los Monasterios escuelas para los externos.

3. SAN AGUSTÍN

El más grande de los Padres de la Iglesia y uno de los pensadores más importantes de todos los tiempos. Aurelio Agustín, nació en Numidia, cerca de Cartago, en el África romanizada, el año 354, de padre pagano y madre cristiana. Educado en la tradición helénica, en la escuela de retórica de Cartago se despierta en él la vocación filosófica leyendo a Cicerón. En su inquietud espiritual adopta las ideas de la secta maniquea, escuela cristiana con mezcla de elementos orientales, y se dedica a la enseñanza de la retórica y la elocuencia en su país natal. Después se dirige a Roma y Milán, donde se pone en contacto con el gran obispo San Ambrosio, quien le convierte al cristianismo ortodoxo. En Roma ocupa la cátedra más elevada de retórica, hasta que regresa a África, donde se dedica a la meditación y es ordenado sacerdote primero y después consagrado obispo de Hipona. Allí funda una comunidad religiosa, que al poco se convirtió en un gran centro de cultura eclesiástica y de donde salieron distinguidos sacerdotes y obispos. Falleció en 430.

San Agustín escribió numerosas obras, de las cuales las más importantes para nosotros son: las *Confesiones*, autobiografía de su juventud de un gran valor psicológico: la *Ciudad de Dios*, que constituye la primera filosofía de la historia y que ha tenido una enorme repercusión en la posteridad, y su pequeño tratado, *El Maestro*, en el que expone sus ideas sobre educación a su hijo.

[1] San Jerónimo, *Epístola a Leta*.

También se debe contar entre sus obras didácticas su tratado *Del Orden*, en el que explica su concepción de la educación integral humanística.

En la pedagogía de San Agustín se pueden distinguir dos épocas: una en la que acentúa el valor de la formación humanista y otra en la que afirma sobre todo la formación ascética. Pero en ambas, lo decisivo para él es la formación moral, la intimidad espiritual, que ilumina nuestra inteligencia y nos hace reconocer la ley divina eterna. No descuida, sin embargo, sobre todo en su primera época, el valor de la cultura física, de los ejercicios corporales, así como de la elocuencia y la filosofía para la vida espiritual. Unos y otros puestos al servicio de la salvación. Lo decisivo, sin embargo, es la formación de la voluntad. Por ello dice: "No hay que esperar de los niños la inteligencia, ni hay que aspirar a ella tampoco, sino que lo primero es, objetivamente, la conciencia, la disciplina: subjetivamente, la obediencia".

Pero la sabiduría, la cultura humanista, es necesaria para los dirigentes de la iglesia; en este sentido acepta las artes liberales de la tradición greco-romana, incorporándolas a la formación religiosa teológica. Sólo hay que evitar la pura erudición, el saber sin objeto. Lo supremo a que se debe aspirar es el reino de los valores éticos. Y a éstos pueden llegar incluso los ignorantes y los humildes que tengan pureza de corazón, amor y buena voluntad. En este sentido advierte: "Lo que importa es que tal sea la voluntad del hombre, porque si es mala, estos movimientos serán malos, y si es buena no sólo serán inculpables, sino dignos de elogio, puesto que en todo ellos no son otra cosa que voluntades; porque ¿qué otra cosa es el deseo y alegría sino una voluntad conforme con las cosas que queremos? ¿Y qué es el miedo y la tristeza sino una voluntad disconforme con las cosas que queremos?" [1].

---

[1] San Agustín, *La Ciudad de Dios*, Buenos Aires, Ed. Poblet.

CAPÍTULO VIII
LA EDUCACIÓN MEDIEVAL

Durante la Edad Media continúa el predominio de la educación cristiana, que llega ahora a su apogeo y adquiere otro carácter al surgir nuevos factores sociales y culturales. Esquemáticamente expuestos, éstos son:

1º El cristianismo mismo, que se desarrolla intelectual e institucionalmente hasta alcanzar su máxima altura con la escolástica y con el nacimiento de las universidades.

2º El germanismo, que al expandirse, da lugar al feudalismo y con Carlomagno, a un conato de educación palatina y estatal.

3º El localismo de los municipios y el gremialismo de las profesiones, que dan origen a un nuevo tipo de estructura social.

Estos factores culturales y sociales influyen en la orientación de la educación de múltiples modos, a saber:

1º La acentuación del ascetismo con el consiguiente menosprecio de la educación para la vida terrena.

2º La mayor atención a la vida emotiva y religiosa con perjuicio de la educación intelectual.

3º El carácter universal, supernacional de la educación al emplearse en ella una lengua única, el latín, y al crearse universidades, abiertas a los alumnos de todos los países.

4º El predominio de la enseñanza de las materias abstractas y literarias con descuido de las realistas y científicas.

5º El aspecto verbalista y memorista de los métodos de educación, con menosprecio de la actividad.

6º La sumisión a una disciplina rigurosa externa en vez de la libertad de indagar y de enseñar.

7º La aparición del tipo de educación caballeresca, propio de las edades guerreras y heroicas.

8º El desarrollo de una educación seglar, municipal y gremial, junto a la eclesiástica.

Todo esto, dicho muy esquemáticamente, será desarrollado en las páginas siguientes.

1. LA EDUCACIÓN MONÁSTICA Y CATEDRAL

Con la irrupción de los pueblos bárbaros, germánicos, en el Imperio romano en el siglo v se hunde la cultura clásica, y el mundo occidental se rodea de tinieblas, como una "edad oscura", según la llaman los ingleses. Sólo quedan subsistentes las débiles lucecillas de las escuelas y monasterios de la educación cristiana primitiva. Éstos, sin embargo, van adquiriendo cada vez mayor desarrollo y riqueza, hasta convertirse durante los primeros siglos medievales en los únicos centros de cultura y educación.

Entre los monasterios hay que contar en primer lugar los de la *orden benedictina*, citada anteriormente, y que en la Edad Media alcanzan su máximo desarrollo hasta convertirse en el eje de la educación monástica occidental. De ellos sobresalieron el de Monte Casino, en Italia; el de York, en Inglaterra; el de Fulda, en Alemania; el de San Gall, en Suiza, y el de Tours, en Francia. Después se desarrollan los monasterios y conventos de otras órdenes, como las de los cluniacenses y cistercenses y los de los franciscanos y dominicos, que también contribuyen a la cultura y a la educación medievales.

En los monasterios, lo esencial era, naturalmente, la vida religiosa, y sólo subsidiariamente la cultural y educativa. Por ello, su aspecto intelectual era muy bajo, pero en cambio fue muy elevado su lado moral y espiritual. Su finalidad educativa más importante era la formación de los monjes, la cual comenzaba muy pronto, a los 6 ó 7 años como *pueri oblati* y duraba hasta los 14 ó 15. En ellos se les iniciaba en la lectura y escritura, en los trabajos agrícolas y artísticos, en la copia de los manuscritos y en el conocimiento de las Sagradas Escrituras. Posteriormente, se introdujo también el estudio de algunos escritores clásicos. Además de esta enseñanza interna, muchos monasterios tenían también escuelas externas para la educación de los alumnos pobres que no se dedicaban al monacato. Según Otto Willmann, al terminar la Edad Media había nada menos que 37.000 edificios pertenecientes a los benedictinos o a sus Órdenes derivadas, de los cuales sólo la vigésima parte tenía centros de enseñanza [1].

Durante la Edad Media surge un nuevo tipo de educación eclesiástica, las *escuelas catedrales*, que se desarrollan sobre todo a partir del siglo XI. En ellas la enseñanza estaba a cargo de un *scholasticus* o *didascalus*, aunque también participaban en ésta los mismos obispos y monjes o sacerdotes especialmente dotados de cultura. Las escuelas catedrales más notables fueron las de Letrán en Roma, Lyon, Reims, Lieja, Magdeburgo, Padeborn, etc., las cuales sin embargo comenzaron a decaer desde que se fundaron las universidades.

Las escuelas catedrales estaban destinadas principalmente a la formación de los clérigos. Su enseñanza estaba contituida por el *trivium* y el *quadrivum*, es decir, por materias realistas y humanistas, y por la sacra página o teología. Como las escuelas monacales, tenían también una *escuela externa*, a las que asistían alumnos de las clases sociales superiores y profesionales.

La función de los obispos no se limitaba a las escuelas catedrales, sino que se extendía a la inspección de todas las escuelas existentes, especialmente las *parroquiales*, adscritas a las iglesias, como hemos indicado, y que tenían un carácter elemental, estando al cuidado de los párrocos y sacristanes. Sobre la fundación de estas escuelas ordenó el Sínodo de San Omer en 1183: "Como las escuelas sirven para formar a aquellos a quienes más adelante han de incumbir los asuntos temporales y espirituales del Estado y de la Iglesia, ordenamos que en todas las villas y aldeas de nuestra diócesis sean restauradas las escuelas parroquiales allí donde todavía se mantengan. Finalmente, deben atender los párrocos, magistrados y miembros distinguidos de la comunidad que sea dado el necesario mantenimiento a los maestros, como suelen los sacristanes en las aldeas".

De la educación eclesiástica de la Edad Media ha dicho Dilthey: "Ante todo hay que desechar la idea de que el estado eclesiástico haya puesto a los pueblos en posesión de conocimientos superiores. Nada de esto... Consiguientemente, la instrucción no podrá fundarse sobre la incitación y el entusiasmo intelectuales, sino sólo sobre la obediencia, el castigo y el amor propio de la juventud, o bien sobre un ingenio excepcional para el que no sea

---

[1] Otto Willman, *Teoría de la formación humana*. Madrid, Instituto San José de Calasanz.

demasiado grande ningún obstáculo. Por eso se ejercitó predominantemente la memoria y algunas otras cosas, como el sentido del lenguaje"[1].

2. LA EDUCACIÓN PALATINA Y ESTATAL

Con el transcurso del tiempo, la educación monástica y eclesiástica medieval había ido deteriorándose hasta el punto de considerarse los años comprendidos entre 600 y 900 como los más oscuros de la Edad Media. Pero en los siglos VIII y IX hay como un oasis en esa época, y es la actuación de dos grandes monarcas, Carlomagno en Franconia y Alfredo el Grande en Inglaterra. Ambos se preocuparon de la educación, no sólo de los eclesiásticos, sino del pueblo y de la misma nobleza.

Carlomagno (742-814), el gran emperador franco, después de unificar bajo su mando casi toda Europa, observó las deficiencias de la cultura eclesiástica y seglar de su tiempo, y trató de subsanarlas. Para ello empezó a organizar en su palacio, siguiendo la tradición merovingia, una escuela a la que asistieron él mismo, su familia y algunos nobles seleccionados para el servicio de la Iglesia y del Estado. Al frente de ella puso a la excelsa figura de *Alcuino*, educado en el monasterio inglés de York. En la escuela se enseñaban toda clase de materias, desde la más elemental para los hijos del rey y emperador hasta las humanistas en latín y griego para éste y los nobles aspirantes a funcionarios. También se enseñaba la poesía, la aritmética, la astronomía y la teología. En la enseñanza tomaba una parte activa Carlomagno en forma de discusiones y diálogos. La escuela palatina no cesó con la muerte de éste sino que continuó con su hijo Luis el Piadoso, quien llamó, para dirigirla a otro gran educador medieval, *Scotus Erigena*.

Una labor parecida realizó en Inglaterra *Alfredo el Grande* (871-901), creando una escuela palatina a la que asistían los nobles de su corte y aun mozos de origen humilde. Hizo también traducir del latín al inglés obras clásicas y eclesiásticas, y en general trató de seguir los pasos de Carlomagno. En la introducción a la traducción de una obra de San Gregorio expresaba la esperanza de que "si tenemos bastante tranquilidad, todos los jóvenes

---

[1] Dilthey, *Historia de la Pedagogía*.

nacidos libres en Inglaterra, podrán aprender a escribir el inglés" mientras que los más avanzados eran enseñados en latín.

Más importante aún que estas creaciones palatinas es la obra emprendida por Carlomagno para elevar la instrucción de su pueblo iniciando así una educación seglar, estatal, que desgraciadamente no tuvo continuación, pero que sentó un precedente valioso en el proceso posterior de la educación pública. Reconociendo, en efecto, el estado lamentable en que se hallaba la cultura de los eclesiásticos y la necesidad de contar con funcionarios para su Imperio, dictó Proclamas o Edictos, inspirados sin duda por Alcuino, que era su consejero. En la primera, del año 787, después de deplorar el estado de ignorancia de los miembros de la Iglesia y de los Monasterios, les exhorta "no sólo a no descuidar el estudio de las letras, sino también a estudiar con humildad y seriedad para que puedan ser capaces de penetrar fácil y correctamente en los misterios de las Sagradas Escrituras... Para esta obra han de ser escogidos hombres que tengan la voluntad y habilidad de aprender y un deseo de enseñar a los otros". Dos años después, en 789, dirigió otra Proclama ordenando que se crearan escuelas en todas las parroquias, en las que los niños pudieran aprender a leer. En los monasterios se debería enseñar los salmos, los signos de la escritura, los cantos, la gramática y los libros sagrados. Asimismo, llegó a ordenar en otra Proclama del año 802 dirigiéndose a los señores, "que todo el mundo enviará su hijo a la escuela para estudiar las letras y que el niño permanecerá en la escuela hasta que sea instruido en ellas". Al mismo tiempo, buscó en Roma maestros para sus escuelas e instituyó funcionarios *(missi dominici)* para que actuaran como inspectores de la enseñanza en ellas. La obra de Carlomagno subsistió durante algún tiempo, sobre todo con su hijo, y con la actuación de Alcuino en el monasterio de San Martín, en Tours. En el año 829 los obispos de Galia se dirigieron a Luis el Piadoso pidiéndole que "siguiendo el ejemplo de su padre, se establezcan escuelas en vuestro reino para que la labor de vuestro padre y de vos mismo no desaparezca por descuido".

Alfredo el Grande realizó una labor parecida en Inglaterra, adonde llevó sabios y educadores de fuera de su reino para elevar el nivel cultural de éste, preparando así el surgimiento de las universidades en épocas posteriores.

3. LA EDUCACIÓN CABALLERESCA

Otro elemento en la educación seglar de la Edad Media lo constituye el desarrollo de la educación caballeresca. Las condiciones sociales y políticas de esta época hacen que surja un tipo de hombre que se distinga por sus condiciones guerreras. De origen germánico, la caballería constituye un tipo de organización, coincidente en parte con el feudalismo, por el cual los caballeros se ven libres de los trabajos económicos y pueden dedicar toda su actividad a otros fines. El principal de ellos es el servicio al príncipe, al Estado en su forma rudimentaria; de aquí nace su sentido de la *fidelidad*, de la obediencia. Pero esa finalidad se realiza sobre todo por las armas, por la guerra; de aquí la necesidad del *valor*, del coraje que debe poseer todo caballero. Por otra parte, tiene también deberes hacia los socialmente inferiores, a los que debe *protección*. En las relaciones con los demás caballeros debe obedecer a ciertas normas, que constituyen el código del *honor*. Finalmente, en su trato con la mujer ha de guardarle una consideración especial, y de aquí surge la *cortesía*.

Valor, honor, fidelidad, protección, cortesía, son las principales virtudes que debe reunir el caballero. Pero a la vez ha de poseer ciertas condiciones físicas: saber manejar las armas, realizar determinados ejercicios y dominar algunos elementos espirituales e intelectuales, aunque éstos no en forma tan sobresaliente como aquéllos. Refiriéndose a las cualidades del caballero, dice Cornish, citado por Monroe [1]. "Observamos en aquéllos [los caballeros] un valor temerario, una arrogancia personal, un respeto de sí mismo, un cumplimiento cortesano de la palabra de honor, aunque empeñada con arreglo a ciertas formas, despreocupación de toda ventaja personal, excepto la gloria guerrera, y por otro lado, ferocidad salvaje, crueldad deliberada, coraje llevado casi hasta la locura, extravagancia manifiesta, prodigalidad frívola, falta de disciplina militar, escasez de fe cristiana e infidelidad".

Dilthey compara el desarrollo de este tipo del caballero medieval con el de los guerreros de la época heroica de los griegos, romanos y árabes, y advierte que se encuentra en la historia de todos los pueblos.

La educación del caballero se realizaba, cuando niño, en el

---

[1] Monroe, *Historia de la educación*. Madrid, La Lectura.

seno de la familia, en el palacio propio. A los seis o siete años era enviado bien a la corte, bien al palacio de otro caballero, quedando principalmente al servicio de las damas como *paje*. A los catorce o quince años pasaba a ser *escudero*, acompañando a su señor en las guerras y a su señora en las horas de paz en el castillo. A los veintiún años era armado *caballero* en una ceremonia especial, y entonces adquiría una personalidad independiente, aunque a veces era vasallo o tributario de otro caballero.

El contenido de la educación del caballero desde el punto de vista intelectual era muy pobre; había incluso caballeros que no sabían leer ni escribir. En cambio, se cultivaban intensamente las destrezas físicas, corporales, entre las que se incluían la carrera, la equitación, la esgrima, el manejo del arco y de la lanza, y la caza, que se cultivaban muy especialmente. No se descuidaba sin embargo la formación espiritual que consistía en el aprendizaje de oraciones, en el recitado de poesías, en la lectura y escritura, y la música y el canto.

La culminación de los ejercicios físicos lo constituían los torneos en los que se juzgaba el valor y la habilidad de los caballeros, y que venían a ser como los juegos olímpicos griegos o como los deportivos de la actualidad. A veces los jóvenes escuderos iban a otros países, especialmente Francia, a perfeccionar sus conocimientos y destrezas; de aquí que muchos aprendieran también la lengua francesa junto a la latina y la materna. Se trata en suma de una educación de minoría que trataba de domar las pasiones tan vivas de los caballeros de la época y de exaltar ciertas virtudes, más que por la escolaridad apenas existente, por la participación en actividades vitales y sociales.

La educación de la mujer no estaba tampoco descuidada, consistiendo principalmente en las faenas domésticas y en el cultivo de la poesía, la música y el canto. Ella fué exaltada por los caballeros en forma extraordinaria, como uno de sus ideales más queridos.

4. LA EDUCACIÓN UNIVERSITARIA

Un tercer momento en el desarrollo de la educación seglar (secular, del siglo, fuera de los claustros) en la Edad Media está constituido por el nacimiento de las universidades en el siglo XII. Éstas no han surgido de un modo uniforme, sino espontáneamente y en diversas formas. En general, se trata de un movimiento hacia la cultura superior clerical y profesional, que se acomoda a las circunstancias locales y nacionales. La primera universidad europea fue la Escuela de Medicina de Salerno, Italia, quizá por la influencia de la cultura oriental arábiga. A ella siguió, también en Italia, la de Bolonia, dedicada especialmente al estudio del derecho y fundada también en el siglo XII. Pero ninguna de ellas tuvo la trascendencia para la cultura occidental que la de París, fundada en el siglo XIII, surgida de la escuela catedral de Notre Dame, y que dio el tono a las demás universidades europeas. A ellas siguieron, en el mismo siglo, las de Oxford y Salamanca, y más tarde muchas más hasta el punto que a fines del siglo XV contaba Europa con unas 80 universidades.

El modo de nacer de estas universidades es muy diferente. Unas surgen de forma espontánea, por la autoridad y atracción de un profesor o maestro, como las de París, Salerno y Oxford; otras por fundación del Papa, como la de Roma, Pisa y Montpellier; otras por edicto de los príncipes, como las de Salamanca y Nápoles, y otras, que es lo más frecuente, son creadas por ambas potestades como las de Praga, Viena, etc.

En su organización también variaban esas universidades. Unas como la de París, constituían sociedades o agrupaciones de maestros; otras, como la de Bolonia, corporaciones de estudiantes, y otras, como la de Salamanca, de estudiantes y maestros. En general, unas y otras, pasado algún tiempo, recibían privilegios de los Papas y los reyes. Entre ellos figuraban los de inmunidades y exenciones de impuestos; el derecho a la huelga o traslado de estudios cuando la universidad estaba descontenta, así surgió Oxford respecto a París, y Cambridge respecto a Oxford; el de la jurisdicción interna para juzgar a sus miembros, y el más importante: el derecho a conceder grados o licencia para enseñar.

Las universidades surgen como *studium generale* y después como *universitas studiorum*, en los que la palabra universidad no significa la enciclopedia de los estudios, sino su carácter general, para todos los estudiantes de cualquier país que fueren.

En este sentido, las universidades se dividen en *naciones* que agrupaban a los estudiantes de los diversos países, los cuales se solían hospedar en las mismas casas *(hospitia)* y tenían una organización autónoma, eligiendo sus propias autoridades y teniendo sus propios estatutos. Otra división más importante era de las **Facultades**, según los diversos estudios, que originariamente eran cuatro: Artes, Teología, Medicina y Derecho, aunque no todas las universidades tenían todas las facultades, sino que la mayoría sólo poseían algunas. La Facultad de Artes era como una facultad preparatoria para las demás.

En general, las universidades eran autónomas en su gobierno, "eran verdaderas repúblicas, casi independientes, apenas subordinadas al Estado y a la Iglesia"; elegían sus rectores y autoridades, nombraban a los profesores y concedían los grados. El primero de éstos fué el de *bachiller* (baccalarius), que era como una especie de aprendiz de profesor; el segundo fue el de la *licenciatura* (licencia) que capacitaba para enseñar, y el tercero, el de *maestro* o *doctor*.

Una institución pedagógica de gran importancia son los *colegios* universitarios. Nacidos como hospederías, y sin perder el carácter de albergues, poco a poco llegaron a ser verdaderos centros de educación, hasta convertrirse en auténticas escuelas o facultades, tal como ocurrió en la Universidad de Salamanca y tal como aún ocurre en los célebres colegios de las universidades inglesas de Oxford y Cambridge.

Respecto a la enseñanza universitaria consistía en general en la *lectio* o exposición y análisis de un texto, en las *cuestiones* o presentación de argumentos y en las *disputationes* o discusión de temas sugeridos por el maestro. En general predominaba el método silogístico y la filosofía escolástica.

La influencia de las universidades en la Edad Media fue grande tanto política como culturalmente. Organizadas conforme al principio de los gremios, tuvieron sin embargo una visión más amplia que éstos. Con ellas hubieron que contar muchas veces no sólo los reyes, sino hasta los mismos Papas en sus diferencias. Culturalmente, representaron la cúspide de la sabiduría de la época hasta el Renacimiento, en que comienzan a declinar por atenerse a sus tradiciones escolásticas y no admitir más que muy tardíamente las nuevas ciencias.

5. LA EDUCACIÓN GREMIAL Y MUNICIPAL

Independientemente de la clerecía y la nobleza se constituye a fines de la Edad Media, una nueva clase social que podemos llamar sintéticamente ciudadana o burguesa, por estar formada por los habitantes de los *burgos o ciudades*. Éstos eran esencialmente comerciantes, pero había también numerosas profesiones artesanas; unos y otros se hallaban organizados en *gremios*. Las ciudades y los gremios crearon y organizaron escuelas, con lo que surge un nuevo elemento en la educación seglar medieval.

La educación gremial tenía naturalmente un carácter eminentemente profesional, aunque en ella iba incluida una parte de educación general. Ahora bien, esa educación se daba esencialmente en el mismo gremio, con o sin escuela. El alumno comenzaba su educación como *aprendiz* con un maestro de la profesión, unas veces viviendo en la misma casa del maestro, otras permaneciendo en su casa propia. Con el maestro estaba hasta los 15 ó 16 años aprendiendo por el trabajo los elementos de su oficio y de la instrucción. A aquella edad terminaba su educación y adquiría la jerarquía de *oficial* con la que ya podía trabajar ganando un jornal. El oficial tenía forzosamente que estar asociado en un gremio. En algunas profesiones más delicadas existía también el grado de *maestro*, que se pasaba después de un examen y que capacitaba para ser director del trabajo o establecerse por su cuenta. Algunas corporaciones o gremios crearon escuelas propias que alcanzaron gran reputación como la de los sastres de Londres, la *Tailors School*, que ha llegado hasta nuestro tiempo. En ellas se daba instrucción elemental, más que profesional; ésta se adquiría siempre en el gremio. El gremio se extendía no sólo a las clases manuales inferiores, sino a todas las profesiones. Así los maestros primarios de España estaban agremiados en la Hermandad de San Casiano. En ésta, según una cédula de Enrique II de hacia 1370, se concedían ciertos privilegios y exenciones a los maestros, como la exención de prisión, de quintas y de alojamiento de tropas y se prohibía la enseñanza a los maestros no examinados [1].

Por su parte las ciudades, a medida que fueron desarrollándose, crearon también escuelas municipales, independientes de las claustrales y catedrales. Aquellas tenían un carácter esencialmente práctico, pero algunas también enseñaron materias de carácter humanista como la literatura, la geografía y la historia. Muy significativo es el hecho de que, a diferencia de las escuelas eclesiásticas, éstas daban la enseñanza en el idioma vernáculo. Los alcaldes nombraban generalmente a un rector o director *(scholasticus)* quien se encargaba de seleccionar a los maestros. En la citada Ordenanza de la Hermandad de San Casiano se disponía que hubiera veedores

---

[1] L. Luzuriaga, *Documentos para la historia escolar de España*, Vol. I. Madrid, Centro de Estudios Históricos, 1916.

para vigilar la enseñanza de estas escuelas y que sus maestros sufrieran un examen para poder ejercer la enseñanza. Ésta consistía esencialmente en la lectura, escritura, cálculo y doctrina cristiana. Generalmente las escuelas percibían retribuciones de los alumnos, aunque también los municipios contribuían a su sostenimiento con subvenciones y con la aportación de los edificios y el material necesarios. Los maestros tenían por lo general un carácter ambulante; iban de un pueblo a otro contratándose temporalmente. Con el tiempo llegaron a tener mayor estabilidad, consideración y sueldos. A fines de la Edad Media las escuelas municipales habían adquirido un gran desarrollo, sobre todo en las ciudades del centro y norte de Europa, y constituyeron los comienzos de la educación pública, como veremos oportunamente.

6. LA EDUCACIÓN DE LOS ÁRABES

Aunque limitada en su mayor parte a España, la enseñanza de los árabes tuvo una gran trascendencia porque fueron los sostenedores y transmisores de la cultura clásica a toda Europa, cuando ésta aún se hallaba en el período más oscuro de la Edad Media. Por ellos fueron conocidos principalmente Aristóteles y los filósofos neoplatónicos.

En España la educación de los árabes llegó a su apogeo en el siglo X con el Califato de Córdoba. Crearon multitud de escuelas primarias en las que se enseñaba la lectura y escritura y versículos del Corán. Multiplicaron las bibliotecas en las que había millares de obras clásicas y sobre todo organizaron una enseñanza superior, en la que se cultivaron la filosofía, las matemáticas y las ciencias naturales, abandonadas entonces por la cristiandad.

La educación de la mujer, en contraste con la civilización cristiana de la época, fue especialmente atendida por los árabes. Las niñas recibían igual instrucción que los niños, y también disfrutaron de la enseñanza superior, dedicándose bastantes mujeres a la literatura y medicina.

Durante la época de los árabes, ciudades como Córdoba, Toledo, Granada y Sevilla eran los únicos centros de gran cultura existentes en Europa. En ellas y otras muchas ciudades se crearon escuelas, bibliotecas, palacios, mezquitas y baños públicos que tardaron mucho tiempo en desarrollarse en otras partes. Como dice **Cubberley**: "La Europa occidental de los siglos X a XIII presentaba un triste contraste, en casi todos los aspectos, con la vida brillante de la España meridional"[1]. Y según Dilthey: "Los árabes de España desarrollaron independientemente los estudios filosóficos, matemáticos y de las ciencias naturales desde el punto en que los habían dejado los alejandrinos".

Entre los sabios de la cultura árabe figuran Avicena, el físico y filósofo, y Averroes, filósofo y comentador de Aristóteles. También se distinguió el pensador Abentofail que escribió una obra pedagógica *El hombre natural,* que según Dilthey es el Rousseau árabe, pudiéndose comparar aquél con el Emilio.

Con los musulmanes colaboraron en la labor cultural los judíos, que en esta época alcanzaron una gran altura intelectual en España y que contribuyeron también a la difusión de las ciencias y de la filosofía clásica.

7. LA PEDAGOGÍA MEDIEVAL

No ha habido en la Edad Media teóricos de la educación sobresalientes. Existieron en cambio muchos educadores, generalmente monjes y eclesiásticos, algunos de los cuales escribieron sobre educación. Entre ellos se pueden hacer dos grandes grupos: uno constituido por los autores de enciclopedias pedagógicas, en los primeros siglos medievales; el otro por los filósofos de la Escolástica, en la segunda parte de la Edad Media. Aquellos conservaron en parte la enseñanza clásica, con sus obras sobre las artes liberales; éstos dieron una sistematización a las ideas filosóficas del cristianismo. Ejemplo saliente de los primeros es San Isidoro de Sevilla, y de los segundos Santo Tomás de Aquino.

De entre los educadores que se distinguieron en los primeros siglos de la Edad Media hay que citar:

Casiodoro (490-585). Monje benedictino, fue ministro de los primeros emperadores bárbaros, en Italia, pero al fin de su vida se retira al monasterio de Vibarium, desde donde ejerció una gran influencia en la educación monástica. Escribió una obra sobre las *Instituciones literarias, divinas y humanas* en la que trata de las artes liberales, que quiere introducir en la educación de su época.

San Isidoro (560-636). Obispo de Sevilla, es para algunos el representante perfecto de la cultura medieval. Creó numerosas escue-

[1] E. P. Cubberley, *The history of education.* Boston, Houghton, 1920.

las y es el autor de las famosas *Etimologías* que sirvieron de texto en las escuelas de la Edad Media.

Beda el Venerable (672-735). Como San Isidoro en España, recoge la cultura de su época en Inglaterra. Hizo del monasterio de Jarrow un gran centro de cultura. Autor de una *Historia eclesiástica de Inglaterra*, se le considera uno de los principales creadores de la cultura inglesa.

Alcuino (735-804). Ministro de Carlomagno, influyó grandemente en el movimiento secular iniciado por éste y del que tratamos antes. Retirado a la abadía de San Martín de Tours, hizo de ella un gran centro de enseñanza. Escribió una obra sobre las siete artes liberales, introduciendo su división en *trivium* (gramática, retórica y dialéctica) y *quadrivium* (aritmética, geometría, astronomía y música) o sea, como se ha dicho, en letras y ciencias.

Rabano Mauro (776-856). Discípulo de Alcuino, desarrolla en el monasterio de Fulda una gran actividad cultural y educativa. Escribió una obra sobre *Las instituciones monásticas* que abarca todo el contenido cultural de la época y que ejerció una gran influencia en las escuelas medievales.

Scotus Erigena (810-875). Sucesor de Alcuino en la escuela de Carlomagno, dotado de gran cultura, es el precursor del movimiento posterior de la escolástica. Acentuó el valor del griego y la filosofía en la educación.

Entre los pedagogos de la segunda parte de la Edad Media figuraban esencialmente los siguientes:

San Anselmo (1033-1109), arzobispo de Canterbury, considerado como uno de los fundadores de la escolástica quien afirmaba que "el cristiano debe avanzar al conocimiento por la fe, y no llegar a la fe por el conocimiento" y que "debemos creer las cosas profundas de la fe cristiana antes de que pretendamos razonar sobre ellas".

Abelardo (1079-1142), maestro en la escuela catedral de Notre Dame, que con su fama hizo posible la creación de la Universidad de París posteriormente, y que al revés de San Anselmo propugna el uso de la razón para la fe. Empleó el método dialéctico, exponiendo las razones en pro y en contra de cada cuestión.

Alberto Magno (1193-1280), llamado el *doctor universal*, expuso la filosofía de Aristóteles, llegada a través de los árabes, y considera que es posible conciliar la razón con la fe, la filosofía con la teología, mediante el conocimiento natural.

Santo Tomás de Aquino (1225-1274), discípulo de Alberto Magno, la más alta expresión de la escolástica y del pensamiento filosófico medieval, no escribió expresamente sobre educación, pero su pensamiento ha influido decisivamente en toda la pedagogía católica desde la Edad Media hasta nuestros días.

La tendencia escolástica la continúan otros pensadores como Rogerio Bacon, Duns Scoto y Guillermo Ockam. Entre ellos se destaca por su relación con la pedagogía el pensador español:

Raimundo Lulio (1232-1315), una original personalidad dotada de gran cultura, fundada en la filosofía platónica y en la mística. Se preocupó mucho de la evangelización de los infieles y de la renovación de la cristiandad. Escribió una obra *Doctrina pueril* dedicada a su hijo, y una novela filosófica *Blanquerna* de carácter autobiográfico. Recomienda seguir a la naturaleza en la educación y el estudio de la lengua materna. Entre otras recomendaciones respecto a la enseñanza se cuentan las de la selección de los alumnos y maestros según sus aptitudes; las ordenaciones de las materias de enseñanza conforme a aquéllas y la subordinación de toda la sabiduría a la teología, aunque tratando de conciliar los dictados de la fe con los de la razón.

LA EDUCACIÓN HUMANISTA

Con el Renacimiento comienza, en el siglo XV, una nueva etapa en la historia de la cultura, la de la educación humanista, que a su vez constituye el principio de la educación moderna. El Renacimiento no es sólo un renacimiento, una resurrección del pasado, de la antigüedad clásica, sino que es ante todo la creación, la generación de algo nuevo. El Renacimiento no es únicamente un movimiento erudito o literario, sino sobre todo una nueva forma de vida, una nueva concepción del hombre y del mundo, basada en la personalidad humana libre y en la realidad presente. El Renacimiento rompe con la visión ascética y triste de la vida, propia de la Edad Media, y da lugar a una actitud humana, risueña y placentera de la existencia.

Socialmente, el Renacimiento se puede caracterizar por:

1º El desarrollo de la ciudad y del pequeño Estado, del Estado-Ciudad, frente al castillo y al monasterio aislados de la Edad Media. Allí surge una nueva minoría directora y una burguesía, con personalidades enérgicas, frente a la nobleza y la clerecía medievales.

2º Un espíritu cosmopolita, universalista, basado en las relaciones comerciales y en los descubrimientos geográficos, que abren un Nuevo Mundo, y que contrarrestan el espíritu localista de las Ciudades y pequeñas Repúblicas.

3º Una mayor consideración de la mujer, que participa ahora activamente en la vida social y política, y no sólo en la vida del hogar como en tiempos anteriores.

4º Una mayor riqueza económica con el desarrollo de los lazos comerciales y el sistema del crédito, que abre nuevas posibilidades culturales y artísticas.

Pedagógicamente, el Renacimiento significa sobre todo:

1º El redescubrimiento de la personalidad humana libre, independientemente de toda consideración religiosa y política.

2º La creación de la educación humanista, basada en el conocimiento de Grecia y de Roma desde un nuevo punto de vista.

3º La formación del hombre culto, ilustrado, fundada en las ideas de Platón y Quintiliano, que son ahora descubiertos.

4º La formación del cortesano instruido y urbano, frente a la del caballero medieval de poca ilustración y de carácter rural.

5º El cultivo de la individualidad, de la personalidad total y no sólo de la religiosa y mística.

6º El desarrollo del espíritu de libertad y de crítica frente a la autoridad y la disciplina anteriores.

7º El estudio atractivo y placentero frente al impuesto y dogmático de la Edad Media.

8º El cultivo de las materias realistas y científicas, aunque todavía con predominio de las literarias y lingüísticas.

9º La atención a la vida física, corporal y a la estética con especial cuidado de la urbanidad y buenas maneras.

10º Aunque se trata esenialmente de una educación de minorías, el desarrollo de las invenciones técnicas, como la imprenta, facilita la difusión de la cultura y la educación en las masas.

11º En la organización escolar surge un nuevo tipo de institución educativa, el Colegio humanista o escuela secundaria, basado en el estudio del latín y de griego.

1. LA EDUCACIÓN HUMANISTA EN ITALIA

Como es sabido, el Renacimiento empezó en Italia, a fines del siglo XIV, haciendo de sus ciudades y Estados los más cultos de Europa. En Italia no se había perdido la tradición cultural latina, que se vivía a través de sus obras y de sus monumentos. Pero cuando en aquellas ciudades y Estados surgieron nuevas energías económicas y políticas, se desarrolló a la vez una gran apetencia de saber y de vivir en una atmósfera de arte y de cultura. Florencia y Venecia fueron dos Ciudades-Estado que en muchos aspectos pudieron compararse a la Atenas y a la Roma clásicas.

Esa acción cultural no se desarrolló sin embargo tanto por las escuelas, como por la vida misma en una minoría cortesana y ciudadana y por la cultura desenterrada de Grecia y de Roma en unos grupos selectos. La masa del pueblo quedó al margen de esa influencia, aunque no privada de ella por la contemplación de los espectáculos y obras de arte provistos por los príncipes y ciudades.

La educación humanista no tenía, sin embargo, un carácter erudito: se consideraba al latín y al griego, ahora descubierto, como medios o instrumentos para la nueva actitud ante la vida: desarrollo de la personalidad, libertad de pensar y de actuar, sentido terrenal, gozoso, de la vida. En este sentido fue ejemplar la *Casa alegre* (Casa Giocosa), creada por Vittorino da Feltre en Mantua y en la que los jóvenes recibían, junto a la esmerada educación cristiana, una amplia educación humanista, comprendiendo en ella la educación física, estética e intelectual e introduciendo un principio de autonomía escolar.

La influencia humanista fue naturalmente mayor en la enseñanza y la cultura superior, en las academias fundadas al estilo platónico y en los ateneos docentes. Asimismo, lo fue en las cortes de los Príncipes italianos, de las cuales la más importante fue la de los Médicis en Florencia. En ellas se cultivó el ideal de cortesano del cual ha dejado un ejemplo *Castiglione* (1478-1519) en su obra *El Cortesano,* traducido al castellano de un modo magnífico por Boscán en el siglo XVI.

El ideal de educación del hombre del Renacimiento, tal como aparece en *El Cortesano,* comprende en primer lugar los ejercicios físicos, el salto, la carrera, la natación, la lucha, la equitación, el juego de pelota, la danza y la caza, pero todo ello realizado con gracia "que es la sal que se ha de echar sobre todas las cosas para que tengan gusto y sean estimadas". Mas el cortesano ha de saber también escribir y hablar bien, sin afectación, no sólo en latín, sino también en italiano; ha de conocer asimismo la música y la pintura, y en general, ha de ser "ornado y ataviado en el ánima como en el cuerpo". Castiglione se extiende en la enumeración minuciosa de las cualidades del hombre de mundo, del cortesano, pero en cambio apenas dice nada o muy poco de su formación moral, de la orientación ética y religiosa, de su conducta, omisión muy característica del Renacimiento italiano.

Entre los humanistas más destacados de Italia hay que contar además los siguientes:

Petrarca (1304-1374), el gran poeta florentino, aunque de época anterior, que fue a la vez un gran humanista, conocedor de la antigüedad clásica, y creador de la nueva sensibilidad poética, de intimidad espiritual. No escribió sobre educación, pero su *Vida de los Antiguos* y sus cartas, así como toda su obra poética, influyeron grandemente en ésta.

Guarino de Verona (1374-1460), discípulo del primer griego que enseñó en Italia, Crisolaras, fue profesor de este idioma en Florencia, Venecia y Verona, y educador del hijo del príncipe de Ferrara. Acentuó en la educación el valor de la lengua y la cultura helénicas y latinas e insistió en la necesidad de conocer la gramática y la retórica. Su hijo escribió un breve tratado *Sobre el método de eseñar y de leer los autores clásicos* en el que se exponen las ideas de su padre sobre este punto.

Pedro Pablo Vergerio (1370-1444), contemporáneo de Guarino y de da Feltre, difiere sin embargo de ellos por su apego excesivo a las letras clásicas, considerándolas como fines en sí. Escribió una obra *Sobre las costumbres nobles y los estudios que competen a los hombres libres.*

Vittorino da Feltre (1373-1446). Discípulo en lengua griega de Guarino, enseñó gramática y matemáticas durante veinte años en Padua; allí se le confió la educación de los hijos del príncipe Juan Francisco Gonzaga. En Padua también abrió una escuela, que ya hemos mencionado, la *Casa Giocosa*, en la que enseñó a los hijos de los príncipes, de los nobles y de gente humilde durante veintidós años. Fue en realidad la primera escuela nueva de Europa, donde se enseñaba en un ambiente de libertad, la cultura clásica y la fe cristiana y se atendía a la vida entera de los alumnos con la música, los ejercicios físicos, la poesía, las ciencias, etc., creando finas y equilibradas personalidades.

León Bautista Alberti (1404-1472), revela una mayor personalidad en su actuación y en su obra *De la familia*, en la que trata de la educación de los niños. Recomienda en ella el empleo de la lengua materna, compatible con las clásicas, así como los ejercicios corporales, pues la quietud hace daño a los niños y en cambio el ejercicio los favorece. "No es necesario decir —advierte— todo lo útil que resulta el ejercicio y cuán necesario es a todas las edades, especialmente a los jóvenes. La naturaleza se vivifica, los nervios se acostumbran a la fatiga, cada miembro se fortifica y se aligera la sangre". Esta recomendación de la actividad la extiende Alberti a la educación intelectual. "Ninguna fatiga, si así podemos llamarle en lugar de recreto y deleite de alma y del intelecto, hay que sea tan premiada como la que consiste en leer y rever cosas buenas".

En general, los teóricos de la educación humanista italiana, carecieron en sus obras pedagógicas de la originalidad que tuvieron sus artistas y maestros. Aquéllos siguieron más bien al pseudo Plutarco y sobre todo a Cicerón y Quintiliano, que fue su principal inspirador.

2. LA EDUCACIÓN HUMANISTA EN LOS PAÍSES NÓRDICOS

El Renacimiento pasó en el siglo XV de Italia al resto de Europa. Aquí adquirió un carácter más intelectual y escolar que en Italia; fue algo más aprendido que vivido. Se introdujo por los Países Bajos, cuyas ciudades mercantes reproducían en cierto modo las condiciones de las italianas. Los comienzos del movimiento humanista habían sido realizados antes en Holanda por medio de una Orden de los Jeronimianos, los "Hermanos de la vida en común" fundada por Gerardo de Grote, en el siglo XIV en Deventer, la cual se extendió poco a poco por toda Holanda y el occidente de Alemania. Al principio esta Orden se preocupó sólo de la educación moral y religiosa, con Tomás Kempis, pero después se interesó cada vez más por los estudios humanistas, sobre todo en el rectorado de Alejandro Hegius, que la dirigió de 1465 a 1498.

Las escuelas de los "Hermanos de la vida en común" se organizaron sobre la base de los estudios humanistas y religiosos; su programa comprendía el latín y el griego, la lógica y la retórica, el estudio de Euclides, Aristóteles y Platón, y la teología y el derecho romano. Las escuelas se dividían en ocho cursos graduados, y cada uno de ellos en varias clases cuando el número de alumnos era grande. También utilizaban textos escolares y ediciones de clásicos publicados por la Orden. Lo importante en ella sin embargo, más que su organización, fue el número de personalidades que colaboraron, la dirigieron o surgieron de ella, como Hegius, Agrícola, Sturm y sobre todo Erasmo.

Aparte de las escuelas de la Orden, en Alemania surgieron otras escuelas municipales, con enseñanza primaria y secundaria, y otras de este último carácter que tuvieron una influencia enorme no sólo en aquel país, sino en toda Europa, los *Gimnasios* o Colegios secundarios. Este tipo de escuelas se basaba en la enseñanza del latín y el griego, pero daban también la de las restantes materias humanistas. De ellas se hablará después al tratar de la Reforma protestante, ya que coincidieron o fueron desarrolladas principalmente por ésta.

Entre los educadores y pedagogos humanistas germánicos merecen citarse los siguientes:

Rodolfo Agrícola (1433-1485), el verdadero fundador de la cultura humanista germánica, más que por sus escritos pedagógicos, que no han llegado a nosotros, por su personalidad y por su actuación literaria. Sus ideas las ha expuesto en su "Carta" a un joven patricio de Amberes con el título *De formando studio*, en la que antepone el estudio de la filosofía a las demás materias porque ella enseña a pensar y juzgar rectamente, a expresarse con acierto y a obrar moralmente. Para esto sirve el conocimiento de los clásicos, que deben ser también traducidos a la lengua materna. Para aprender bien se requieren tres condiciones: comprender lo que se lee y aprende; retener en la memoria lo que se ha comprendido y producir o aportar algo personalmente. Como los demás humanistas de la época, no dio en cambio importancia al estudio de la naturaleza.

Jacobo Wimpfelin (1450-1528), más educador que Agrícola, se le puede considerar como el primer pedagogo humanista germánico, que luchó contra las desviaciones de la vida religiosa de su época y que en su Colegio de Estrasburgo constituyó el centro de los esfuerzos humanistas. Escribió varias obras: *Isidoneus germanicus* (Iniciación de la juventud alemana), *Adolescencia y Germania*. Para él lo decisivo es la formación moral y religiosa: los clásicos deben ser seleccionados conforme a ella. En su libro el *Preceptor germánico* trata de las condiciones que debe reunir el maestro.

Joham Reuchlin (1455-1522), defensor de la enseñanza del hebreo, junto al latín y al griego, entre las humanidades, con lo que preparó el estudio directo de la Biblia y con ello el de la Reforma religiosa, a la que se opuso sin embargo. Pero al mismo tiempo luchó también contra la escolástica y la teología dogmática y contra las órdenes religiosas degeneradas en la época, coincidiendo en esto también con Erasmo.

Erasmo (1467-1536). El más grande de los humanistas y el más importante de los pensadores del Renacimiento nórdico, nació en Rotterdam (Holanda), pero en su vida fue cosmopolita, pues vivió y trabajó en los principales países de Europa. Estudió en la escuela de Deventer de los "Hermanos de la vida en común"; se hizo fraile y después sacerdote y fue a estudiar a la universidad de París. Luego pasó a Inglaterra e Italia para perfeccionar sus estudios clásicos, y más tarde a Lovaina, terminando su vida en Basilea (Suiza) en 1536.

Es imposible en poco espacio narrar la labor educativa y pedagógica de Erasmo. En todos los países que visitó actuó a la vez como erudito, sabio y profesor. Así en Inglaterra enseñó en la Escuela de San Pablo y en la Universidad de Cambridge y en Lovaina en el Colegio Trilingüe. Pero sobre todo fue un estudioso, un investigador en todos los ramos del saber incluido la educación. A ésta dedicó algunos de sus más importantes trabajos entre los cuales se cuentan los *Coloquios*, un libro de texto para la enseñanza del latín, *La educación del hombre cristiano, sobre el método de estudio*, y *Sobre la educación liberal para niños*.

En sus ideas pedagógicas sigue muy de cerca a Quintiliano, aunque naturalmente adaptándolas a las suyas propias y a las circunstancias de su tiempo. Para él el fin de la educación es "primero que el joven espíritu pueda recibir las semillas de la piedad; después que pueda amar y aprender perfectamente los estudios liberales; tercero, que pueda ser preparado para los deberes de la vida y cuarto, que desde sus primeros estudios sea acostumbrado a los rudimentos de las buenas manera"[1]. La educación debe comenzar desde la primera infancia, y en ella se deben aprender las palabras antes que las ideas o las cosas. Pero el idioma, empezando por el latín, se ha de aprender por medio del ejercicio y no por la gramática. Realza la necesidad de tener maestros bien preparados. Asigna también un fin social a la educación y la obligación de que los gobernantes y los eclesiásticos se preocupen de ella. El mayor interés de Erasmo era sin duda los estudios literarios, pero también se ocupó de los religiosos; como es sabido tradujo al griego el Nuevo Testamento, pero criticó acerbadamente la educación religiosa de su época. En general Erasmo falló, como todo su tiempo, en reconocer el valor de la lengua materna y el de las materias científicas, realistas, en la educación, aunque recomendó insistentemente que la enseñanza fuera agradable y atractiva.

3. LA CULTURA HUMANISTA EN ESPAÑA

La cultura humanista en España se inició a fines del siglo XV y se desarrolló en el XVI. Como en todos los países, su origen se halla en Italia y tuvo también un carácter minoritario. El humanismo en España adoptó asimismo las ideas de Erasmo, quien influyó en un grupo selecto de aristócratas, eclesiásticos y escritores. Los humanistas españoles fueron principalmente literatos, gramáticos y religio-

[1] Erasmo, *De civilitate morum puerilium*.

sos, y en menor proporción pensadores y educadores. Sin embargo, hubo un movimiento humanista importante, que se centró en la creación de la Universidad de Alcalá, por el eminente *Cardenal Cisneros* en 1500, y en la organización en ella del famoso Colegio Trilingüe, donde se enseñaba el latín, el griego y el hebreo. Allí se elaboró también la célebre *Biblia políglota*, que ha sido uno de los monumentos del humanismo, y que no le quedó en zaga a la traducción de Erasmo. Otro centro de humanismo, más limitado, fue la Universidad de Salamanca, donde enseñaron algunos famosos humanistas como Fray Luis de León y Francisco de Vitoria.

En el resto de las escuelas continuaron predominando la cultura escolástica y los métodos tradicionales con algunas modificaciones introducidas por los humanistas. En general, el humanismo español presenta una transición de la cultura medieval a la clásica, con su carácter predominantemente literario y artístico, aunque con bastantes aportaciones científicas, sobre todo en el campo de los estudios geográficos y cartográficos, que se desarrollaron especialmente con el descubrimiento de América, el cual en realidad es un fruto del Renacimiento.

Entre los humanistas que más se distinguieron en España hay que contar ante todo al gran filólogo *Antonio de Nebrija* (1444-1522), que había estudiado en Italia, y que fue el creador de la moderna gramática española; a los hermanos *Valdés*, uno de los cuales, Juan, fue el gran escritor, autor del *Diálogo de la lengua*, que es un texto clásico de la lengua castellana; a *Francisco de Vitoria* (1486-1546), uno de los fundadores del derecho internacional moderno; a *Pedro Simón de Abril* (1530-1590), traductor de textos griegos y latinos; a *Arias Montano* (1527-1598), autor de una nueva versión de la Biblia; al gran escritor *Fray Luis de León* (1527-1591), y otros. Entre los educadores humanistas figura en primer lugar:

Juan Luis Vives (1492-1540). El más grande de los humanistas españoles y uno de los mayores europeos, que puede paragonarse con Erasmo, Rabelais o Montaigne, nació en Valencia el mismo año del descubrimiento de América. De familia noble, aunque pobre, estudió en las escuelas de su ciudad natal y en 1509, a los diecisiete años, se trasladó a París, donde cursó durante cinco años, pero que acabó por abandonar a causa del carácter escolástico y atrasado de su Universidad. De allí se dirigió a Brujas y a Lovaina, donde conoció y trató a Erasmo y donde fue nombrado profesor de la Universidad. Invitado en 1533 por el célebre Cardenal Wolsey fue a Inglaterra, donde encontró una acogida cordial por sus reyes —Enrique VIII y Catalina de Aragón, su compatriota— y por parte de la Universidad de Oxford, que le nombró profesor. Permaneció en Inglaterra varios años hasta que por la ruptura del rey con su esposa, a quien Vives defendía, tuvo que abandonar el país, volviendo a Brujas. Allí permaneció varios años, haciendo viajes por Europa y sufriendo adversidades hasta que falleció en aquella ciudad en 1531. Entre sus obras pedagógicas más importantes hay que contar: *De la razón del estudio pueril, De tradentis disciplinis* (Del modo de enseñar las ciencias), *De alma y vida* y *De la instrucción de la mujer cristiana*.

Vives fue influido en sus ideas pedagógicas por Quintiliano y Erasmo, pero tuvo sus caracteres propios. En este sentido dice el profesor William Boyd: "No debe pensarse que Vives reproducía simplemente la enseñanza de Erasmo. En materia de educación, Vives fue el más original de los dos"[1]. Uno de los rasgos más esenciales de la pedagogía de Vives, y que le da un aire más moderno, fue su aplicación de la psicología a la educación. La enseñanza para él debe partir de las impresiones o sensaciones para llegar a la imaginación y de ésta a la razón; por ello hay que pasar de los hechos individuales a los grupos, de los hechos particulares a los universales. Así también recomienda el estudio psicológico de los alumnos. "Cada dos o tres meses —dice— los maestros deliberarán con paternal afecto y grave discreción el espíritu de sus alumnos y asignarán a cada uno aquel trabajo para el que parezcan más adecuados".

Respecto al método de enseñanza, Vives recomienda el partir de los objetos sensibles, naturales para llegar a las ideas. "La juventud —dice— encontrará el estudio de la naturaleza más fácil que un asunto abstracto, porque sólo necesita la aplicación de los sentidos... Lo que conocemos de la naturaleza lo hemos obtenido en parte por los sentidos, en parte por la imaginación, aunque la razón haya intervenido como guía de los sentidos".

Vives recomienda también el uso de la lengua materna en la enseñanza de las lenguas clásicas. "El maestro —dice— debe tener un conocimiento exacto de la lengua vernácula de los muchachos, de modo que pueda enseñar más apta y fácilmente las lenguas clásicas. Pues si no hace uso de las palabras debidas en la materia que está enseñando, llegará ciertamente a desorientar a los jóvenes. Éstos tampoco comprenderán nada propiamente si no se les explica perfectamente cada palabra".

[1] William Boyd, *The History of the Western Education.*

Finalmente, Vives recomienda el empleo del método inductivo y experimental, en contraste con el puro deductivo y dialéctico de su tiempo: "Al enseñar las artes —advierte— recogeremos muchos experimentos y observaremos las experiencias de muchos maestros de suerte que puedan obtener de ellos reglas generales. Si algunos de los experimentos no concuerdan con la regla, ha de anotarse también. Si hay más desviaciones que coincidencias o son en número igual, no debe establecerse un dogma sobre este hecho" [1]. Como se ve, Vives se anticipa a muchas ideas de su tiempo y se le puede considerar como uno de los pedagoyos modernos.

Además de Luis Vives hay que mencionar entre los humanistas pedagogos españoles del Renacimiento a *Huarte de San Juan* (entre 1530 y 1592), autor del "Examen de ingenios para las ciencias" que constituye un tratado de psicología y de orientación profesional basado en el estudio de las aptitudes, de un valor pedagógico extraordinario. *Pedro Ponce de León* (1520-1584), creador del primer método para la enseñanza de los sordomudos, y el gramático *Nebrija*, citado anteriormente, que fue uno de los primeros en estudiar y recomendar el uso de la lengua vernácula en la ciencia y en la enseñanza.

4. LA EDUCACIÓN HUMANISTA EN INGLATERRA

Al mismo tiempo que a España, llegó la influencia humanista a Inglaterra, y como allí de Italia, por medio de unos graduados universitarios que fueron a Florencia a estudiar el griego y que a su regreso introdujeron las nuevas doctrinas en Oxford, y después en las escuelas secundarias. Éstas existían ya en número considerable en Inglaterra desde la Edad Media; entre ellas se contaban escuelas tan famosas como las de Winchester, Eton, Harrow, etc., que han llegado hasta nuestros días. Pero en aquella época su espíritu y su programa eran bastante estrechos, y éste fue modificado por la introducción de las nuevas ideas aportadas por el humanista *John Colet* (1467-1519), que reorganizó la escuela catedral de San Pablo, de Londres, en el espíritu de las doctrinas de Erasmo, quien intervino también en la orientación de la escuela, y cuyo primer director fue *William Lily* (1468-1522) autor de una famosa gramática latina que se perpetuó durante generaciones. La escuela de

---

[1] Vives, *Tratado de la enseñanza*. Madrid, La Lectura.

San Pablo influyó considerablemente en las demás *public schools* (colegios secundarios fundacionales).

La educación humanista se introdujo en las dos universidades existentes, Oxford y Cambridge, creándose nuevas cátedras de latín y griego y nuevos *colegios* universitarios en el sentido de ser más educativos. Pero la influencia principal, como se ha dicho, fue en las escuelas secundarias, que a partir de esa fecha alcanzaron un nivel mucho más elevado en sus estudios. Éstos eran los ordinarios en las escuelas del Continente sobre la base de las lenguas clásicas y la gramática, pero con el aditamento de los juegos y deportes, y con un gran espíritu religioso. Una interesante innovación de estas escuelas fue el reconocimiento de la lengua inglesa, que se usaba por primera vez en la enseñanza.

No existen en esta época grandes pedagogos o teóricos de la educación inglesa, pues la mayor parte de ellos pertenecen a la época posterior de la Reforma protestante, de que se hablará después. El más conocido de este tiempo es *Thomas Elyot* (1490-1546), que escribió una obra titulada *El libro llamado el Gobernador* (The booke named the Governour), muy influido por las ideas de Castiglione y Erasmo y que es el primero escrito en inglés sobre educación.

5. LA EDUCACIÓN HUMANISTA EN FRANCIA

El desarrollo de la educación humanista fue más tardío en Francia que en Italia y en España, pues no tuvo lugar hasta el siglo XVI. Entonces, por influencia de la cultura italiana, comenzaron las primeras manifestaciones renacentistas, principalmente en sus escritores y en la corte real. No hubo realmente hasta mucho más tarde una influencia directa en la realidad educativa. La Universidad de París, que tan gran altura había alcanzado en la Edad Media, permaneció enquistada en las doctrinas escolásticas, y las órdenes religiosas siguieron con su enseñanza rutinaria. Pero en el campo de la teoría, de la literatura, surgieron algunos de los escritores más representativos de la cultura y la educación humanista, Rabelais y Montaigne esencialmente. En el campo de la instrucción, la manifestación más definida fue la creación del "Colegio de Francia" por Francisco I en 1530, en oposición a la retrasada Sorbona. A este mismo rey se debe la formación en su corte de una minoría selecta, cultivada, que dio el tono a la vida cortesana de

Francia y del resto de Europa. Pero las escuelas, con excepción del Colegio de Guyenne, en Burdeos, siguieron su plan de enseñanza tradicional basado en el trivium y el quadrivium, hasta que llegó a ellas, tardíamente, la influencia humanista. Como dice Compayré: "En la historia de la educación durante el siglo XVI es preciso distinguir la teoría de la práctica: la teoría atrevida ya y adelantada a su siglo; la práctica que se arrastra aún penosamente en la rutina, no obstante algunas iniciativas acertadas"[1].

Entre los primeros humanistas franceses hay que contar a *Guillermo Budé* (1456-1545), que fue el inspirador de Francisco I para la creación del Colegio de Francia con cátedras de latín, griego, hebreo y matemáticas y el autor de un tratado *Sobre la educación del príncipe*, dirigido al rey pidiéndole su apoyo contra la Iglesia y la Universidad.

Otro de los humanistas más distinguidos fue *Petrus Ramus* (1515-1572), quien luchó bravamente contra la escolástica reinante en la enseñanza francesa y unió la dialéctica (filosofía) a la retórica, cosa desusada en la época. También defendió la enseñanza de las matemáticas. Pero los escritos decisivos fueron, como hemos dicho, de Rabelais y Montaigne.

Rabelais (1495-1553). Aunque sin ninguna experiencia sobre educación, François Rabelais es uno de los escritores más representativos de la pedagogía humanista. Nacido en Chimon, en 1495. fue monje y sacerdote, médico y escritor. Pero en todas estas profesiones se distinguió por su espíritu disconformista, combativo. Particularmente censuró y ridiculizó la educación escolástica y formalista de su época, basada en el aprendizaje de las palabras y en el sometimiento a la rutina. Sus ideas pedagógicas están contenidas en dos libros, *Pantagruel* y *Gargantúa*, que en una forma satírica critican esa educación formalista. Pero ello no constituye más que un aspecto de su obra, la parte negativa. Lo más importante es su aportación positiva, constructiva, a la educación.

Rabelais es el precursor del realismo y el naturalismo en la pedagogía. Parte de la idea de que hay que mantener la educación en relación con la naturaleza, y ello supone que hay que atender en primer lugar al cuerpo, que es necesario aplicar la higiene, la limpieza y los ejercicios físicos con gran amplitud y cuidado; y para ello exige la vida al aire libre e indica una serie de ejercicios físicos que debe realizar el educando. En el aspecto intelec-

[1] Compayré, *Historia de la pedagogía*. París, Hachette.

tual, Rabelais es el primero en reconocer todo el valor de las ciencias en la educación, pero éstas no se deben aprender en los libros sino en la naturaleza. "Quiero —dice— que te dediques a su estudio curiosamente; que no quede mar, ni río, ni fuente, cuyos peces no conozcas; todos los pájaros del aire, todos los árboles, arbustos y frutos de los bosques; todas las hierbas de la tierra, todos los metales ocultos en el seno de los mismos, las pedrerías de oriente y mediodía, séate todo conocido... Por frecuentes anatomías adquiere el conocimiento perfecto del otro mundo que es el hombre"[1]. Pero la educación comprende también, y en primer término, el conocimiento de los clásicos, las artes liberales, el latín y el griego, las ciencias exactas, en suma toda una enciclopedia.

De gran interés es también el ambiente de libertad que debe tener la educación y el carácter atractivo que han de reunir los métodos de enseñanza. Éstos deben ser intuitivos y activos, y estar en contacto con la realidad natural y social. En suma, la educación debe ser alegre, risueña, libre y su fin es la formación del hombre integral, completo.

Montaigne (1533-1592). El hombre más representativo del humanismo francés, el aristócrata señor de Montaigne, ha escrito en sus *Ensayos* algunas de las páginas más brillantes sobre la educación que caracteriza a esta época. Aunque tampoco tuvo experiencia directa de la enseñanza, sus recuerdos personales le sirvieron de orientación, tanto en la parte negativa y crítica como en la constructiva. Las ideas de Motaigne se hallan también inspiradas en el realismo y en el naturalismo, pero con acento mayor en el aspecto humanista que Rabelais. Su finalidad educativa la expresa así: "No es un alma, no es tampoco un cuerpo lo que el maestro debe tratar de formar; es un hombre". No puede darse una definición más precisa de la educación integral. Y aun acentúa esto al decir: "Todo el estudio y todo el trabajo no deben ir encaminados a otra mira que a su formación". Esta educación debe comenzar desde la primera infancia y debe tener en cuenta las disposiciones naturales de los niños. Para ella se necesita un preceptor o maestro de condiciones "de mejor cabeza que provista de ciencia". En la educación, el alumno ha de tomar una parte activa. Aquél debe mostrar a sus discípulos "el exterior de las cosas, haciéndoselas gustar, escoger y discernir por sí mismo, ya preparándole el camino, ya dejándole en libertad de buscarlo". Y esta educación puede ser ocasional "todo lo que ante nuestra vista se

[1] Rabelais, *Pantagruel y Gargantúa*, Carta de Gargantúa a su hijo.

muestra es libro suficiente: la malicia de un paje: la torpeza de un criado, una discusión de sobremesa son otros tantos motivos de enseñanza". La educación debe atender al cuerpo como se ha dicho: "No basta sólo fortificar el alma, es preciso también endurecer los músculos". Hay que acostumbrar al niño al endurecimiento, al esfuerzo y a la fatiga. En la instrucción se atenderá más que nada a la formación del juicio; y a las cosas más que a las palabras. "Que nuestro discípulo esté bien provisto de cosas; ya vendrán después las palabras de sobra". Su plan de estudios es el corriente en el humanismo, pero más reducido y encaminado más a la formación moral. "Entre los estudios liberales —dice— empecemos por aquellos que nos hacen libres". "El fruto de nuestro trabajo debe consistir en transformar al alumno en mejor y más prudente"[1].

---

[1] Montaigne, *Ensayos*, Capítulo XXV.

CAPÍTULO X

LA EDUCACIÓN RELIGIOSA REFORMADA
(PROTESTANTE)

La reforma religiosa, la llamada *Reforma* por antonomasia, es una parte del gran movimiento humanista nacido en el Renacimiento; es la aplicación de éste a la vida religiosa. Humanismo y Reforma coinciden así en muchos puntos, aunque también difieran en otros. En primer lugar, coinciden en la acentuación de la personalidad autónoma, de la individualidad libre frente a toda coacción exterior, sea intelectual o religiosa. En segundo lugar, ambos movimientos tienen un sentido crítico respecto a toda autoridad dogmática. En tercer lugar, ambos buscan su inspiración en la vida espiritual, en la intimidad humana y no en la letra o en las doctrinas impuestas.

Pero entre Humanismo y Reforma hay también diferencias importantes. El Humanismo tiene un carácter más bien intelectual y estético, mientras que en la Reforma predomina el aspecto ético y religioso. Aquél es de un género principalmente minoritario, aristocrático, mientras que éste es sobre todo social y popular. El primero busca su inspiración en los clásicos griegos y latinos, mientras que el último lo hace sobre todo en la Biblia. Finalmente, del primero no surgió una enseñanza general organizada mientras que el segundo dio origen a la educación pública.

En suma, la educación humanista tiene un carácter más libre, espontáneo y alegre, mientras que la reformada aparece más severa, rigurosa y atormentada.

Refiriéndose concretamente a la educación de la Reforma, ésta suponía la lectura de la Biblia, y por tanto la necesidad de enseñar a leer a todos, de aquí su interés en la enseñanza popular. Por otra parte, la Reforma afirma la supremacía de la autoridad seglar sobre la eclesiástica, y por ello encomienda a aquélla la educación. Asimismo, la Reforma organiza la educación pública no sólo en el grado medio, ampliando la acción de los Colegios humanistas del

Renacimiento, sino también, por primera vez, la escuela primaria pública. Finalmente, la Reforma tiene caracteres propios en cada país, acentuando el carácter nacional de la educación, y de aquí surgen diversos sistemas nacionales, frente a la universalidad y homogeneidad de la educación medieval. En este momento hay que mencionar un hecho decisivo para la educación: el empleo en ella de los idiomas vernáculos, nacionales, en vez del latín sólo, como ocurría con la enseñanza anterior.

1. LA EDUCACIÓN RELIGIOSA LUTERANA

Como es sabido, la Reforma religiosa comienza en Alemania, en el siglo XVI. Antes habían surgido ya movimientos reformadores o de protesta contra la Iglesia por creer que ésta se había desviado de sus primitivas creencias. Así ocurrió con los movimientos de algunos humanistas como Erasmo y Tomás Moro, y antes con el de Wycliff en Inglaterra y el de Huss en Bohemia. Pero estos movimientos quedaron localizados y extinguidos. En cambio, el de Lutero y sus partidarios se extendió pronto no sólo por toda Alemania, sino por la mayor parte del centro y el norte de Europa.

No es éste el lugar de exponer o juzgar el movimiento protestante, sino sólo de ver las consecuencias que tuvo para la educación. En este sentido, la primera y más importante de ellas es como se ha indicado la formación de la educación pública [1]. Ésta surge como reacción a la educación eclesiástica de la época, pero tiene también un carácter religioso. Lutero pide, en efecto, que las autoridades públicas funden escuelas para dar una educación religiosa mejor. Así lo expresa en su célebre "Carta a los regidores de todas las ciudades de la nación alemana para que establezcan y sostengan escuelas cristianas", de 1524: "Por tanto —dice en ella— yo os suplico a todos, amados gobernantes y amigos, por la gracia de Dios y de la juventud pobre y abandonada, no considerar esto como asunto sin importancia [es decir la creación de escuelas] como hacen algunos, quienes, en su ceguera, menosprecian los ardides del Enemigo. Pues es un grande y solemne deber que se nos ha impuesto, un deber de inmensa importancia para Cristo y el mundo, prestar ayuda y consejo a la juventud". Y en otro lugar advierte: "La prosperidad y bienestar de una ciudad no consisten solamente en acumular riquezas, en construir sólidas murallas y bellos edifi-

[1] Véase L. Luzuriaga, *Historia de la educación pública*.

cios o en fabricar armas y municiones. El mejor y más rico bien y fuerza de una ciudad es poseer mucho ciudadanos cultos, pulidos, inteligentes, honrados y bien educados, los cuales podrán después reunir, conservar y emplear bien los tesoros y riquezas".

En general, Lutero se preocupa más de las clases burguesas, acomodadas, que de las pobres, cuya educación reduce al mínimo, aunque también se interesa por ellas. Lo importante es que despertó el interés por la educación en las autoridades oficiales y con ello dio lugar al comienzo de la educación pública. Ésta tuvo su mayor desarrollo en el campo de la enseñanza media con la creación de numerosos Colegios secundarios, creados en sustitución de las escuelas catedrales que fueron suprimidas. En esta labor se destacó principalmente Melanchton, que, como veremos después, fue el verdadero creador de la educación humanista pública no sólo en Alemania, sino por su influjo también en el resto de Europa. En el dominio de la escuela primaria, se distinguió principalmente otro adicto de Lutero, Johannes Bugenhagen, quien inspiró una serie de Ordenanzas municipales en las ciudades del norte de Alemania, como Brunswick, Lubeck, Hamburgo, etc., y después en el resto del país, en las que se aplicaron diversos preceptos a la educación primaria.

Así ocurrió con la Ordenanza religiosa de la ciudad de Hall, en 1526, en la que se dice que es deber de la autoridad "fomentar el saber y el orden para que los niños sean bien educados en las disciplinas y las artes. Una escuela común en la que se enseñen éstas es un fundamento muy útil y hasta necesario de una comunidad e iglesia honorables cristianas".

Más importantes que estas Ordenanzas municipales son, sin embargo, las de los Estados, en las cuales los príncipes ordenaban la creación y sostenimiento de escuelas, siempre con carácter religioso. Así ocurre con las Ordenanzas del Estado de Hessen, en 1526, con la de Württemberg, de 1533, y con la de Sajonia, de 1580.

Ahora bien, no hay que creer que todas estas Ordenanzas se cumplieron real y totalmente, pues las circunstancias políticas de la época y las luchas religiosas no facilitaban su cumplimiento. Sin embargo, muchas autoridades lo hicieron y además iniciaron la orientación de la educación como función pública. Un carácter esencial de ésta es, como se ha dicho, el que la enseñanza se diera en lengua vernácula y por tanto con carácter nacional.

Respecto a la educación media se produjo un movimiento de

creación y reforma de los Colegios humanistas. En ellos continuó dándose la enseñanza de las humanidades clásicas, pero con la inspiración cristiana en el sentido de la Reforma. El más importante de ellos fue el de Estrasburgo, transformado por Sturm, pero también otros en el resto de Alemania en número cada vez mayor.

Al terminar el siglo XVI, la educación pública de Alemania, es decir de los múltiples Estados en que estaba dividida aquélla, quedaba constituída, al menos nominalmente, de esta forma: *a)* escuelas primarias para el pueblo, en las aldeas y pequeños lugares, con enseñanza muy elemental dada en lengua alemana, por eclesiásticos y sacristanes, y con carácter principalmente religioso; *b)* escuelas secundarias o latinas, para la burguesía, de carácter humanista, pero también religioso, como preparación principalmente para los cargos eclesiásticos y las profesiones liberales; *c)* escuelas superiores y universidades ya existentes en parte, pero transformadas en el espíritu de la religión reformada y otras de nueva creación por los príncipes protestantes. Esta organización tripartita se ha sostenido a lo largo de la historia de la educación hasta nuestro tiempo, pero con espíritu y métodos naturalmente diferentes.

Respecto a la organización interna de las escuelas primarias subsistían las materias tradicionales de la lectura, la escritura y el cálculo con el aditamento de la lectura de las Sagradas Escrituras en lengua vernácula y de cantos religiosos que alcanzaron un gran desarrollo. Los métodos de enseñanza no sufrieron tampoco grandes cambios, hallándose basados principalmente en el aprendizaje de memoria y en la explicación de los textos sagrados. Por último, la disciplina siguió siendo tan rigurosa como en los tiempos anteriores, predominando los castigos corporales.

En cuanto a la enseñanza media puede servir de ejemplo la organización recomendada por la Comisión de Visitadores de Sajonia (1537), según la cual cada escuela debía tener tres clases. En la primera de ellas se debía enseñar la lectura y escritura tanto en latín como en alemán, la gramática latina, el credo, y los himnos y rezos del servicio eclesiástico. En la segunda clase, el latín era la lengua de enseñanza y se leían los autores latinos, continuándose la enseñanza religiosa. En la tercera clase se avanzaba en el estudio de los clásicos latinos (Livio, Salustio, Virgilio, Horacio y Cicerón) y se estudiaban la retórica y la dialéctica. Como se ve, es un programa puramente humanista, sin la menor referencia a las ciencias.

2. LA EDUCACIÓN RELIGIOSA CALVINISTA

Una dirección particular del movimiento de la Reforma es la de los *calvinistas*, que se extendió en primer término por Suiza y después por otros países de Europa y América. Calvino redactó en 1538 para la República de Ginebra un programa de gobierno en el cual afirmaba que el saber "era una necesidad pública para asegurar una buena administración política, apoyar a la iglesia indefensa y mantener la humanidad entre los hombres", y por ello pedía la creación de escuelas. Además, publicó en 1558 un sistema de educación elemental en el idioma vernáculo para todos, que comprendía la enseñanza de la lectura, la escritura, la aritmética, la religión y los ejercicios de gramática. Fundó sobre todo sus famosos *collèges*, escuelas secundarias que llegaron a constituirse en modelo para los ulteriores Colegios y Liceos de Francia. En ellos se debería formar a los funcionarios civiles y a los eclesiásticos por medio de las humanidades y la instrucción religiosa. Como consecuencia de su influencia, se realizaron las reformas pedagógicas de Ginebra, que llegó a ser el refugio de los perseguidos de toda Europa por cuestiones religiosas y uno de los principales centros de saber del Continente. Las ideas calvinistas se extendieron así a los hugonotes en Francia, a los valones de Holanda y Bélgica, a los puritanos en Inglaterra, a los presbiterianos en Escocia, y más tarde a las colonias inglesas de América. Desde el punto de vista educativo fue quizás más eficiente que el movimiento luterano mismo.

En Escocia, el reformador calvinista fue *John Knox* (1505-1572), quien dio un enorme empuje a la educación popular haciendo de aquel Estado el más culto de lengua inglesa. En su *libro de la disciplina para la iglesia escocesa* (1560) dice que: "Toda iglesia debe tener un maestro de escuela que sea capaz de enseñar gramática y la lengua latina, y en el campo el ministro debe cuidar de los niños para instruirlos en los primeros elementos y especialmente en el catecismo".

Las características principales de la educación calvinista son, según H. D. Forster: "La acentuación del elemento laico en la educación; la preparación para la "república" y la "sociedad", tanto como para la Iglesia; la insistencia sobre la virtud y sobre el conocimiento; la exigencia de una amplia educación como esencial para la libertad de conciencia; un amplio sistema de educación elemental, secundaria y universitaria, tanto para los pobres como para los ricos; un enorme conocimiento de las Escrituras aun entre las clases más pobres; la utilización de la organización representativa de la Iglesia para fundar, sostener y unificar la educación; la disposición para sacrificarse por la educación realizándola a toda costa; una inspección en forma colectiva de profesores y estudiantes; una acentuación notable del empleo de la lengua vernácula y finalmente un espíritu progresivo de indagación e investigación"[1].

A esto habría que añadir el aspecto severo y hasta sombrío de la educación, así como el carácter intolerante e intransigente de sus gobernantes que llevaron a la hoguera al sabio español Miguel Servet.

3. LA EDUCACIÓN RELIGIOSA ANGLICANA

El movimiento religioso de la Reforma tuvo en Inglaterra caracteres diferentes que en Alemania. En sus comienzos se debió tanto a razones religiosas como políticas, causadas por el antagonismo de sus reyes respecto a la Iglesia de Roma y a la aspiración a contar con una Iglesia nacional propia. El pueblo permaneció en general indiferente ante el movimiento de reforma. Pero con el tiempo, ésta llegó a alcanzar una modalidad religiosa propia y la nueva Iglesia adquirió una gran fuerza, hasta el punto de quedar como exclusiva en el reino de Inglaterra (no así en Escocia e Irlanda).

Respecto a la educación, las medidas de secularización realizadas por los reyes Enrique VIII e Isabel I, principalmente, llevaron consigo la supresión de todas las escuelas catedrales, claustrales y monásticas, con el consiguiente descenso de la educación. Pero los reyes trataron de remediar en parte esta supresión transformando algunas de las escuelas desaparecidas en nuevas escuelas y creando también otras. Estas escuelas eran en general escuelas de gramática, secundarias, en tanto que las primarias eclesiásticas anteriores sólo más tarde fueron reemplazadas.

El espíritu de las escuelas reformadas o creadas era el mismo del humanismo de la época inmediatamente anterior, más las ideas de la religión reformada. Se desarrollaron los Colegios fundacionales *(Public Schools)*, ya mencionados, para los hijos de la burguesía y de los caballeros pobres; los ricos se educaban con precep-

---

[1] H. D. Forster, *Calvinists and Education*. En la "Cyclopedia of Education", de Paul Monroe. Vol. I.

tores. Lo más importante quizá fue el empleo cada vez mayor de la lengua vernácula como consecuencia de la traducción de la Biglia al inglés. Pero a medida que pasaba el tiempo aumentó el espíritu sectario e intransigente de la nueva Iglesia Nacional inglesa. Se recomendó a los obispos que arrojaran de las escuelas a los maestros que no pertenecieran a la fe anglicana, y se estableció una especie de policía investigadora con ese motivo. En 1580 se dictó una ley por la cual se imponía una multa de 10 libras a quien empleara maestros no pertenecientes a la Iglesia anglicana y se castigaba con la pena de prisión a los maestros mismos. Antes, en 1558, se había dictado otra ley por la cual se prohibía a los no conformistas recibir grados universitarios.

Una mejora positiva se introdujo en el campo de la educación popular con la promulgación de las llamadas "leyes de pobres" que venían a sustituir a las instituciones caritativas anteriores, y por las cuales se ordenaba a las autoridades locales crear asilos y talleres para los pobres y sus hijos y cuidar de la educación de éstos. Pero se desarrollaron más bien en el siglo XVIII, del que se hablará después.

4. LA PEDAGOGÍA DE LA RELIGIÓN REFORMADA

Entre los educadores y pedagogos de los diversos países en que tuvo lugar la Reforma religiosa merecen destacarse los siguientes:

Lutero (1483-1546). El inspirador principal de la Reforma fue este monje agustino educado en el espíritu del humanismo. Descontento con las prácticas de la Iglesia en su época lanzó en 1517 sus famosas 95 tesis en las que defendía sus ideas reformadoras. Éstas dieron lugar a su excomunión y a la creación de la nueva Iglesia reformada, lo cual a su vez dividió pronto a Europa en dos grandes campos antagónicos: el católico y el protestante. Refiriéndonos concretamente a sus ideas pedagógicas ya hemos indicado la influencia que tuvieron en la creación y desarrollo de la educación pública, subordinada a fines religiosos, aunque sostenida por las autoridades oficiales. En cuanto a las escuelas primarias, para los pobres, sus exigencias eran muy modestas, limitándose a la lectura, escritura y rezos, durante un par de horas al día algunos meses del año. Mayores fueron sus exigencias respecto a la educación media o secundaria en la cual pedía, como todos los humanistas, el conocimiento de las lenguas clásicas y las matemáticas. Pero la obra principal educativa de Lutero fue la traducción de la Biblia al alemán, idioma que con este motivo se impuso poco a poco en todas las escuelas.

Melanchton (1497-1560), fue el verdadero pedagogo del movimiento de la Reforma luterana, el "preceptor de Alemania", como se le ha llamado. Surgido también del humanismo, dedicó toda su vida a la educación. A él se debe en realidad la creación de la enseñanza secundaria alemana y la orientación para la de los demás países europeos. Y ello lo produjo tanto por su actuación práctica, directa, al frente de sus escuelas y cátedras, como por la inspiración que dio a los príncipes alemanes para la creación de Colegios humanistas, que por esta época se aumentaron grandemente. Su modelo fue el Reglamento de las escuelas de Sajonia, de 1580, que hemos citado.

Bugenhagen (1485-1558). Así como a Melanchton se le puede considerar como el inspirador de la escuela secundaria pública, Bugenhagen, también reformador religioso, es el principal creador de la escuela primaria. Inspiró en efecto una serie de Ordenanzas eclesiásticas, en las que se introdujeron diversos preceptos relativos a las escuelas. Así ocurrió con las de las ciudades de Hall, Brunswick, etc., que ya hemos mencionado. Bugenhagen intervino también en la reorganización de la enseñanza universitaria y primaria de Dinamarca.

Además de los citados hay que mencionar, entre los educadores y pedagogos de la Reforma germana, a *Valentín Trotzendorf* (1490-1556), que introdujo un principio de autonomía escolar, en forma de República romana en el Colegio de Goldberg; *Johannes Sturm* (1507-1589), quizá el más importante de los rectores de Colegio humanista, que en el de Estrasburgo dio la pauta para los demás de su tipo; *Ulrich Zwingli* (1481-1531), suizo, precursor de Calvino, que escribió el primer libro sobre educación desde el punto de vista protestante.

Entre los educadores calvinistas hay que mencionar a:

Calvino (1509-1569), nacido en Picardía, Francia, y organizador, como se ha dicho, de la educación en Ginebra, escribió su obra *Instituto de la religión cristiana*, que le hizo ponerse a la cabeza del movimiento protestante. Según él la educación era necesaria para el sostenimiento de la República, la cual se mantenía sobre bases religiosas, y de aquí la intolerancia que demostró en ocasiones.

De los educadores ingleses de la época se deben citar a:

Rogen Ascham (1516-1568), tutor y secretario de la reina Isabel, autor de la obra *The Scholemaster* (El maestro de escuela), dedicado más bien a la educación de los jóvenes nobles, que después de atacar a la enseñanza de las escuelas de gramática de su tiempo, propuso una serie de medidas para la traducción de los clásicos griegos y latinos en la educación.

Richard Mulcaster (1530-1611), rector durante 25 años de dos escuelas célebres de Inglaterra, aún subsistentes, la "Merchant Tailors School" y la "St. Paul's School" y autor de dos obras sobre educación, *Positions* (1581) y *The first part of Elementarie* (1582), en las que recoge sus experiencias en los Colegios.

Según Mulcaster, debe establecerse una preparación obligatoria en lectura, escritura, música y dibujo, para todos los niños, fueran ricos o pobres, hasta los 12 años, pasados los cuales debe empezarse el latín, que se daría de los 12 a los 17 años. Asimismo pide que los maestros tengan una preparación especial, a ser posible en las universidades, y después una práctica de enseñanza. Recomienda asimismo los ejercicios corporales y el uso correcto del inglés antes de comenzar el latín. "¿Por qué no escribir todo en inglés —pregunta— cuando tantas buenas cualidades tiene?" [1].

---

[1] Mulcaster, *The first part of Elementarie*.

CAPÍTULO XI

LA EDUCACIÓN RELIGIOSA REFORMADA
(CATÓLICA)

La difusión de la Reforma protestante por Europa, obligó a la Iglesia católica a salir a su encuentro, y para ello empleó dos clases de medios: uno, la lucha directa contra aquélla, y otro, la reforma interna de la Iglesia misma. De aquí surgió el movimiento llamado de la *Contrarreforma*, que duró unos dos siglos. Con él se pretendía volver en cierto modo a la situación anterior al Humanismo en el sentido de suprimir el espíritu crítico de la razón y de someter la religión a los dictados de la autoridad eclesiástica romana. Este movimiento tiene a su vez dos órganos de acción: la Compañía de Jesús y el Concilio de Trento, que aunque surgidos separadamente coinciden en el mismo objetivo.

Por lo que respecta a la educación el *Concilio de Trento*, celebrado entre 1545 y 1563, se limitó a recomendar a los obispos y autoridades eclesiásticas la creación de escuelas, la mejora de las existentes en catedrales y monasterios y la fundación de cátedras de gramática, es decir, de enseñanza secundaria, en las que se diera instrucción gratuita "a los clérigos y demás estudiantes pobres". Por su parte, los Papas recomendaron también la formación de asociaciones para la enseñanza catequista y de instrucción religiosa para contener el movimiento protestante. Así surgieron varias órdenes religiosas, de las que se habla después. Sin embargo, la mayor influencia del Concilio en el orden cultural y educativo fue la creación del Índice y el desarrollo de la Inquisición para investigar y condenar los escritos y las personas sospechosas de pertenecer al movimiento reformador dentro y fuera de la Iglesia, dando lugar a numerosos castigos y persecuciones.

En el campo de la educación propiamente dicha, el órgano principal de la Contrarreforma fue la *Compañía de Jesús*, de la que dice Alfredo Weber: "Se produjo la salvación de la Iglesia por obra de una constelación sumamente curiosa. Casi simultáneamente con Lutero, aunque como reacción contra éste, surgió un antípoda, ya desde el año 1521. Surgió una anti-fuerza extraordinaria, igualmente original, orientada a vivir el Cristianismo en un sentido racional antiguo y a la vez hierático medieval"[1].

1. LA EDUCACIÓN DE LOS JESUITAS

La *Compañía de Jesús* fue creada por Ignacio de Loyola y reconocida por el Papa en 1540. Surgida de un pequeño grupo de hombres, en poco tiempo alcanzó una extensión e influencia extraordinarias. Ha sido la organización más poderosa que ha poseído la Iglesia para la educación durante mucho tiempo y aún hoy ejerce una influencia considerable. Vino a sustituir la acción de otras instituciones eclesiásticas ya en decadencia en la época de su fundación, como las escuelas monásticas y catedrales, y en cierto modo los colegios de las universidades, en esta época también decadentes. Al mismo tiempo constituyó el dique más importante para la contención protestante en los países latinos.

La orden de los jesuitas no fue, sin embargo, creada sólo con fines educativos; parece que al principio no figuraban entre sus propósitos. Éstos eran más bien la confesión, la predicación y la catequización. Su recurso principal eran los llamados "ejercicios espirituales" que ejercieron una enorme influencia psíquica y religiosa entre los adultos. Sin embargo, poco a poco, la educación ocupó uno de los lugares más importantes, sino el que más, entre las actividades de la Compañía.

La Compañía, como se sabe, está compuesta por miembros que tienen a la vez un carácter regular y seglar; son miembros de una Orden religiosa con sus estatutos y autoridades propios y a la vez son sacerdotes ordenados que realizan todas las funciones de éstos. A diferencia de las otras órdenes religiosas, viven en el siglo, en mundo y tiene un carácter sumamente emprendedor y combativo. Su misma designación de *Compañía* indica ya su carácter de milicia, así como su organización, su disciplina y espíritu de obediencia: *todo a la mayor gloria de Dios* (Omnia ad Maiore Dei Gloriam, o dicho sintéticamente, O. M. D. G.). Dependen sus miembros de un *General*, y en cada nación de un *Provincial*, aunque sometidos a la autoridad del Papa.

1 A. Weber, *Historia de la cultura*.

La educación de los jesuitas está regulada por el *Radio Studiorum* (Plan de estudios), aprobado en 1599, después de varios años de aplicación y de consultas. La educación se da en los *Colegios*, cada uno de los cuales está dirigido por un *Rector*, que es asistido por un *Perfecto de estudios*, encargado de dirigir éstos y de inspeccionar a los profesores.

Los Colegios se dividen por lo general en dos partes: una de estudios *inferiores*, constituidos por los equivalentes a la educación secundaria, y otra de estudios *superiores* de carácter teológico y universitario. Aquéllos comprenden cinco o seis años de estudio para los adolescentes; éstos, tres, principalmente para los miembros de la Orden que se dedican al profesorado.

Las materias de enseñanza en los Colegios inferiores venían a ser las mismas que las de los Colegios humanistas, sobre la base del latín yel griego, la gramática y las matemáticas; mientras que en los superiores se incluía la teología, la filosofía y algunas ciencias. Faltaban en ellos, la enseñanza de la lengua vernácula y las ciencias físiconaturales.

Los métodos de enseñanza eran también los propios de las escuelas humanistas, en las que se inspiraron grandemente. Consistían en la lección, o prelección, la explicación, la repetición, la composición, etc., métodos predominantemente verbales y en gran parte memoristas y formalistas. Se daba especial importancia a la elocución y a la redacción, así como a la lectura y comentario de textos clásicos, expurgados.

La disciplina se basaba en la emulación y en la competencia. Éstas se fomentaban por diversos medios: por la emulación individual, teniendo cada alumno un émulo con quien competir y por la emulación colectiva de las clases, dividiéndolas en dos bandos rivales con denominaciones especiales. Asimismo se fomentaba la emulación de unas escuelas respecto a otras, por medio de exámenes. certámenes, discusiones, etc. Con ello se despertaba el sentido de la competición y también el amor propio.

Pero la emulación iba acompañada en sentido negativo por la obediencia y la sumisión más completas, mantenidas por una vigilancia permanente de la vida del alumno, en la cual participaban los alumnos mismos por medio de denuncias de las faltas cometidas. Esto daba lugar a las delaciones y espionajes, impropios de toda sana educación moral. Los castigos, sin embargo, se aplicaban moderadamente y no eran tan rigurosos como en los Colegios ordinarios.

En cambio, se prodigaban los premios y distinciones individuales y colectivos.

La enseñanza en los Colegios de los jesuitas era gratuita; sólo se percibían retribuciones en los internados. Contra lo que se ha creído, éstos sólo constituían una parte pequeña en los Colegios; la mayoría de los alumnos eran externos, aunque estaban siempre sometidos a la vigilancia de aquéllos. Otro de los medios de atracción de los Colegios eran sus instalaciones y su material de enseñanza, mucho más rico y abundante que en las demás instituciones religiosas.

Hay que advertir que la educación de los jesuitas se ha dirigido casi exclusivamente a la educación secundaria y menos o nada a la primaria. Su acción se ha encaminado principalmente a los adolescentes de las clases burguesas y directivas de la sociedad y no a la masa del pueblo, como otras órdenes religiosas. De aquí la gran influencia que han ejercido en la vida social y política en todos los tiempos.

Si tuviéramos que resumir en pocas palabras el espíritu de esta educación, así como sus ventajas e inconvenientes, de un modo objetivo, podríamos hacerlo del modo siguiente:

La educación de los jesuitas era naturalmente la formación del hombre cristiano dentro de las doctrinas de la Iglesia católica. Para ello utilizó ideas y métodos de la educación humanista, como los idiomas clásicos; pero en general careció del espíritu de los humanistas del sentido humano terrenal, de la independencia del pensar, de la función crítica, investigadora, ajena a toda imposición. El lugar de esto lo ocupó el dogma, la doctrina de la Iglesia. Lo nuevo que aportaron los jesuitas fue en su mayor parte para conservar lo tradicional, lo viejo.

Pero hay otras cosas en la pedagogía de los jesuitas que tienen un valor positivo, real, en la educación. En primer lugar, figura, a nuestro juicio, el cuidado puesto en la selección y preparación de los maestros. Para esta función se escogía siempre a las personas que se creía de mayor aptitud, de condiciones de carácter especiales. Después se las sometía a una preparación especial intensa, empezando por los "ejercicios espirituales", continuando en las escuelas inferiores y terminando en los estudios superiores. De este modo, tuvieron los jesuitas maestros eminentes o distinguidos en cantidad considerable.

En segundo lugar, aparece el conocimiento y trato personal psicológico de los alumnos. Aunque éstos estuvieran sometidos a una regulación rigurosa, cada uno de ellos era estudiado, vigilado y atendido individualmente. Se conocía el carácter y las condiciones intelectuales de cada uno de ellos y se le trataba con una gran penetración psicológica. En ellos no importaba tanto el saber como las dotes y aptitudes personales.

En tercer lugar, y en relación con esto, la educación no se refería sólo al aspecto intelectual, sino que en cierto modo era una educación integral: física, estética, moral. Para ello se cultivaban los juegos, las representaciones dramáticas, los certámenes, etc., que al mismo tiempo servían de atracción a las gentes. Para esto se utilizaban también, como hemos dicho, las instalaciones materiales de los Colegios.

Frente a estas ventajas, pueden presentarse las siguientes objeciones:

Primera, las limitaciones de las enseñanzas a las materias puramente clásicas y religiosas, con descuido de las de carácter realista o científico. Pero aún las mismas materias literarias tenían un carácter alejado de la vida real presente. La historia que se enseñaba no era nacional, sino la clásica; el lenguaje empleado era el latín y no el vernáculo.

Segunda, el carácter de desconfianza y heteronomía en la educación moral. Ésta se basa en la observación de normas impuestas, y en la vigilancia y la denuncia de las faltas. La conducta de los alumnos era así algo externo y artificioso, carente de espontaneidad y naturalidad.

Finalmente, faltaba la independencia intelectual, el sentido crítico, personal. Todo estaba ya hecho y descubierto; al alumno sólo le quedaba la función receptiva, pasiva. En todo caso, se sobresalía en las formas de expresión, en la elocuencia y en la redacción, pero los contenidos eran impuestos.

No podemos entrar en los pormenores de la educación jesuita, que en general, con pocas modificaciones, como la enseñanza de las ciencias, sigue siendo la misma que en la época de su fundación y, por lo tanto, fácilmente identificable. Sólo podemos decir que con todos sus inconvenientes en su tiempo significó en general un gran progreso.

2. LA EDUCACIÓN DE OTRAS ÓRDENES RELIGIOSAS

Aunque la mayoría de ellas se desarrollaron en el siglo XVII, posterior al que venimos estudiando, algunas comenzaron en el siglo XVI. Entre éstas figuran:

Las *Ursulinas*, fundada en Italia, en 1535, por la Madre María Ángeles de Mericia, dedicada a la educación de las niñas en el espíritu de la Contrarreforma.

La *Congregación de Jesús*, formada también en Italia en 1558, aunque desarrollada principalmente en Francia, para la preparación de los sacerdotes en las parroquias.

La *Congregación de la Doctrina cristiana*, fundada en 1592, por el Padre César de Bus en el sur de Francia, para la catequización de los jóvenes.

Las *Hermanas de Nuestra Señora*, creada en 1598 por el Padre Fourier para la educación de las niñas, especialmente en Lorena, para contrarrestar la influencia calvinista, y la más importante de este tiempo:

La *Congregación de las Escuelas Pías* o de los "piaristas" o "escolapios", fundada por el español José de Calasanz (1556-1648), dedicada a la educación de los niños pobres y cuya primera escuela se abrió en 1597. Esta organización fue la primera en abordar en grande la educación popular en los países católicos. Su enseñanza era muy elemental reduciéndose a la lectura, escritura, aritmética y además al latín, pero sobre todo a la piedad. Después, su radio de acción se amplió a la enseñanza secundaria y profesional. La Orden tuvo un gran éxito extendiéndose por toda Europa. En 1603 contaba ya con 900 alumnos en sus escuelas y en 1613 con 1200. Aunque de carácter popular y caritativo, las escuelas calasancias llegaron a alcanzar gran autoridad en la educación de su tiempo.

Otras Órdenes religiosas importantes, sobre todo la de los "Hermanos de las Escuelas Cristianas", pertenecen al siglo XVII y de ellas nos ocuparemos en el capítulo siguiente.

3. PEDAGOGOS Y EDUCADORES DE LA EDUCACIÓN CATÓLICA

De entre los educadores de la religión católica de la época los más destacados son:

Ignacio de Loyola (1491-1556). El fundador de la Compañía de Jesús, nació en Azpeitia, en el País Vasco español, de una familia hidalga, con el nombre de Iñigo López de Recalde. Criado con el Contador mayor de los Reyes Católicos, abrazó la carrera de las armas, observando una vida irregular y desordenada. Herido durante el sitio de Pamplona por las tropas francesas (1521), en su convalecencia leyó las Vidas de Jesús y de los Santos, que le hicieron arrepentirse de su pasado y entregarse a la vida religiosa. Realizó peregrinaciones a Roma y a los Santos Lugares y a su regreso se dedicó al estudio de las humanidades, primero en la Universidad de Alcalá y después en la de Salamanca, ambas ya famosas por sus maestros humanistas. Pasó después a París, donde estudió teología, y donde con un grupo de estudiantes se dedicó a la oración y a la penitencia. Después fue a Roma y allí constituyó con sus compañeros la Compañía de Jesús, que el Papa Paulo III aprobó en 1540, nombrando general de ella a Ignacio. La orden alcanzó pronto gran predominio, y en 1550, Loyola redactó las *Constituciones* por las que había de regirse. Antes había escrito los *Ejercicios espirituales* (1548).

Ignacio de Loyola no se ha distinguido como educador o pedagogo, sino más bien como fundador y como un gran espíritu organizador. En este sentido su obra es la "Compañía de Jesús" de la que se ha hablado y a la que dio el tono de milicia que él mismo había vivido. Ya hemos indicado también el valor psicológico de sus "Ejercicios espirituales", aunque no sean aplicables en la educación propiamente dicha. Sus ideas pedagógicas están contenidas en sus *Constituciones,* a las que hubo que añadir una sección especial sobre la educación en sus Colegios, ya que al principio sólo estuvieron dedicadas a los miembros de la Orden. En aquéllas recomienda vivamente el estudio y la lectura expurgada de los clásicos latinos, así como el empleo de las "disputaciones". De Ignacio de Loyola ha dicho Theobald Ziegler: "Fue el espíritu español con su rara mezcla del ardor rebosante de la fantasía y del cálculo frío de la inteligencia, del éxtasis exaltado y de la energía tenaz, e Ignacio mismo: de un lado, un hombre caballeroso militar y de otro monje y sacerdote, y ambas cosas en él son una; como fundador de la orden ha sido un oficial y como monje, un caballero"[1].

San José de Calasanz (1556-1648). También español como San Ignacio, nació de una familia distinguida en Peralta de la Sal, provincia de Huesca. Estudió humanidades, filosofía, jurisprudencia y teología en las universidades de Lérida, Valencia y Alcalá y después

---

[1] Th. Ziegler, *Geschichte der Pädagogik.*

se dirigió a Roma, donde en 1597 fundó la Orden de las Escuelas Pías. Calasanz no fue tampoco un pedagogo, pero sí un educador eminente. No escribió nada sobre pedagogía, pero creó infinidad de escuelas, y sobre todo fundó la escuela primaria popular católica, dedicada a la masa del pueblo, a los pobres y basada en los principios de la caridad y del trabajo. En este sentido, su enseñanza se limitaba a las primeras letras, pero también atendía a la vida física y material de los alumnos, todo ello sometido a la piedad cristiana. "El fin de nuestra Congregación —dice— es la instrucción de los niños, tanto en la piedad cristiana como en las letras humanas, para que así enseñados puedan conseguir la vida eterna." Y en otro lugar advierte: "Se debe proveer de maestros hábiles a los niños pobres para que los pongan pronto en disposición de ganarse fácilmente lo necesario para la vida". Calasanz y Loyola tuvieron que luchar con las instituciones e intereses de su época y de su credo, pero ambos han dejado un rastro profundo en la educación católica, el primero en la primaria y el segundo en la secundaria, es decir, en la educación de la infancia y la adolecencia, respectivamente.

CAPÍTULO XII

LA EDUCACIÓN EN EL SIGLO XVII

En la historia de la educación y de la pedagogía el siglo XVII presenta caracteres singulares. En general se puede decir que es un siglo de transición entre el Humanismo y la Reforma del siglo XVI y la Ilustración y el Despotismo ilustrado del XVIII. Pero aparte de esto tiene, como hemos dicho, caracteres propios, que pueden resumirse en la forma siguiente, por lo que a la educación se refiere:

1º La acentuación del aspecto religioso tanto en el caso de la Reforma protestante como de la Contrarreforma católica. A su vez, dentro de estos movimientos se distinguen dos fases: una dogmática, cerrada y otra de carácter más íntimo y piadoso.

2º La intensificación de la intervención del Estado en la educación de los países protestantes con una legislación escolar más amplia y comprensiva.

3º La introducción paulatina de las nuevas ideas filosóficas, tanto de la corriente idealista (Descartes, Leibniz), como de la empirista (Bacon, Locke).

4º Asimismo, la repercusión de las nuevas ideas científicas que habían comenzado a desarrollarse en el siglo anterior (Keplero, Galileo).

5º Finalmente, como consecuencia de estos movimientos filosóficos y científicos, el nacimiento de la nueva *didáctica* dentro de la pedagogía (Ratke y Comenio).

Tal es el cuadro en que se desarrolla la educación del siglo XVII, del cual dice Dilthey: "En el siglo XVII, sobre el nuevo suelo de una ciencia llegada a la madurez, preparada por el Humanismo y la Reforma, surge de las necesidades de la sociedad un sistema científico que ofreció principios universales para la conducta de la vida y la dirección de la sociedad. De acuerdo con el movimiento progresivo es el antagonista del viejo sistema metafísico teológico que trataba de renovarse por entonces en los países latinos, España e Italia" [1].

1. DESARROLLO DE LA EDUCACIÓN PÚBLICA

El movimiento iniciado en el siglo XVI de intervención de las autoridades públicas en la educación se amplía y desarrolla en el XVII, dando ahora mayor participación al Estado. Esto ocurre en los países protestantes, mientras que en los católicos sigue siendo decisiva la educación de las órdenes religiosas y en especial de los jesuitas.

En Alemania es donde mayor desarrollo alcanza la educación del Estado. Así, en 1619 se dictó en el ducado de Weimar una importante Ordenanza escolar por la cual se disponía la obligación escolar para todos los niños de 6 a 11 años, aunque su cumplimiento se dejaba al cuidado de los párrocos y maestros. En ella se ordenaba que "todos los niños y niñas deben ser llevados a las escuelas para que aprendan con seriedad y aplicación a leer y escribir, además del sagrado catecismo y los rezos y cantos cristianos".

A esta Ordenanza siguió otra mucho más importante, la del duque Ernesto el Piadoso, de Gotha, de 1642, que se puede considerar como la primera ley que establece un sistema general de educación pública en el mundo. Esa Ordenanza, inspirada en algunas ideas de Comenio, como veremos después, insiste en la obligación escolar, cuyo cumplimiento incumbe ya a las autoridades civiles, y dispone una serie de medidas de carácter educativo y pedagógico del mayor interés. En primer lugar, divide las escuelas en tres grados: inferior, medio y superior, cada uno de los cuales tiene un programa propio, que va desde la lectura y escritura a las ciencias naturales. Dispone también, que las horas de clase sean tres por la mañana y tres por la tarde, y que se celebren exámenes anuales ante un tribunal, pasados los cuales se debía extender el correspondiente certificado. Finalmente dispone que se pague a los maestros con fondos públicos e introduce la inspección regular de la enseñanza.

A estas Ordenanzas de Weimar y Gotha siguen las de otros Estados alemanes, como la de Braunsweig, de 1651, en la que se insiste en la obligación escolar y se mejora la situación de los maestros; la de Hessen, de 1656, que ofrece un plan de estudios de ocho años

[1] W. Dilthey, *Hombre y mundo en los siglos* XVI *y* XVII. México. Fondo de Cultura Económica.

desde la escuela primaria a la secundaria en una unidad orgánica, y la de Magdeburgo, de 1658, influida también por las ideas de Comenio, que dividía en seis años cada grado de enseñanza.

Éstas y otras disposiciones parecidas no pudieron cumplirse cabalmente por las difíciles circunstancias de la época producidas por la terrible Guerra de los Treinta Años (1614-1648); pero después de la paz de Westfalia comenzaron a llevarse a la práctica y quedaron como indicaciones para las reformas de los tiempos posteriores. "Ningún otro pueblo —dice Monroe— ha alcanzado, ni aun aproximadamente, el perfeccionamiento que en este respecto alcanzaron los Estados alemanes"[1].

En el resto de Europa, la educación pública sólo logró en este tiempo cierto desarrollo en los países de religión calvinista como Escocia y Holanda. En este último país, el Sínodo eclesiástico de Dort disponía en 1618 que se "establecerán escuelas en que se instruya a la juventud en la piedad y los fundamentos del cristianismo en los pueblos y lugares donde hasta ahora no existan. Los magistrados cristianos proveerán para que se doten sueldos para los maestros y para que personas bien calificadas puedan ser empleadas en esta función, y especialmente para que los niños de los pobres puedan ser instruidos gratuitamente por ellas y no ser excluidos de los beneficios de las escuelas". Conforme a estas disposiciones, las provincias y ciudades holandesas crearon multitud de escuelas primarias y secundarias públicas, inspiradas en la confesión calvinista. Ya hemos indicado lo que se hizo en Escocia, bajo la inspiración de John Knox, discípulo de Calvino.

En Inglaterra, las autoridades oficiales apenas intervienen en la educación, que sigue en manos de las fundaciones religiosas, excepto lo que disponen las "leyes de pobres" que hemos mencionado. En Francia, tampoco intervienen aquéllas aunque Luis XIV hiciera una recomendación, después de la revocación del Edicto de Nantes, para que se crearan escuelas a fin de convertir al catolicismo a los adictos a las confesiones protestantes, pero esta Ordenanza quedó sin cumplir.

2. LA EDUCACIÓN DE CARÁCTER CATÓLICO

Como se ha dicho, en los países católicos no interviene el Estado en la educación. Ésta es dada por los particulares y principalmente por las órdenes religiosas. Entre ellas sigue figurando en primer

[1] Monroe, *Historia de la pedagogía.*

término la Compañía de Jesús, que en este tiempo es todopoderosa. Pero también surgen nuevas órdenes e instituciones religiosas de educación que dan un carácter particular a este siglo, y que en cierto modo están en divergencia con las instituciones anteriores, sobre todo con las de los jesuitas.

Figura entre ellas en primer lugar la de los *Hermanos de las escuelas cristianas,* fundada en 1684 por *Juan Bautista de La Salle* (1651-1719), en Francia. A él se debe la difusión de la educación primaria, popular, en los países católicos y la idea de la formación de maestros con esta finalidad. Por otra parte, es el creador de la escuela sin latín y de la enseñanza gratuita en Francia. La Orden alcanzó una gran difusión debido a la eficacia de sus enseñanzas y a la preparación de sus maestros. En este sentido, hay que recordar que La Salle fue el fundador de una Escuela Normal con el título de Seminario de maestros de escuela en 1685, sólo trece años después de la creada por el Padre Demia en Lyon. En aquélla, se daba una instrucción especial a los futuros maestros de las escuelas y una preparación práctica en la enseñanza. Después creó otra Escuela de este tipo en París. La enseñanza en las escuelas de los Hermanos no se distinguía por muchas innovaciones pedagógicas. Introdujo la enseñanza simultánea por los mismos alumnos y con este fin dividía en clases a las escuelas: insistió mucho sobre los ejercicios escritos de carácter práctico; estableció una disciplina suave, aunque con castigos corporales y con la observancia del silencio más riguroso. El programa de material era el mismo de todas las escuelas de la época: lectura, escritura y cálculo, pero con una gran dedicación a la instrucción religiosa. El mayor interés de estas escuelas es el principio de graduación y clasificación de los alumnos que introduce como anticipo de lo que habrá de ser después la enseñanza graduada. La Salle escribió poco sobre educación. Su obra principal es la *Guía de las Escuelas Cristianas,* que aunque escrita antes de 1705, no se publicó hasta 1720. En ella se regula minuciosamente el funcionamiento de las escuelas. A la muerte de La Salle, la Orden contaba con cuatro Escuelas Normales, tres escuelas prácticas, 33 escuelas primarias y una escuela de perfeccionamiento. Éstas se extendieron en los siglos posteriores, siendo la más difundida en lo que se refeire a la enseñanza primaria, como la de los jesuítas lo ha sido para la secundaria.

Otras instituciones católicas de educación de gran interés, si no por su número, por su calidad, son las de los *Jansenistas* o de *Port-Royal,* creadas por *Saint Cyr* (1581-1643), en 1637, y que reunieron una élite de hombres de gran valía en el campo de la filosofía y la literatura. Estas escuelas estaban en oposición a las de los jesuitas y acabaron por ser vencidas por ellas. Comparando la educación de unos y otros dice Compayré: "Representan dos tendencias opuestas y algo así como dos fases contrarias de la naturaleza humana y del espíritu cristiano. Para los jesuitas redúcese la educación a una cultura superficial de las facultades brillantes de la inteligencia, y los jansenistas, por el contrario, aspiran a desarrollar las facultades sólidas, el juicio y la razón. En los colegios de los jesuitas priva la retórica y en las escuelas de Port-Royal predominan la lógica y el ejercicio del pensamiento. Los hábiles discípulos de Loyola se acomodan al siglo y son complacientes para la debilidad humana: los solitarios de Port-Royal son severos para con los demás y para consigo mismos" [1].

La educación de los jansenistas se daba en lo que ellos llamaban las "pequeñas escuelas", limitando el número de sus alumnos para poder ser atendidos debidamente por los maestros. Se distinguieron por su rigurosa enseñanza lógica y gramatical, empezando ésta por la lengua materna, en la que alcanzaron algunos de sus amigos y discípulos un gran renombre, como La Fontaine y Pascal. Acentuaron también el aspecto religioso y moral de la educación, llegando aquí a ciertos rigorismos excesivos, partiendo de la idea de la maldad originaria del hombre. Esto mismo les hizo tratar con amor y piedad a los niños. "Hablar poco, tolerar mucho y rezar mucho más", eran las cosas que se recomendaban en las escuelas. En general, era una educación ascética, pero templada por la simpatía y el afecto de los alumnos. Sobresalieron no sólo en el estudio de la lengua materna, sino también en los estudios clásicos, que simplificaron, pero que hicieron más profundos. En oposición a los jesuitas, suprimieron la idea de la emulación o competición en la enseñanza, sustituyéndola por la comprensión y el amor.

Finalmente, otras instituciones de educación católica, anteriores a las precedentes, son las de la *Congregación del Oratorio,* que según Compayré ocupan un lugar intermedio entre los jesuitas y los jansenistas. Aquélla fue fundada en 1614 por Pedro de Bérulle, y en poco tiempo sus colegios aumentaron grandemente; entre ellos se distinguió el Neuilly, que alcanzó pronto fama universal. Contaron también los oratorienses con hombres de gran reputación intelectual. En sus colegios se enseñaba en francés, incluso cuando se daba el latín. Se cultivaban las letras clásicas, la historia, la geografía y

[1] Compayré, *Historia de la pedagogía.*

las ciencias. Se enseñaba la filosofía de Descartes. La disciplina no era rigurosa, aunque se aplicaban los necesarios castigos y recompensas. La importancia mayor del Oratorio parece haber sido la de sustituir a las escuelas de los jesuitas cuando éstas fueron suprimidas en 1762 por lo que los oradores de la Revolución francesa consideraban haber "merecido el bien de la patria".

3. LA EDUCACIÓN RELIGIOSA PIETISTA

Parecido en cierto modo al movimiento jansenista renovador de la educación católica francesa, se desarrolla en Alemania a fines del siglo XVII el movimiento pietista, que trata igualmente de renovar y vivificar la religión reformada luterana. En él se acentúa el aspecto íntimo y espiritual frente al dogmático e intelectualista en que había degenerado la confesión protestante. Su representante en la educación fue *Hermann Francke* (1663-1727), espíritu profundamente religioso, místico y organizador a la vez. En 1695 fundó en Halle una escuela para los niños pobres, que después amplió a los hijos de los burgueses y de los nobles, y por fin a los huérfanos, constituyendo un conjunto de *Instituciones* educativas del mayor interés, pues de ellas surgieron nuevos tipos de escuelas, que han tenido gran influencia en la educación alemana y en la europea. Estos tipos de escuelas son: 1º La escuela primaria popular en lengua alemana; 2º La escuela latina o *gimnasio* con enseñanza de los clásicos; 3º El *Paedagogium* o escuela secundaria de tipo científico, de donde surgió el tipo de colegio secundario realista; 4º El *Seminario* de maestros o escuela normal, que fue el primero de este tipo en los países de lengua alemana.

En las escuelas, el objetivo fundamental era el religioso, pero a diferencia de las católicas latinas que acentuaban la parte literaria, en éstas se daba mayor importancia a la parte realista o científica, poniendo a los alumnos en el mayor contacto posible con la naturaleza y con la vida real. En las instituciones de educación secundaria, en cambio, se acentuó el estudio del latín, tanto en el uso diario como en la lectura de los clásicos. Finalmente, otro rasgo de estas instituciones era su carácter orgánico, que comprendía a todas en una unidad de fin y de método, predominando en éste el realismo y la intuición, así como las actividades manuales.

La importancia de Francke y del movimiento pietista en general es doble: de un lado por la serie de instituciones educativas que surgieron de él, y de otro por la influencia que ejerció sobre el rey de Prusia Federico Guillermo I y la educación pública, como veremos después al tratar del siglo XVIII.

4. LA EDUCACIÓN EN ESPAÑA

Independientemente de la enseñanza dada por las órdenes religiosas anteriormente citadas, ha existido siempre en España una educación impartida por seglares y por autoridades oficiales. Baste recordar al efecto las Universidades de la Edad Media y del Renacimiento y las Escuelas de gramática desprendida de ellas, en las primeras de las cuales intervenía el Poder real y en las últimas las autoridades locales, bien en su fundación, bien en su organización y funcionamiento. Ejemplo de ello son las disposiciones dictadas por Alfonso el Sabio en sus *Partidas*, que regulan los estudios secundarios y superiores. Pero también los municipios contribuían al sostenimiento de las escuelas en forma de subvenciones a los colegios particulares, cuyos maestros eran en parte nombrados por ellas.

Por lo que se refiere a la enseñanza primaria, el Poder real intervino también en ella desde el siglo XIV en que se publicó la primera disposición regulando el ejercicio de los maestros. Es la atribuida a Enrique II de Castilla, posiblemente de 1370, por la que se conceden diversos privilegios a los maestros, se prohibe la enseñanza a los no examinados y se crean veedores para inspeccionar la enseñanza. Esta disposición fue confirmada por los Reyes Católicos, por Carlos V, por Felipe II y Felipe III [1].

La enseñanza primaria era en esta época bien elemental, reduciéndose a la lectura, la escritura, el cálculo y el catecismo, e insistiendo especialmente en la caligrafía, en la cual se destacaron especialmente muchos españoles.

En el siglo XVII el hecho más imbortante es la formación de una Sociedad de Maestros, la Hermandad de San Casiano, la cual, aunque constituida en forma gremial, para la defensa de los maestros asociados, contiene algunas manifestaciones de carácter instructivo y administrativo interesantes. En las Ordenanzas aprobadas en 1666 se dispone que los maestros han de ser examinados y que los aspirantes han de practicar durante dos años con maestros aprobados; en otras Ordenanzas sancionadas en 1695 y 1705 se dispone que los maestros a domicilio sean también sometidos a examen y

---

[1] Véase L. Luzuriaga, *Documentos para la historia escolar de España*.

que las escuelas se distribuyan en forma ordenada por la ciudad. Más directa es aún la intervención de la autoridad estatal en la educación con las diversas disposiciones reales dictadas por Felipe V y Fernando VI, confirmando las medidas en favor de los maestros, tanto en lo que se refiere a los exámenes como a su nombramiento y remuneración.

Es interesante observar que en todas estas disposiciones se insiste en el examen de los maestros y en la inspección de las escuelas, corriendo uno y otra a cargo de autoridades oficiales o personas designadas por éstas, dando así lugar a un comienzo de intervención del Estado en la enseñanza española.

5. LA EDUCACIÓN EN LA AMÉRICA HISPÁNICA

Desde los primeros momentos del descubrimiento y la colonización de América, los españoles se preocuparon de la cristianización y educación de sus habitantes. En esta labor intervinieron, de una parte, las órdenes religiosas y de otra el Poder real. Aquéllas actuaron principalmente en la evangelización de los indígenas por medio de las escuelas que fundaron al principio los franciscanos y dominicos especialmente. El Poder real intervino por medio de las disposiciones legales propias y de los virreyes creando o sosteniendo instituciones de educación media y superior. A esta labor se unió más tarde la de los cabildos.

Los objetivos de esta educación colonial fueron principalmente dos: en primer lugar, como se ha dicho, la evangelización o cristianización de los indígenas, y en segundo lugar la educación general de todos los habitantes, especialmente los de origen hispánico. En uno y otro fin se destacaron en esta época en México dos franciscanos: *Fray Pedro de Gante*, creador de la primera escuela elemental en el continente americano (1523), y *Fray Juan de Zumárraga*, fundador de la primera escuela de niñas (1534). Más tarde el dominico *Fray Alonso de la Veracruz*, organizador del primer Colegio secundario, el de México, en 1575. Como éstos, otros religiosos, como los agustinos y los jesuitas, actuaron en los diferentes pueblos de América durante los siglos XVI y XVII.

Las autoridades civiles tuvieron también una activa participación en la enseñanza. Los Reyes Católicos y sus sucesores ordenaron repetidas veces que se enseñara a los indígenas a leer y escribir y sobre todo la doctrina cristiana. Por su parte, los virreyes también prescribieron diversas medidas en este sentido. Sin embargo, la intervención de unos y otros sólo fue efectiva en el campo de la enseñanza media y superior, como se ha indicado.

En este sentido, hay que recordar que el hecho quizá más importante de la cultura en América fue la fundación de las primeras universidades en el Hemisferio Occidental, adelantándose un siglo a las de Norteamérica. Aunque en el orden cronológico, la primera fue la de Santo Domingo, fundada como colegio por los jesuitas en 1510, las dos primeras universidades realmente tales que dieron la pauta a la cultura hispanoamericana fueron la *Universidad de San Marcos*, de Perú, fundada en 1551, y la de *México*, creada en el mismo año. Ambas fueron debidas al poder real y ambas estuvieron a cargo de autoridades y personal seglares, aunque también de profesores religiosos. En ellas se estudiaba filosofía, leyes, medicina y teología, y su régimen era parecido al de las universidades españolas. En Chile la primera universidad fue la de San Felipe; en la Argentina, la de Córdoba, y en Colombia, la de Santo Tomás.

Los cabildos intervinieron en la enseñanza media y primaria, especialmente en la última, creando escuelas y nombrando a los maestros. Éstos se reclutaban entre la población local con títulos y sin ellos, a medida que las circunstancias lo permitían. Su enseñanza era muy elemental, reducida a la lectura, la escritura y el cálculo, más la doctrina cristiana. En general, estas escuelas eran en la época muy pobres. Las de gramática y latinidad se orientaban conforme a las ideas de la Metrópoli en un sentido muy restringido, limitándose a las humanidades elementales y sin ninguna enseñanza de carácter realista.

En el sentido de la educación civil hay que mencionar también la primera legislación escolar de América, constituida por la *Ordenanza de los Maestros del Nobilísimo Arte de leer, escribir y cantar*, aprobada en 1600, por el Virrey de México, conde de Monterrey [1]. Esta Ordenanza estaba inspirada en las cédulas españolas de Enrique II y los Reyes Católicos, y en ella se trataba de las condiciones y privilegios de los maestros.

6. LA EDUCACIÓN EN LA AMÉRICA BRITÁNICA

Influidos por las ideas religiosas puritanas y calvinistas, los emigrantes a las colonias británicas de América (las que después fueron los Estados Unidos), implantaron allí la educación, al prin-

---

[1] Véase F. Larroyo, *Historia comparada de la educación en México*.

cipio con carácter voluntario, particular, pero al poco tiempo con carácter público, diferenciándose en esto de la educación inglesa del tiempo. En general, las instituciones educativas británicas se fundaron después de las hispánicas debido al retraso de su colonización. Las primeras escuelas primarias que se registran son de 1633; la primera escuela latina, la de Boston, de 1625, y el primer colegio universitario, el de Harvard, de 1636. Todas estas instituciones eran particulares. Pero pronto se reconoció la necesidad de completar la acción privada con la intervención de las autoridades públicas, primero municipales y después estaduales, y comenzaron a dictarse leyes y ordenanzas escolares sobre todo en los territorios de Nueva Inglaterra.

En este sentido, la primera ley escolar norteamericana es la de la colonia de Massachussets, de 1642, inspirada en las leyes de pobres de Inglaterra, aunque con un carácter más riguroso y comprendiendo en ella el conocimiento de "las leyes del país", es decir, un comienzo de educación cívica. Más importante es la ley de la misma Colonia, de 1647, en la que se ordena que en todo lugar de más de 50 vecinos se nombre a un vecino para enseñar a leer y escribir y que en todo el que llegue a 100 vecinos se cree una escuela de gramática, ampliando así la educación pública a la enseñanza secundaria.

Estas primeras disposiciones se extendieron poco a poco a las demás colonias inglesas de América del Norte, organizándose unas veces en el tipo de escuelas parroquial, otras municipal y otras privada. Pero en todas ellas con el deseo de generalizar la educación sobre una base democrática y con inspiración religiosa.

Según G. H. Martin, los principios en que se basaba esta primitiva legislación educativa norteamericana son: 1º La educación universal es esencial al bienestar del Estado; 2º La obligación de proveer esta educación corresponde primariamente a los padres. 3º El Estado tiene derecho a hacer cumplir esta obligación. 4º El Estado puede fijar un nivel que determine el género de educación y su cantidad mínima. 5º Pueden utilizarse fondos públicos, obtenidos por impuestos generales, para dar tal educación, cuando el Estado lo requiera [1].

---

[1] Citado por Cubberley. *The history of education.*

CAPÍTULO XIII

LA PEDAGOGÍA EN EL SIGLO XVII

Como ya se ha indicado, la pedagogía de esta época está influida por las dos grandes corirentes filosóficas que surgen en ella: la empírica, representada principalmente por Bacon, y la idealista, fundada por Descartes. Ninguno de ambos escribe directamente sobre educación, pero sus ideas repercuten grandemente en ella. A estas corrientes hay que añadir el efecto del movimiento científico, naturalista y crítico que parte del Renacimiento, con los nombres de Galileo y Keplero, principalmente.

Bacon (1561-1626) considera que el conocimiento procede de la experiencia, de las percepciones sensibles, por lo cual hay que partir del estudio de la naturaleza, del conocimiento de las cosas. Para esto hay que emplear el método inductivo por el cual se agrupan los hechos particulares, se experimentan y comprueban para llegar a los conceptos generales, es decir, al conocimiento.

Descartes (1596-16b9) parte de la duda metódica, de poner en cuestión las ideas recibidas. Afirma en cambio la sustantividad del yo y de la razón frente al mundo exterior. Lo decisivo para el conocimiento son las ideas, no las cosas; el ser pensante, no el mundo exterior. Su influencia en la pedagogía del tiempo se debe sobre todo a sus ideas sobre el método, que llegan a constituir una de las bases de la nueva didáctica.

1. LA PEDAGOGÍA REALISTA: RATKE

Empirismo e idealismo, aunque contradictorios en apariencia, se complementan en la educación y dan lugar a la pedagogía *realista*, que caracteriza a esta época y que está representada por personalidades tan salientes como las de Ratke, Comenio y Locke. Esta pedagogía trata de sustituir el conocimiento verbalista anterior por el de las cosas o mejor por el de sus representaciones. Aspira a crear una nueva didáctica, dando normas para el empleo del método en la educación conforme a ciertas reglas. Asimismo atiende a la individualidad del educando con más insistencia que las épocas anteriores. Finalmente, en el orden moral y social cultiva el espíritu de tolerancia, de respeto a la personalidad y la fraternidad entre los hombres.

El primero de los innovadores realistas fue *Wolfgang Ratke* (1571-1635), que trató de llevar a la educación, teórica y prácticamente, las ideas de Bacon. Esto lo hizo en varios proyectos presentados primero a los príncipes de los Estados alemanes y a varias ciudades y después a la Dieta imperial alemana en un *Memorial,* de 1612. En él decía que su nuevo método seguía las leyes de la naturaleza y pedía que la lengua materna alemana fuera la base de la enseñanza, y que el latín y el griego se enseñaran conforme a su método, con lo cual se facilitaría su aprendizaje. Sin embargo, su escrito principal fue el trabajo presentado al príncipe Luis de Anhalt-Cöthen en 1618 con motivo de la escuela allí fundada por él, y que tenía un carácter experimental interesante, aunque fracasó por falta de espíritu organizador de Ratke y por sus excesivas pretensiones respecto a sus resultados. En aquel escrito, revisado en 1629, exponía las ideas en que se apoyaba su método, las principales de las cuales son: 1º Que el método ha de seguir a la naturaleza, yendo de lo simple y sencillo a lo complicado y superior, y de lo fácil a lo difícil. 2º No debe aprenderse más que una cosa a la vez y no pasar a otra hasta haberla comprendido por completo. 3º Debe repetirse lo aprendido. 4º Todo debe enseñarse primero en la lengua materna, y después pasar a las lenguas extranjeras. 5º Debe aprenderse gustosamente sin coacción por el maestro. 6º No deben imponerse reglas y menos aprenderlas de memoria, sino obtenerlas por sí mismos o de buenos autores. 7º Primero la cosa misma, después los nombres de las cosas. 2º Todo debe aprenderse por experiencia e inducción. 9º El maestro debe sólo instruir; la disciplina es cosa de los "scholarchen". 10º Deben marchar de acuerdo la disciplina escolar y la doméstica.

Estas ideas constituyen las bases del método de Ratke. En general, éste como todos los educadores de su tiempo se hallan en la mitad del camino entre el realismo y el verbalismo: para ellos lo esencial son los idiomas, las palabras; las cosas son más bien medios para conocerlas mejor. A Comenio estaba reservado llevar a su mayor desarrollo la educación realista, empirista; Ratke fue más bien el precursor o iniciador. Pero influyó además grandemente en la educación pública de su tiempo por su efecto sobre las Ordenanzas del Estado de Weimar de 1619 que hemos indicado y de otros Estados y educadores alemanes.

2. COMENIO

El más grande educador y pedagogo del siglo XVII y uno de los más grandes de la historia, *Juan Amós Comenio,* nació en Nivnitz (Moravia) en 1592, de una familia perteneciente a la comunidad religiosa evangélica de los Hermanos Moravos. Huérfano muy pronto de padre, su educación quedó abandonada hasta los dieciséis años en que pudo asistir a la escuela de latín de Prerau. En 1611 ingresó en la Universidad de Herborn y en 1613 pasó a la de Heidelberg. Entonces conoció las ideas de Bacon y Ratke, que tanta influencia ejercieron sobre él.

Vuelto a su patria, se encargó en 1614 de la escuela de Prerau, en la que emprendió pronto una serie de reformas conforme a las ideas de Ratke. Nombrado en 1618 pastor y director de la escuela de Fulnek, la guerra de los Treinta Años puso término a su actividad en 1621. Huyendo de los horrores de esta guerra, se vió obligado a peregrinar de un lugar a otro, hasta que en 1628 encontró un asilo en Lissa (Polonia). Allí pudo entregarse por completo a su actividad educativa y pedagógica, enseñando en la escuela de la ciudad y escribiendo algunas de sus obras principales, tales com su *Janua Linguarum* (Puerta de las lenguas) y su famosa *Didáctica Magna.* Sus trabajos llamaron la atención del mundo de su tiempo, hasta el punto de que el Parlamento inglés le invitó en 1641 a ir a Londres a aplicar sus ideas, pero las dificultades del momento impidieron su realización. En cambio, realizó otro viaje a Suecia, donde se puso en relación con el Canciller Oxentierna, quien le invitó a escribir varios tratados para facilitar la enseñanza de las lenguas. Allí permaneció hasta 1648, en que se vio obligado a regresar a Lissa.

En 1650 fue invitado por el duque Segismundo para dirigir la escuela de Saros-Patak (Polonia), donde permaneció cuatro años, durante los cuales experimentó sus ideas y publicó otras obras importantes como el *Orbis pictus* (El mundo ilustrado). Nuevas contrariedades le hicieron volver a Lissa, pero tuvo que abandonarla por la guerra entre Suecia y Polonia. Finalmente se dirigió a Amsterdam, donde encontró un asilo como tantos refugiados de Europa; allí publicó en 1657 una edición completa de sus obras y allí falleció a los 78 años, en 1670.

Conmenio ha sido el fundador de la didáctica y en parte de la pedagogía moderna. Pero además ha sido un pensador, un místico, un reformador social, en suma, una personalidad extraordinaria. Su nombre figura a la altura de los de Rousseau, Pestalozzi y Froebel, es decir, de los más grandes de la educación y de la pedagogía.

La pedagogía de Comenio es una conjunción de ideas religiosas y de ideas realistas. Continúa en cierto modo la corriente religiosa de la Reforma y la empirista del Renacimiento. La parte religiosa se refiere más a los fines de la educación y la realista a los medios. El fin de la educación para él es la salvación, la felicidad eterna. Pero esta educación no está encuadrada en una determinada confesión religiosa sino que es una religiosidad extraconfesional, íntima. En realidad, los fines de la vida y por tanto de la educación son para todas las cosas, artes y lenguas; la *virtud* o buenas costumbres, que incluye no sólo las buenas maneras sino el dominio de las pasiones, y la *piedad* o religión, por la que entiende la interna veneración por la cual el alma del hombre se une al Ser supremo.

Asimismo considera como uno de los objetivos de la educación la humanidad; el hombre no puede llegar a ser hombre si no es educado. "Nadie puede creer que es un verdadero hombre a no ser que haya aprendido a formar su hombre". Y esto ha de hacerse pronto, en la infancia. "Para que el hombre pudiese formarse para la humanidad le otorgó Dios los años de la juventud, en los que inhábil para otras cosas, fuera tan sólo apto para su formación". La escuela es para Comenio en una bella frase: "un taller de hombres", para que los hombres se hagan verdaderamente hombres.

Por esto la educación ha de aplicarse a todos. En las escuelas debe admitirse no sólo "a los hijos de los ricos o de los magnates, sino a todos por igual, nobles y plebeyos, ricos y pobres, niños y niñas". Y no sólo esto, sino que han de ser educados conjuntamente en los mismos establecimientos. "Y es de interés para toda República cristiana —dice—, que en toda reunión bien ordenada de hombres (sea ciudad, pueblo o lugar), se abra una escuela *como educatorio común de la juventud*". Con ello Comenio se adelanta a su tiempo y anticipa la idea de la escuela democrática unificada.

Para este fin, divide los años de desarrollo en cuatro períodos: infancia, puericia, adolescencia y juventud, de seis años cada uno. A estos períodos corresponden otros tantos tipos de educación o de escuelas: a la infancia, el regazo materno o la escuela materna; a la puericia, la escuela común; a la adolescencia, la escuela latina o gimnasio, y a la juventud, la academia o universidad. Para Comenio debe haber una escuela materna en cada casa; una escuela pública en cada población, plaza o aldea; en cda ciudad, un gimnasio, y en cada provincia, una academia. Ahora bien, en estas escuelas no se enseñarán materias diferentes, sino las mismas, aunque de modo distinto, es decir, todas las que puedan hacer a los hombres verdaderos hombres. Así en la escuela materna se atenderá principalmente al ejercicio de los sentidos externos; en las comunes, se cultivarán los sentidos internos, la imaginación y la memoria, con sus órganos ejecutivos, la mano y la lengua, leyendo, escribiendo, pintando, cantando, midiendo, pesando, etc.; en el gimnasio, el entendimiento y el juicio, por medio de la dialéctica, gramática y demás ciencias y artes reales, y en las academias, el cultivo del alma por medio de la teología, de la inteligencia por la filosofía, del cuerpo por la medicina y los bienes externos por la jurisprudencia.

Comenio indica un programa detallado de materias y ejercicios para cada una de las instituciones educativas. Por ejemplo, respecto a la escuela común o primaria pide que además de la escritura, la lectura, el cálculo y la medida, los niños aprendan a cantar melodías muy conocidas, los salmos e himnos sagrados, lo más esencial de las Sagradas Escrituras, así como del orden económico y político, lo principal de la cosmografía y lo más general de las artes mecánicas. Es decir, "todo aquello cuya utilidad abarca la vida entera".

La escuela se dividirá en seis clases, estableciendo así un principio de enseñanza graduada. Cada clase tendrá sus libros propios, escritos en la lengua patria, y estarán también graduados. A la enseñanza se dedicarán cuatro horas diarias, dos por la mañana y dos por la tarde; las primeras para los ejercicios más intelectuales y las segundas para los ejercicios de la mano y la palabra. Comenio admite la posibilidad de que se enseñen lenguas extranjeras entre los 10 a 12 años, es decir, entre la escuela común y la latina, adelantándose aquí también a su tiempo, ya que hoy se reconoce esta idea en las escuelas ampliadas.

La principal contribución de Comenio ha sido, como se ha dicho, respecto al método. En él ha seguido la tradición humanista-realista, pero la ha perfeccionado y estructurado de un modo insuperable. Para la enseñanza de las ciencias establece las siguientes nueve reglas metódicas: 1º Debe enseñarse lo que hay que saber. 2º Lo que se enseñe debe enseñarse como cosa presente de uso determinado. 3º Lo que se enseñe, debe enseñarse directamente, sin rodeo alguno. 4º Lo que se enseñe, debe enseñarse tal y como es, a saber, por sus causas. 5º Lo que se ofrece al conocimiento debe presentarse primeramente de un modo general y luego por partes. 6º Deben examinarse todas las partes del objeto, aun las más insignificantes, sin omitir ninguna, con expresión del orden, lugar y enlace que tienen unas con otras. 7º Hay que detenerse en cada cosa hasta comprenderla. 8º Las cosas deben enseñarse sucesivamente, en cada tiempo una sola. 9º Explíquense bien las diferencias de las cosas para obtener un conocimiento claro y evidente de todas.

Respecto a las artes, es decir, a la práctica, también establece una serie de reglas metódicas, a saber: 1º Lo que debe hacerse, debe aprenderse haciéndolo. 2º Siempre debe haber una forma y norma determinadas para lo que debe hacerse. 3º Debe enseñarse el empleo de herramientas con ellas mismas, no con palabras; esto es, con ejemplos mejor que con preceptos. 4º Los ejercicios deben comenzar por los rudimentos, no por los trabajos serios. 5º Los alumnos deben hacer sus ejercicios sobre materias conocidas. 6º La imitación debe ser al principio muy fiel; después ya podrá ser más libre. 7º Debe cuidarse de que la forma de lo que haya de hacerse sea la más perfecta posible. Y así continúa con otras reglas que no es posible enumerar.

Finalmente, respecto a las lenguas establece también varias reglas metódicas, las principales de las cuales son: 1º El estudio de las lenguas debe ir paralelo al conocimiento de las cosas; no deben aprenderse los vocablos separadamente de las cosas. 2º Para formar a la vez el entendimiento y el lenguaje deberán proponerse a los niños cosas infantiles, dejando para la edad adulta lo propio de dicha edad. 3º Toda lengua debe aprenderse más con el uso que por medio de reglas, etc.

Comenio no se limitó a exponer una serie de reglas más o menos teóricas, sino que para su realización compuso una serie de libros destinados a la enseñanza. Entre ellos figura el *Janua linguarum reserata* (La puerta abierta de las lenguas) en el que se une el aprendizaje de las palabras con el conocimiento de los objetos o cosas a que se refieren. En él se presenta 8.000 objetos con otras tantas palabras latinas y con ellas se forman 1.000 oraciones o frases constituyendo una verdadera enciclopedia de los conocimientos humanos. Otra obra esencial de Comenio es su famoso *Orbis Pictus* (El mundo ilustrado) con grabados para hacer intuitiva la enseñanza, y llegar por medio de las impresiones sensibles a los conocimientos generales, es decir, aplicando el método inductivo. Las dos obras, junto con otras menores, llegaron a tener un éxito extraordinario en todo el mundo civilizado. La obra pedagógica esencial de Comenio es sin embargo, su *Didáctica Magna*, a la que hemos seguido en la exposición de sus ideas y que es una obra clásica de la pedagogía, no obstante lo cual permaneció ignorada hasta el siglo XIX [1].

Como hemos dicho, Comenio no es sólo un didáctico o un pedagogo, sino también un pensador y un reformador. Su idea era llegar a la armonía y fraternidad entre los hombres, a la superación de las diferencias políticas y religiosas. Asimismo quería llegar a la unidad de los conocimientos y para ello concibió la idea de una *pansofía y de un colegio universad pansófico*, que no pudo llevar a cabo.

Si nos preguntamos ahora por la significación de Comenio en la historia de la pedagogía, diríamos resumiendo lo ya indicado, que sus principales ideas fueron: 1º La idea del método conforme a la naturaleza, es decir, conforme al desarrollo del hombre. 2º La idea de la escuela para todos, es decir, de la escuela unificada. 3º La idea de la graduación y continuidad de la educación en forma unitaria desde la escuela materna a la universidad. En cambio se le podría objetar a Comenio: 1º Su uso de una terminología mística abstracta, que dificulta la comprensión de sus ideas. 2º El carácter aún verbalista que conserva en ciertos aspectos de la enseñanza, como el uso de imágenes en vez de cosas y el emp'eo de los libros en vez de la realidad. 3º La importancia excesiva que da al método y la poca a la acción del educador, del maestro. Pero estos inconvenientes, producto de su tiempo, quedan más que sobrepasados por sus méritos, que hacen de Comenio uno de los más grandes educadores de la humanidad.

3. LOCKE

Pertenece *John Locke* a la corriente del empirismo inglés que arranca de Bacon; pero en la pedagogía ocupa un lugar especial y sobresaliente que le presta personalidad propia. En ella se destaca más que por sus ideas filosóficas relativas al conocimiento, por su concepción psicológica y moral. En este sentido, más que un empirista es, como veremos después, un moralista, es decir, que da más

- Comenio, *Didáctica Mayor*. Madrid, E. Reus, 1922.

importancia en la educación a la conducta y a la ética que a la inteligencia y al conocimiento.

Nacido en 1632, estudió en el Colegio de Winchester, una de las grandes *public schools* inglesas, y después en la Universidad de Oxford, dedicándose al estudio de la medicina, la filosofía y las ciencias naturales y conociendo entonces la filosofía de Descartes y Bacon. Fue más tarde secretario y consejero de Lord Ashley, luego conde de Shaftesbury, y educador de su hijo y nieto. Siguiendo a aquél tuvo que emigrar a Holanda por las circunstancias políticas de Inglaterra. El cambio de éstas le permitió volver a su país, donde se entregó a sus trabajos y estudios filosóficos y pedagógicos. Aunque de constitución débil, vivió hasta los 72 años, falleciendo en 1704.

John Locke no sólo se ha distinguido por sus ideas filosóficas sino también por su concepción política. En este sentido se le considera como el padre del liberalismo moderno e inspirador de las ideas que sirvieron de base a la Constitución política de Francia y de los Estados Unidos. En pedagogía ocupa un lugar destacado tanto por sus ideas como por la influencia que ejerció sobre Rousseau y a través de él en toda la pedagogía moderna. Su obra essencial pedagógica, con sus *Pensamientos sobre educación* ("Some thoughts on education") escritos en 1692. Mas para comprender su posición general filosófica hay que acudir a su obra capital, el *Ensayo sobre el entendimiento humano* (1690). Allí se hallan los supuestos de su pedagogía, sobre todo en lo que se refiere a la educación intelectual. Locke sin embargo no ha sido sólo un pedagogo teórico, sino también un educador, como preceptor y como consejero de educación de sus amigos.

En la pedagogía de Locke, como en toda teoría de la educación, hay partes circunstanciales, históricas y partes esenciales, de valor permanente. Entre aquéllas figura la que se refiere a la educación del gentleman, del caballero del siglo XVII, que no tiene sentido para nuestro tiempo; en cambio, sí lo tiene todo lo que se refiere a la educación de la individualidad, de la personalidad humana. En este sentido, hay que advertir que Locke es uno de los primeros que concibe a la educación en una forma total, integral, atendiendo por igual a la vida física que a la intelectual y moral. Y se da el caso paradójico que siendo Locke uno de los más altos representantes de la concepción intelectual, subordina ésta a las demás partes de la vida humana, sobre todo a la moral.

Aunque comienza en el Renacimiento la rehabilitación de la

educación física. que se había perdido en la Edad Media Locke es el primero que le da toda la importancia que se merece. Su obra [1] comienza precisamente con la máxima de Juvenal *Mens sana in corpore sano,* y a la salud corporal dedica gran parte de su libro. A ello le movieron sin duda sus conocimientos médicos, y quizá su misma debilidad corporal. Aparte de las medidas que recomienda para la educación física, y que se refieren a la alimentación, vestido, ejercicio, comida, etc., hay que recordar su concepción del "endurecimiento", de someter a los niños y jóvenes a un género de vida riguroso que les impida caer en una vida muelle y afeminada, y para que el cuerpo pueda obedecer fácilmente las órdenes del espíritu.

Respecto a la educación de éste, del espíritu, Locke insiste en la necesidad de comenzarla pronto ya que de las primeras impresiones depende la vida ulterior. Para Locke, en efecto, el alma es como una *tabula rasa,* como una tabla lisa, en la que no hay nada escrito. No existen pues ideas innatas, sino que todo conocimiento empieza con la experiencia. Así las primeras impresiones y la educación adquieren un valor extraordinario. Por ello: "Las diferencias que se encuentran en las aptitudes y costumbres de los hombres son debidas a su educación más que a ninguna otra cosa". Pero en la educación, lo decisivo según Locke es la preparación para la virtud, la formación moral, la cual consiste en primer lugar en el dominio de las pasiones, en someter los impulsos a la razón. Esto no debe hacerse con recomendaciones y preceptos sino con la práctica, con la formación de hábitos por medio del ejercicio. "Lo que creáis necesario que hagan los niños, debéis enseñar a hacerlo mediante una práctica constante, siempre que la ocasión se presente y aun si es posible haciendo surgir las ocasiones". Ahora bien, estos hábitos hay que implantarlos no imponiendo los actos a los niños, sino haciendo que los realicen espontáneamente, gustosamente, aun cuando a veces hayan de hacerlo de un modo forzado. Hay que empezar pues, por el juego, y convertir éste poco a poco en trabajo. En este sentido, Locke es uno de los primeros representantes de la educación activa.

De la educación intelectual, de la instrucción, se ocupa Locke en la última parte de su obra: "La lectura, la escritura, la instrucción todo lo creo necesario, pero no creo que sea la parte principal de la educación". Lo importante, como hemos dicho, es la moral, las costumbres. En la instrucción, estudia Locke la lectura, la escri-

---

[1] Locke, *Algunos pensamientos sobre educación,* Madrid, La Lectura.

tura, el dibujo, el latín, las lenguas extranjeras, la geografía, la historia y las ciencias. Es interesante observar que aun refiriéndose a la educación del *gentleman*, del caballero, Locke quiere que su alumno conozca un oficio manual, basándose precisamente en las ideas de la educación activa, del impulso de actividad de los niños. Asimismo recomienda otras actividades como la pintura, la música, la esgrima, el baile, etc.

Locke da mucha importancia, y con razón, a las buenas maneras, hoy tan poco atendidas en la educación. Por ellas entiende no sólo la urbanidad, sino en general la conducta social entera, la conversación, la atención a los demás, la tolerancia, etc. "No son solamente maneras pulidas —dice— lo que se adquiere en la sociedad de los hombres; la tintura que da la compañía no queda en la superficie; ahonda más y quizá si considerásemos bien las costumbres y las religiones del mundo, reconoceríamos que la mayor parte de los hombres tienen estas opiniones y estos ritos, por los cuales están dispuestos a dar la vida, más bien por la costumbre de su país y por la práctica constante de sus conciudadanos que por una convicción razonada".

Locke realza especialmente el papel de la psicología en la educación. En este sentido insiste en la necesidad de conocer el carácter de los niños. "Comenzad desde muy temprano —dice— a observar el temperamento de vuestro hijo; y esto cuando más abandonado esté a sí mismo, en sus juegos y cuando se crea lejos de vuestra vista". Y más adelante advierte: "Si observáis atentamente el carácter del niño en las primeras acciones de su vida, podréis luego adivinar de qué lado se inclinan sus pensamientos, cuáles son sus puntos de vista, incluso, cuando más tarde, convertido ya en hombre, cubra sus designos un espeso velo, y sepa emplear para conseguirlos, una gran variedad de medios".

Finalmente, Locke, siguiendo la tradición de Vives y los humanistas, hace un análisis muy fino de las condiciones que debe reunir el educador y, en particular, el preceptor. Éste ha de ser, ante todo, un hombre de buenas costumbres e instruido, un hombre bien educado, pero además, debe conocer el mundo, las costumbres, los gustos y defectos de su época, y sobre todo a los hombres de su pueblo. Ha de preparar al joven, como dice Séneca, no para la erudición, sino para la vida. Para ello hay que retribuir mejor a los educadores. Y recomienda que se economice en las cosas superfluas y en cambio que se gaste en obtener una buena educación.

En Locke, sin embargo de sus aciertos educativos, hay algunas ideas que nos parecen hoy poco recomendables, y que son naturalmente fruto de su tiempo. Entre ellas figura en primer lugar su concepción aristocrática de la educación, que le lleva a preferir la educación privada, doméstica, por medio de un preceptor, a la educación en la escuela pública. Tampoco se encuentra en Locke un sistema de educación intelectual basado en las ideas empiristas que caracterizan a su filosofía, y que Ratke y Comenio expusieron tan brillantemente. Sin embargo, su obra, aunque parcial en este sentido, tuvo una repercusión extraordinaria en otros aspectos, hasta dar lugar, como hemos dicho, a la corriente naturalista en la educación, que representa Rousseau principalmente.

4. LA PEDAGOGÍA FEMENINA: FENELÓN

La educación de la mujer no había sido muy atendida en las épocas de la Reforma y la Contrarreforma; ambas se habían preocupado esencialmente de la educación de los muchachos. Existían sin embargo algunos antecedentes humanistas en la educación de la mujer representados por Erasmo y Vives. Éste escribió *La educación de la mujer cristiana*, en la que pedía que no limitara su cultura al conocimiento de las primeras letras y a las faenas domésticas, sino que debiera también estudiar las letras clásicas, la retórica, la gramática y la poesía, permitiéndole la lectura de las obras de Platón, Cicerón, Séneca y Plutarco.

En el sentido humanista trata la educación femenina *Fenelón* (Francisco de Salignac de la Motte-Fenelón), quien vivió en 1651 a 1715. Fenelón se ocupó de la educación no sólo teóricamente, sino también prácticamente. En efecto, fué primero director de un colegio de muchachas, las *Nouvelles Catholiques*, para convertir a las jóvenes protestantes a la fe católica; después fue preceptor del duque de Borgoña, nieto de Luis XVI, con quien tuvo un gran éxito como educador. Los escritos pedagógicos de Fenelón son de dos clases: unos dedicados a la educación de este príncipe, entre los cuales se encuentra su conocido *Telémaco*, impregnado de cultura clásica, y otro dedicado a la educación femenina, con el título de *La educación de las niñas*, compuesto a instancias de los duques de Beauvilliers para la educación de sus hijas. En este tratado, Fenelón, siguiendo la tradición humanista católica, critica la educación monástica por insuficiente y propugna una instrucción general de la mujer, sin olvidar sus deberes maternales y domésticos. Esa educación debe comprender la lectura, la escritura y la gramática, la poesía y la historia, con la lectura de algunas obras clásicas y desde luego también religiosas. Lo más interesante de Fenelón en este sentido en su insistencia en que esta educación sea atractiva y que se comience desde la primra infancia. "Cuanto menos se haga en forma de lecciones —dice— tanto mejor". "Hay que mezclar la instrucción con el juego" [1]. Fenelón recomienda la instrucción incidental y directa por medio de fábulas, historias, etc. En suma, Fenelón trata de hacer de la educación una obra de gusto más que de esfuerzo. Sus obras influyeron grandemente en la educación francesa.

---

[1] Fenelón, *La educación de las niñas*. Madrid, Espasa Calpe.

CAPÍTULO XIV

LA EDUCACIÓN EN EL SIGLO XVIII

El siglo xviii es el siglo pedagógico por excelencia. En él la educación ocupa el primer plano de las preocupaciones de los reyes, de los pensadores y de los políticos. En él surgen dos de las figuras mayores de la pedagogía y la educación: Rousseau y Pestalozzi. Y en él se desarrolla la educación pública estatal y se inicia la educación nacional.

Filosóficamente, es el "siglo de las luces", de la "Ilustración", de la "Aufklärung". En este movimiento aparecen mezcladas las ideas del sensualismo y del idealismo, del empirismo y del racionalismo de siglos anteriores. Los pensadores de este movimiento no son grandes filósofos originales como los del siglo anterior, Descartes, Leibnitz o Locke, ni como los que vendrán después, Kant, Fichte o Hegel; son más bien divulgadores que exponen las ideas literaria y didácticamente. Su expresión se encuentra en los "enciclopedistas", tales como Diderot, d'Alambert, Voltaire y otros muchos. Todos ellos coinciden en reconocer la supremacía de la razón.

Políticamente, es en su primera parte la época del absolutismo y más concretamente del "despotismo ilustrado" que desea el bien del pueblo pero sin el pueblo. Es la época de los reyes amantes de la ilustración, como Federico el Grande de Prusia, Catalina de Rusia, María Teresa de Austria y Carlos III de España. Y en su segunda parte es la época de la Revolución francesa, que cambia esencialmente el giro de la historia, con el acceso del pueblo al gobierno, y de la difusión en Europa del régimen parlamentario que había comenzado en Inglaterra.

Pedagógicamente, es el signo de la instrucción sensorialista y racionalista, del naturalismo y del idealismo en la educación, así como de la educación individual y la educación nacional. En él se desarrolla así un movimiento dialéctico, de tensiones y oposiciones que se resuelven en el reconocimiento de la plena personalidad.

de la educación integral, cabal, humana, representada esencialmente por la pedagogía de Pestalozzi.

Ernst Cassirer ha caracterizado a este siglo diciendo: "El siglo XVIII está saturado de la creencia en la unidad e invariabilidad de la razón. Ésta es la misma para todos los sujetos pensantes, para todas las naciones, para todas las épocas, para todas las culturas"[1]. Por su parte, Jonas Cohn dice que "representa la vuelta del hombre a este mundo, a la plenitud del pensar, actuar y conocer; el optimismo afectivo, que está convencido de que puede producir un mundo mejor mediante la educación de las generaciones jóvenes".[2]. Finalmente Paul Hazard, hablando de los hombres de esta época, que empezaron por destruir la concepción religiosa de la vida, advierte: "Estos audaces también reconstruirían; la luz de su razón disiparía las grandes masas de sombra de que estaba cubierta la tierra; volverían a encontrar el plan de la naturaleza y sólo tendrían que seguirle para recobrar la felicidad perdida... Para impedir a sus hijos recaer en los errores antiguos darían nuevos principios a la educación. Entonces el cielo bajaría a la tierra"[3].

Sintetizando, podríamos decir que en la educación del siglo XVIII se observan los siguientes movimientos:

1º El desarrollo de la educación estatal, de la educación del Estado, con una mayor participación de las autoridades oficiales en la enseñanza.

2º El comienzo de la educación nacional, de la educación del pueblo por el pueblo o por sus representantes políticos.

3º El principio de la educación universal, gratuita y obligatoria en el grado de la escuela primaria, que queda establecida en sus líneas generales.

4º La iniciación del laicismo en la enseñanza con la sustitución de la enseñanza religiosa por la instrucción moral y cívica.

5º La organización de la instrucción pública como una unidad orgánica, desde la escuela primaria a la universidad.

6º La acentuación del espíritu cosmopolita, universalista que une a los pensadores y educadores de todos los países.

[1] E. Cassirer, *Filosofía de la ilustración*, México, Fondo de Cultura Económica.
[2] Jonas Cohn, *Die Pädagogik der Aufklärung*, en el "Handbuch der Pädagogik" de Nohl y Pallat.
[3] Paul Hazard, *El pensamiento europeo en el siglo* XVIII, Madrid, Revista de Occidente.

7º Sobre todo, la primacía de la razón, la creencia en el poder racional en la vida de los individuos y de los pueblos.

8º Al mismo tiempo, el reconocimiento de la naturaleza y de la intuición en la educación.

1. LA EDUCACIÓN ESTATAL

El movimiento de secularización de la enseñanza que había comenzado en los siglos anteriores llega ahora a una gran altura con la creciente intervención del Estado en la educación, hasta el punto de convertirse en una función esencial suya, dando lugar a lo que hemos llamado la educación pública estatal, es decir, la educación subordinada a los fines del Estado [1].

La tendencia estatista en la educación se desarrolla principalmente en Alemania, y particularmente en Prusia, que en este siglo desempeña ya un papel de gran importancia en la historia europea. Esa tendencia comienza con el rey Federico Guillermo I, llamado el Rey Sargento, por ser el creador del fuerte ejército prusiano y con su sucesor, Federico II, llamado el Grande, por el poder que con él alcanza su Estado. El primero estuvo inspirado principalmente por las ideas religiosas pietistas; el segundo, por las ideas racionalistas de la *Aufklärung*. Pero ambos coincidieron en reconocer a la educación como una función del Estado, no con fines pedagógicos, naturalmente, sino puramente políticos en vista del engrandecimiento del Estado y de la necesidad de contar con súbditos dóciles, buenos soldados y funcionarios idóneos.

Federico Guillermo I (1668-1740) es el autor del Decreto de 1717 por el cual se aplica por primera vez en un gran Estado el principio de la obligación escolar, al disponer "que en lo futuro en todos los lugares donde existan escuelas, los padres deben ser obligados, bajo riguroso castigo, a enviar sus hijos a ellas, mediante el pago de dos *dreier* como retribución escolar a la semana, asistiendo diariamente en invierno y una o dos veces a la semana en verano para que no olviden completamente lo que han aprendido en invierno". El mismo decreto se interesa también por la formación de los maestros al disponer que los superintendentes deben "ocuparse de la preparación de buenos maestros de escuela, bien por sí mismos, bien bajo su dirección por comisiones escolares aptas

---

[1] Véase L. Luzuriaga, *Historia de la educación pública*.

y estudiosos piadosos". Esta idea, inspirada en la pedagogía pietista de Francke, tiene su realización en los Seminarios de maestros creados en 1732 y 1748 en varias ciudades alemanas y que son las primeras Escuelas Normales de Estado de Europa.

El mismo rey dictó una medida de gran importancia administrativa, los *Principios regulativos* o *Plan general de Escuelas*, de 1736, en la que se organizaba la vida de las escuelas conforme a los principios estatales, pero sostenidas por las parroquias y las sociedades escolares creadas al efecto. Asimismo organizó una fundación con 500.000 *thalers* para conceder subvenciones a las localidades que no pudieran sostener bien sus escuelas. Finalmente reguló por primera vez el funcionamiento de la enseñanza privada sometiéndola a la inspección del Estado.

Federico II (1712-1786) sigue la tradición de su antecesor, pero con otro espíritu, inspirado en las ideas "filantrópicas" de Basedow, un discípulo de Rousseau, del que hablaremos después. Ahora se realiza la completa secularización de la educación, haciéndola independiente de la iglesia, aunque conservando la enseñanza religiosa en ella. Su inspirador inmediato fue el ministro *Baron von Zedlitz* (1731-1793), uno de los más ilustres estadistas de la época, quien escribió una obra importante: *Proyecto para la mejora de la educación pública*, en la que pide la reforma de las escuelas y los maestros. A aquél se debe también la creación de un tipo nuevo de escuela, la *Bürgerschule* o escuela media y sobre todo la publicación de la ley más importante para el afianzamiento de la educación pública, el *Allgemeines Landrecht*.

Orientado en el sentido estatista, Federico II publica el "Reglamento general nacional escolar" *(General-Land-Schulreglement)* de 1763 en el cual se impone la obligación escolar para todos los niños comprendidos entre los 5 y los 13 ó 14 años; considera la asistencia a las escuelas, reorganiza la vida de éstas y hace obligatoria la preparación de los maestros, al disponer que ninguno podrá enseñar sin poseer el título correspondiente; con este fin dispone la creación de seis escuelas normales provinciales.

La obra capital de este período es sin embargo el citado *Allgemeines Landrecht*. Código general civil, de 1794, que aunque publicado en el reinado posterior de Federico Guillermo II, es obra de Zedlitz y de Federico el Grande. En él se hacen estas afirmaciones decisivas en el sentido estatista: "Las escuelas y universidades son instituciones del Estado, que tienen por fin la instrucción de la juventud en los conocimientos útiles y científicos. Todas las instituciones escolares y de educación, públicas y privadas, están sometidas a la inspección del Estado, y se hallan sujetas en todo tiempo a los exámenes y visitas de inspección del mismo... A nadie puede ser negada la entrada en la escuela pública a causa de la diferencia de confesiones religiosas... Los niños que deban ser educados, por las leyes del Estado, en otra religión que la enseñada en la escuela pública, no pueden ser obligados a asistir a la enseñanza religiosa de aquélla".

Así queda establecida por primera vez en la legislación nacional la escuela del Estado por encima de las divergencias religiosas. Esta misma idea se afirma en una disposición de 1799, al reorganizarse la autoridad escolar de Berlín, disponiendo: "Que las escuelas públicas se habían de considerar como institutos del Estado, y no como establecimientos de las diversas confesiones, y que por esto sería de desear que en las escuelas se limitara la enseñanza religiosa a las verdades generales de la religión y a la doctrina moral común a todos los partidos eclesiásticos, y que la enseñanza confesional especial se entregara a los predicadores en la preparación de los catecúmenos".

La educación pública no comienza propiamente en Francia sino en este siglo XVIII. Hasta entonces la educación había estado en manos de las congregaciones religiosas, con un carácter muy restringido. De ellas las dos más importantes eran, como hemos dicho, la Compañía de Jesús para la enseñanza secundaria y los Hermanos de las Escuelas Cristianas para la enseñanza popular primaria.

El motivo para el comienzo de la educación pública estatal en Francia fue la supresión de la Compañía de Jesús en 1762. Ésta había llegado a absorber la enseñanza secundaria y superior, y contra ella se habían levantado muchas protestas en diferentes sectores del reino. Según Compayré los parlamentos provinciales de Francia "denunciaban la formidable organización de una Compañía que, bajo pretexto de servir al Papa, pretendía regentear al mundo; que acaparaba la religión, de la que hacía cosa propia; que gobernaba a los reyes por los confesores que les daba, cuando no los suprimía por la mano de algún fanático; que sustituía la idea de patria por una especie de cosmopolitismo religioso". etc. [1]. Eran pues móviles principalmente políticos inspirados en el interés del Estado y la so-

[1] G. Compayré, *Histoire critique des doctrines de l'éducation en France.*

ciedad civil. Pero no faltaban tampoco las razones pedagógicas para la petición de la supresión de la Compañía. Entre ellas figuraban principalmente la inmovilidad de sus principios respecto a todas las exigencias que sugerían a los hombres de la época el progreso de las ideas y de las ciencias.

El hombre más representativo de este tiempo para el desarrollo de la idea de la educación pública en Francia, fue el procurador general en el Parlamento de Bretaña, *La Chalotais* (1701-1783), quien además de contribuir a la supresión de los jesuitas, es el autor de una memoria que publicó en 1763 con el título de *Ensayo de educación nacional,* que es la primera de este género en Francia y que fue acogida con gran entusiasmo por hombres como Voltaire, Diderot y Turgot. De ellas nos ocuparemos después al tratar de la pedagogía de este siglo.

Aparte de La Chalotais, hay que contar en Francia como defensor de la enseñanza pública al presidente del Parlamento de París, *Rolland d'Erceville* (1734-1793), quien en 1763 presentó a aquél un Informe, en el que después de atacar también a la enseñanza de las órdenes religiosas, expone su sistema de educación pública, de carácter más técnico y profesional que el de La Chalotais. Pide también que se atienda a la formación de los maestros en una "maison d'institution" en la que se enseñara, además de las materias ordinarias de estudio, la teoría y la práctica de educación pública, propone la creación de un *Director superior de educación,* miembro del Consejo del rey, encargado de la administración y dirección de la enseñanza, como una especie de ministro de Instrucción Pública.

Otra personalidad importante en este sentido de la creación de un sistema de educación pública es el gran economista *Turgot* (1727-1778), quien presenta en 1775 un Memorial al rey en el que se exponen ideas parecidas y pide la creación de un Consejo de Instrucción nacional que dirigiera las universidades, los colegios y las escuelas según principios uniformes y sobre todo con "vistas nacionales y públicas".

En el mismo sentido se expresan otros pensadores de gran significación de la cultura francesa. Entre ellos se encuentra la gran figura de *Montesquieu* (1689-1775), quien se ocupa de la educación pública en su obra maestra *Del espíritu de las leyes,* en la que afirma que: "En el gobierno republicano es en el que se tiene necesidad de todo el poder de la educación ya que es necesario que la virtud y la ciencia se divulguen, entendiendo por virtud el amor a las leyes y siendo para ello necesaria la libertad". Otro gran defensor de la educación pública en el sentido estatal es el enciclopedista *Diderot* (1713-1784), quien en 1762 redactó para Catalina II de Rusia unos *Planes y estatutos de los diferentes establecimientos ordenados por Catalina II para la educación de la juventud*, en los que pide la enseñanza organizada por el Estado, la creación de escuelas y el nombramiento de un director general, *gran maître*, al frente de la enseñanza. Finalmente, el autor del *Emilio*, y el principal inspirador de la orientación individualista en la pedagogía. *Rousseau* (1712-1778), es autor también de ideas sobre la educación pública expuestas en sus *Consideraciones sobre el gobierno de Polonia*, escritas en 1772. En ellas se dice: "La educación es la que debe dar a las almas la forma nacional y dirigir de tal modo sus opiniones y gustos, que sean patriotas por inclinación, por pasión, por necesidad".

2. LA EDUCACIÓN NACIONAL

A fines del siglo XVIII la educación europea sufre un cambio radical con la Revolución francesa. La transformación política que ésta introduce hace que la educación *estatal*, la educación del *súbdito*, propia de la monarquía absoluta y del despotismo ilustrado, se convierta en educación *nacional*, en la educación del *ciudadano*, que ha de participar en el gobierno de su país. Aquélla era la educación para la obediencia; ésta la educación para la libertad; aquélla tenía un carácter intelectual e instrumental; ésta un carácter cívico y patriótico; aquélla se cumplía como un deber impuesto; ésta se exige como un derecho, como uno de los derechos del hombre y del ciudadano.

La educación nacional comienza en Francia, pero poco después se extiende a todo el mundo civilizado, Europa y América. La Revolución francesa deja en efecto asentadas las bases de la nueva educación, aunque no pudo llevarla a la realidad por su corta duración —diez años— y por las dificultades políticas exteriores e interiores.

El movimiento hacia una educación nacional había comenzado ya antes con los escritos de los pensadores liberales mencionados, y sobre todo con el trabajo de La Chalotais *Ensayo de educación nacional*, de 1763, ya citado. Pero fue sobre todo en los Estados generales, de 1789, en los que los representantes de los tres estados —iglesia, nobleza y burguesía— presentan claramente el problema, al censurar acremente la educación existente de las órdenes religiosas y al pedir la creación de una educación pública nacional.

Después, la educación aparece tratada en los tres momentos esenciales de la Revolución francesa: la Asamblea Constituyente, la Asamblea Legislativa y la Convención. No podemos entrar en los pormenores de cada una de esas manifestaciones políticas, que ya hemos tratado en otra parte [1]; sólo vamos a recordar sus rasgos más esenciales.

En la *Asamblea Constituyente* (1789-1791) intervinieron principalmente dos de sus más grandes personalidades, *Mirabeau* y *Talleyrand*, con sendos proyectos de reforma; ambos estaban inspirados por el mismo espíritu de libertad en la educación pública, y sus proyectos y discursos constituyen un momento de transición del antiguo régimen no intervencionista al nuevo de dirección del Estado e la enseñanza. Aunque piden la extensión de la educación a todos los ciudadanos, no exigen ni su obligatoriedad ni su gratuidad características de la educación nacional.

En la *Asamblea Legislativa* (1791-1793), la educación nacional llega a su punto más alto con el proyecto de *Condorcet* (1743-1794). El eminente científico, filósofo y político es autor de un célebre *Rapport y proyecto de decreto* que presentó a la Asamblea en abril de 1792, y que aunque no llegó a discutirse ha quedado como punto de orientación y referencia en el desarrollo ulterior de la educación pública y de la política pedagógica. De él nos ocupamos después al tratar de la pedagogía de la época.

En la *Convención* (1792-1795) que se celebró en medio de las guerras civiles y de las convulsiones internas más crueles, se discutieron diferentes proyectos y se aprobaron importantes reformas. Entre ellos deben destacarse los de *Lakanal* (1762-1845) que acentúa la intervención del Estado en la educación, pidiendo la creación de una Comisión central de instrucción y la de *escuelas nacionales;* el de *Lepelletier* de carácter utópico, y el de *Danou,* que representa un retroceso en ciertos aspectos.

Si nos preguntamos ahora por las ideas básicas que orientaron a la Revolución francesa y que dieron origen a la educación nacional, podemos sintetizarlas en la forma siguiente:

1º La orientación cívica y patriótica, inspirada en principios democráticos y de libertad.

---

[1] L. Luzuriaga, *Historia de la educación pública.*

2⁹ La educación como función del Estado, independiente de la Iglesia.

3⁹ La obligación escolar para la totalidad de los niños.

4⁹ La gratiudad de la enseñanza primaria correspondiente al principio de la obligatoriedad.

5⁹ El principio de laicismo o de la neutralidad religiosa y su sustitución por la educación cívica.

6⁹ El comienzo de unificación de la enseñanza pública en todos sus grados y el acceso a los superiores de los más capaces.

Estas ideas que la Revolución no pudo llevar a cabo servirán, sin embargo, de orientación y guía para la educación nacional del siglo XIX.

Es interesante observar que aunque la Revolución se ocupó principalmente de la educación popular, sus creaciones fueron esencialmente en las ciencias y las artes. Así creó el Conservatorio de Artes y Oficios, el Museo de Historia Natural, la Escuela de Lenguas Orientales, el Conservatorio de Música, la Biblioteca Nacional, las Escuelas Politécnicas, de Ingeniería, de Minas, etc.

Juzgando la obra de la Revolución en el campo de la educación pública dice Compayré: "No es culpa de la Revolución si no ha podido realizar todo lo que había concebido. El tiempo le había sido medido. Decretó varias veces el establecimiento de una vasta instrucción primaria, radiando por toda la superficie del país, y sembrando sus escuelas en cada cantón, en cada pueblo. Pero su poder ha sido menor que su voluntad. Nos ha legado principios más que instituciones" [1].

3. LA EDUCACIÓN EN ESPAÑA Y EN HISPANOAMÉRICA

Durante el siglo XVIII el hecho más importante en la educación de España es la supresión de la Compañía de Jesús por Carlos III, que dio origen también a la educación pública española. En la Real Provisión de 1767 dictada por aquél, atendiendo a lo recomendado por el Consejo Real, por los pueblos mismos y por varios prelados "en razón de fomentar la enseñanza de la juventud, particularmente en lo tocante a las primeras Letras, Latinidad y Retórica que tuvieron en sí como estancadas los citados Regulares de

---

[1] G. Compayré, *Histoire critique des doctrines de l'education en France.*

la Compañía, de que nació la decadencia de las Letras humanas", se ordena la sustitución de sus enseñanzas por maestros y preceptores seculares nombrados por oposición y la creación de internados en casas de educación, seminarios o pupilajes para maestros y alumnos en las casas o colegios de los jesuitas.

El mismo Carlos III (1716-1788) regula también en una Provisión de 1771 el nombramiento de los maestros y la elección de libros escolares entre los cuales figura ya un compendio de historia de la Nación. En esa disposición se declara "que la educación de la juventud por los Maestros de primeras letras es uno y aun el más principal ramo de la política y buen gobierno del Estado, pues de dar la mejor instrucción a la infancia podrá experimentar la Causa pública el mayor beneficio, preparándose los hombres de aquella edad no sólo para hacer progresos en las Ciencias y Artes, sino para mejorar las costumbres".

Carlos III aprueba en 1780 la transformación de la Hermandad de San Casiano en un Colegio Académico de Primeras Letras, que aun conservando el carácter gremial de aquélla, amplía sus funciones dándole un sentido más pedagógico. Finalmente, el mismo Rey crea las primeras escuelas oficiales para niños de España.

La obra de este Rey está inspirada por sus ministros "ilustrados", especialmente por *Jovellanos* (1744-1811), uno de los más altos representantes de la época de la Ilustración en España y autor de una *Memoria sobre la educación pública*, en la que se afirma "que el bien público exige que la buena y liberal instrucción se comunique a la mayor cantidad posible de ciudadanos, y que ésta sea libre, abierta y gratuita" [1].

En la América hispánica repercuten las ideas de la Metrópoli durante el siglo XVIII. En su primera parte continúa el espíritu de los siglos anteriores en el sentido de una educación religiosa con el desarrollo de otra de carácter más cultural. Los jesuitas fueron los principales agentes de esta labor. Pero su expulsión en 1767 cambia el panorama de la educación americana en un sentido más seglar y civil. Por otra parte, la difusión a fines del siglo de las ideas de la Ilustración y de la Enciclopedia da un carácter cada vez más intelectual y crítico a la enseñanza. Al mismo tiempo se crearon nuevas instituciones docentes, especialmente de carácter técnico y realista.

---

[1] Véase: *El pensamiento vivo de Jovellanos*, por Augusto Barcia, Buenos Aires, Losada, 1951.

En esta época se destacan diversas personalidades en la educación de Hispanoamérica, como el venezolano *José Miguel Sanz* (1764-1814), autor de un "Informe sobre la instrucción pública", inspirado en las ideas críticas de la época; el chileno *Manuel de Salas* (1754-1841) a quien Amanda Labarca [1] llama "un precursor" de la educación vocacional, fundador de la Academia de San Luis; el mexicano don *José Antonio Alzate* (1729-1790), fundador de la "Gaceta de Literatura" y propulsor de las ciencias; y el argentino fray *Javier de San Alberto* (1727-1804), inspirado en las ideas progresistas del siglo de las luces, autor de varias Pastorales, en las que presenta un plan completo de instrucción pública.

Las ideas de la ilustración de éstas y otras personalidades de la época sólo pudieron, en general, llevarse a cabo en el siglo siguiente, coincidiendo con los movimientos de la Independencia, aunque los últimos virreyes de la Colonia como el Virrey Vértiz de la Argentina, trataron de aplicarlas, sin poderlo hacer totalmente por la precipitación de los acontecimientos.

4. LA EDUCACIÓN EN NORTEAMÉRICA

Durante el siglo XVIII la educación de las colonias inglesas de América fue perdiendo su carácter marcadamente religioso y adquiriendo un aspecto cada vez más civil. Los asuntos escolares pasaron poco a poco de manos de las iglesias a las de los municipios y Estados. Al declararse la Independencia, la Constitución federal de 1787 consideró a la educación asunto de los Estados particulares. Pero aun así su influencia fue considerable en el desarrollo ulterior de la educación nacional, al asentar los principios democráticos y al establecer la libertad religiosa.

Por otra parte, todos los Estados, excepto dos, redactaron sus nuevas Constituciones internas conformes al espíritu de la Constitución federal y aprobaron nuevas leyes escolares. En ella se refleja el principio democrático de educar al pueblo para capacitarle en el gobierno del país, y de considerar a la educación como una necesidad para la seguridad republicana. En este sentido, *Jorge Washington* (1572-1799), el fundador de la República, en su conocido *Farewell Address*, su despedida al pueblo americano, en 1796, dijo estas elocuentes palabras: "Promover, pues, como asunto de primor-

---

[1] Véase Amanda Labarca, *Historia de la enseñanza en Chile*, Santiago, 1939.

dial importancia, instituciones para la difusión general del conocimiento. En la medida que la estructura de un gobierno da importancia a la opinión pública, es esencial que la opinión pública sea ilustrada". Por su parte, otro de los fundadores de la nueva democracia americana, *Thomas Jefferson* (1743-1826), había dicho en 1787: "Sobre todas las cosas, yo espero que se atenderá a la educación del pueblo, convencido como estoy de que podemos confiar con la mayor seguridad en este buen sentido para la conservación de un justo sentido de la libertad".

Al tratar este período de la educación norteamericana, dice Cubberley: "Habiendo fundado, como dijo tan bien Lincoln en Gettysburg, "en este Continente una nueva nación, concebida en la libertad y dedicada a la proposición de que todos los hombres han sido creados iguales", y habiendo construido una forma constitucional de gobierno basada en esta igualdad, llegó a ser con el tiempo evidente a todos los que pensaban sobre esta cuestión que la libertad y la igualdad no podían conservarse sin una educación general"[1].

---

[1] Cubberley, *The History of Education*.

CAPÍTULO XV

LA PEDAGOGÍA EN EL SIGLO XVIII

Una vez expuestos los caracteres de la educación del siglo XVIII queda poco por decir en general respecto a sus ideas pedagógicas. En ellas se observan, como se indicó, varias etapas y direcciones. En su primera parte predominan las ideas intelectualistas y sensorialistas representadas por la ilustración; en la segunda parte lo hacen las ideas naturalistas de Rousseau, y en su último tercio, el idealismo de Pestalozzi. A estas direcciones hay que añadir el movimiento filantrópico representado por Basedow y la pedagogía política desarrollada por La Chalotais y Condorcet principalmente.

Con este cuadro sintético tenemos una ligera idea del rico contenido pedagógico en este siglo, el siglo pedagógico por excelencia, como se ha dicho. Nunca en la historia, hasta nuestro tiempo, ha alcanzado la pedagogía un desarrollo tan considerable.

No es posible encerrar en una fórmula o reducir a una unidad las diversas ideas pedagógicas del siglo XVIII. Podríamos decir, sin embargo, que se reducen a las siguientes:

1ª La creencia en el poder absoluto de la razón, que debe gobernar a los hombres y a los pueblos, y por lo tanto la importancia extraordinaria de la educación, encargada de dirigirla.

2ª La aspiración a la libertad, suprimiendo todas las trabas políticas y religiosas, así como las convenciones sociales, y de aqui el individualismo en la educación.

3ª El reconocimiento de la naturaleza y de las leyes naturales en el universo y la sociedad, dando lugar así al naturalismo pedagógico.

4ª Un sentido activo, progresista, optimista en la vida, que hace de la educación un instrumento valioso.

5ª El despertar del espíritu social, de ayuda y cooperación, que produce una nueva concepción de la educación.

6ª La progresiva secularización de la educación, reduciendo cada vez más la influencia eclesiástica y acentuando la del Estado.

1. LA PEDAGOGÍA SENSUALISTA

CONDILLAC, DIDEROT, HELVETIUS

Entre los diversos representantes de esta tendencia que se han ocupado de la educación se encuentran Condillac, Diderot y Helvetius. Ninguno de ellos en forma sobresaliente, pero sí muy eficiente por haber contado con un órgano de difusión tan grande como fue la "Enciclopedia", que resumía el saber de la época.

Condillac (1715-1780) es uno de los más altos representantes de la corirente sensualista o sensorialista. Fue preceptor del infante Fernando, nieto de Luis XV, y sobre las experiencias de esta educación escribió un *Cours d'études* en 13 volúmenes. Consecuente con su filosofía, Condillac basa su educación en la observación de los hechos, en el estudio de la naturaleza, conforme el método analítico. Considera también que el niño debe seguir en su educación el mismo proceso que ha seguido en su desarrollo la humanidad, aunque naturalmente en forma abreviada. Insiste particularmente en la formación del juicio personal, en el pensar independiente y crítico, no aceptando nada que no haya sido elaborado intelectualmente por el propio alumno.

Diderot (1713-1784). Filósofo y creador con D'Alambert de la "Enciclopedia", gran matemático y crítico de la sociedad de su tiempo, también se ha ocupado de la educación, tanto en su Memoria sobre la educación en Rusia, para Catalina II, como en su obra "Del hombre, sus facultades intelectuales y su educación". Para Diderot, la educación es un factor decisivo en la vida del hombre y de la sociedad, y el Estado debe desarrollarla independientemente de la Iglesia. En la educación deben predominar los conocimientos científicos sobre los literarios. Finalmente Diderot se expresó refutando las teorías optimistas de Helvetius sobre la educación.

Helvetius (1715-1771) representa el máximo optimismo pedagógico. Para él la educación todo lo puede; todas las diferencias en el género humano proceden de la educación. En el hombre lo decisivo son las sensaciones, y la educación tiene que basarse sobre todo en ellas. Helvetius defiende también la secularización de la educación y la necesidad de una educación moral independiente de toda religión.

2. LA PEDAGOGÍA NATURALISTA

ROUSSEAU

Juan Jacobo Rousseau es, como se ha dicho, una de las personalidades más salientes de la historia de la pedagogía. A diferencia de Comenio, Pestalozzi o Froebel, no fue propiamente un educador, pero sus ideas pedagógicas han influido decisivamente sobre la educación moderna. Nació en 1712, en Ginebra (Suiza), de una familia calvinista; su madre, hija de un pastor protestante, murió al nacer él; su padre era relojero y educó a su hijo de una forma bastante irregular, saturándole de lecturas, entre ellas los clásicos de Grecia y Roma, especialmente Plutarco, y muchas historias y novelas. Esto acentuó quizá su carácter sentimental y el temperamento exaltado que mostró toda su vida.

Obligado su padre a abandonar Ginebra, quedó a los 10 años a cargo de unos tíos, que encomendaron su educación a un pastor protestante, M. Lambercier, que vivía en el campo, y que le enseñó algo de latín y otras materias. Vuelto a Ginebra, se puso a trabajar, primero con un notario y desdués con un grabador que le maltrataba frecuentemente. Su compensación fueron como en su primera infancia, las lecturas. Cansado de esta vida difícil, a los dieciséis años se escapa de su ciudad natal y comienza una vida de vagabundo que dura varios años. En esa época conoció a madame de Warrens, que le convirtió al catolicismo y que ejerció una influencia decisiva en toda su vida. Después de residir en varias ciudades de Francia, Italia y Suiza, ejerciendo las más diversas profesiones, se estableció en 1741 en París, donde vivió dando lecciones de música, componiendo algunas obras teatrales y copiando partituras. Allí entró en relaciones con algunos escritores y pensadores de la época, entre ellos Diderot y Condillac. Antes había sido preceptor de los hijos del preboste de Lyon, M. Mably, pero fracasó en esta labor. También había leído las obras de los escritores y educadores anteriores, sobre todo Montaigne y Fenelón, así como Locke y otros pensadores ingleses que ejercieron sobre él gran influencia.

En París publicó en 1750 un *Discurso sobre las ciencias y las artes*, que le hizo famoso, y más tarde, en 1775, otro *Discurso sobre la desigualdad de los hombres*, que tuvo también una gran resonancia. Después de muchas vicisitudes, entre las que se cuenta su abjuración del catolicismo, se estableció en Montmorency, en el lago Leman, y allí escribió su célebre novela *La Nueva Eloísa*. Allí también escribió sus dos obras más famosas, aparecidas en el mismo año de 1762: *El contrato social*, que sirvió de inspiración a la Revolución francesa, y el *Emilio o de la educación*, que ha inspirado a la pedagogía moderna. El *Emilio* fue condenado por el arzobispo de París, a causa del capítulo sobre el Vicario Saboyano, de tendencia deísta, y lo mismo le ocurrió con los adictos calvinistas. Vuelto a su vida errante, se dirige, en 1765, a Inglaterra, donde el filósofo David Hume le ofrece asilo y con quien acaba riñendo. En 1770 retorna a París, enfermo, y continúa su vida solitaria y miserable, hasta que en 1777 acepta la hospitalidad del marqués de Girandín en Ermenonville, en cuya casa muere el 2 de julio de 1778, a los 66 años. Sus *Confesiones*, obra autobiográfica también famosa, no se publicaron hasta después de su muerte entre 1781 y 1788. Rousseau había contraído matrimonio con su sirvienta, de la que tuvo cinco hijos, todos los cuales fueron enviados a un asilo.

El carácter complejo y contradictorio de Rousseau lo ha expresado muy certeramente Lanson en estas palabras: "De su vida se desprende un alma cándida y cínica, íntimamente buena e inmensamente orgullosa, incurablemente novelesca, deformando todas las cosas para embellecerlas o envenenarlas, entusiasta, afectuoso, optimista al primer momento, y por reflexión pesimista, irritable, melancólico, enfermo y desequilibrado finalmente hasta la locura; un alma delicada y vibrante, expandida o marchita de un soplo, y de la cual un rayo o una sombra cambiaba instantáneamente todo el acorde; de una potencia, en fin, de emoción, de una capacidad de sufrimiento que han sido dadas muy raramente a un hombre"[1].

Pero sea cual fuere el juicio que nos merezca la personalidad de Rousseau, lo que nos interesa son sus ideas, su concepción pedagógica, que ha subsistido a través del tiempo con una gran vitalidad y frescura, como pocas veces ha ocurrido en la historia.

Dado el carácter insistemático de las ideas de Rousseau, es muy difícil reducirlas a unas pocas líneas. Sin embargo, a través de todas sus manifestaciones se perciben ciertas ideas esenciales, que vamos a tratar de exponer sintéticamente. Se ha dicho que la pedagogía de Rousseau es naturalista, que predica el evangelio de la naturaleza frente a la cultura y la sociedad. Y aunque hay mucho de verdad en esta calificación, no es toda la verdad. La naturaleza, en efecto,

---

[1] G. Lanson, *Histoire de la litérature française*, París, Hachette.

es lo primordial en la teoría de la educación rousseauniana; pero la naturaleza se interpreta en ella de diversos modos. Externamente, la naturaleza es lo opuesto a las convenciones sociales tan desarrolladas en su época; es lo contrario de lo artificioso y mecánico; en este sentido, Rousseau busca al hombre primitivo, natural, anterior a todo lo social. Pero ello es sólo el aspecto externo, negativo de su concepción de la naturaleza. Lo primitivo y valioso en ésta es la naturaleza como equivalente a lo esencial del hombre, lo que tiene un valor sustantivo y permanente. En este sentido, hay que hablar del humanismo, más que del naturalismo, de Rousseau. Esa naturaleza humana está regida por leyes generales, racionales que se hallan por encima de todas las circunstancias históricas y sociales. "En el orden natural —dice al hablar de su Emilio— siendo todos los hombres iguales, su vocación común es el estado de hombre... Al salir de mis manos, no será, convengo en ello, ni magistrado, ni soldado, ni sacerdote; será primeramente hombre; todo lo que un hombre debe ser".

Ahora bien, esta educación humana lo primero que exige es la libertad, la independencia respecto a los demás hombres. "Se han ensayado todos los instrumentos menos el único que precisamente puede tener éxito: la libertad bien reglada." "El único que hace su voluntad es aquel que no tiene necesidad para hacerla, de poner los brazos al extremo de los suyos, de donde se sigue que el primero de todos los bienes no es la autoridad, sino la libertad." Pero esta libertad no es limitada; está reglada por la necesidad, por la fuerza de las circunstancias naturales, que sustituyen al mandato y la obediencia sociales, artificiales.

Otro principio esencial de la pedagogía de Rousseau es el de la actividad, el aprender por la propia experiencia, en vez de por la enseñanza de los demás. "Haced a vuestro alumno atento a los fenómenos de la naturaleza, bien pronto le haréis curioso; para alimentar su curiosidad, no os apresuréis jamás a satisfacerla. Poned a su alcance las cuestiones y dejádselas resolver. Que no sepa nada porque se lo habéis dicho, sino porque lo ha comprendido él mismo: que no aprenda la ciencia, que la invente". Y respecto a la experiencia dice: "Si él [el alumno] se engaña, dejadle hacer, no corrijáis sus errores; esperad en silencio a que esté en condiciones de verlos y corregirlos por sí mismo, o a lo más, en una ocasión favorable, presentad alguna operación que se lo haga sentir. Si no se equivocara jamás, no aprendería tan bien". En este sentido

Rousseau es también uno de los precursores de la escuela activa moderna.

Íntimamente unida con estos principios está el de la psicologización de la educación. Rousseau ha sido el primero que ha visto claramente la diferencia entre la mente del niño y la del adulto, el primero que ha reconocido a la infancia como una edad propia, como una etapa con caracteres peculiares, que hay que estudiar y respetar. Antes de él el niño era sólo un hombre pequeño, un estado meramente transitorio que debía desaparecer cuanto antes: "Buscan siempre al hombre en el niño —dice— sin pensar en lo que éste es antes de ser hombre". Hay, pues, que estudiar al niño. "No se conoce a la infancia; con las falsas ideas que se tiene de ella, cuanto más lejos van más se extravían". "La infancia tiene maneras de ver, de pensar, de sentir que le son propias". A esta etapa de la infancia sigue la de la adolescencia, que tiene también caracteres propios, y que igualmente hay que conocer y respetar.

Se ha considerado a Rousseau como el representante típico del individualismo en la educación, y así lo es también en cierto modo, ya que su alumno se educa solo con un preceptor. Pero los fines de su educación no son individuales, sino también sociales, sólo que distintos de los que tenía la educación convencional de su tiempo contra la cual reaccionaba. Así, por ejemplo, quiere que Emilio conozca un oficio que sea útil para sí y para los demás. En ese sentido, para él, el arte más importante es la agricultura, a la que sigue la herrería, la carpintería, etc. Estos oficios constituyen la base de la sociedad, y hay que generalizarlos a otras profesiones para comprender todo su alcance social.

Finalmente, para Rousseau la educación religiosa no debe ser confesional y debe realizarse, no en la infancia, sino en la edad de la razón, basándose en una concepción deísta de la religión.

Queda aún mucho que señalar en la educación rousseauniana; pero nos ocuparía un espacio excesivo. Si se quiere resumir sus ideas pedagógicas en pocas palabras, habría que decir que para Rousseau la educación constituye un desarrollo natural, que procede de dentro a fuera, en vez de ser una construcción de fuera a dentro como querían Locke y los sensorialistas. Que la educación comienza con la vida y que en ella se debe proceder gradualmente acomodándola a las diversas etapas del desarrollo: infancia, adolescencia, juventud. Que la educación ha de enseñar a vivir, que ha de ser activa y realizarse en un ambiente de libertad. Que aunque lo decisivo es el desarrollo del individuo, éste ha de tener un espíritu social. Que la educación ha de atender tanto al aspecto físico, como al intelectual y moral, y que en ella el sentimiento, la vida afectiva tiene que ocupar un lugar importante, como la razón. En suma, que la educación debe ser integral, total, humana.

Como en todas las teorías, en la de Rousseau hay también sus puntos débiles. Entre ellos se cuenta su idea de la educación de la mujer, que la reduce a ser la compañera del hombre y que subordina todo a esto. Asimismo falta en Rousseau la idea de la educación popular, de la educación de la masa, aunque en otro trabajo se haya ocupado someramente, como se dijo antes, de la educación nacional. También es excesiva su concepción optimista de la acción de la naturaleza, del desenvolvimiento espontáneo sin la acción directa de la educación. Finalmente, no es admisible el papel que asigna al educador de mero acompañante del educando, limitado a un solo alumno.

Pero con todas sus deficiencias y desigualdades, Rousseau sigue siendo uno de los pedagogos más grandes de la historia. Ya en su tiempo ejerció una influencia considerable en el aspecto político y social, cambiando las costumbres e instituciones. Su acción pedagógica mayor no fue tan directa, sino a través de los pensadores y educadores de la época, entre los cuales hay que contar a Kant, a Basedow, a Pestalozzi, a Schiller y Goethe. Como dice Spranger: "Así llegó a ser el profeta de una época que reunía nuevas energías ahondando progresivamente en sí misma, no ciertamente para volver al estado salvaje, sino hacia un trabajo nuevo y más serio en las grandes obras de la cultura, en la que creemos" [1].

3. LA PEDAGOGÍA FILANTRÓPICA

BASEDOW

Las ideas de Rousseau fueron llevadas a la práctica por primera vez, en Alemania, en el movimiento llamado del "filantropismo", representado principalmente por *Juan Bernardo Basedow*. Nacido en Hamburgo, en 1723, mal educado en su infancia, logró más tarde una formación cultural en el Gimnasio local y en la Universidad de Leipzig. La lectura del *Emilio* de Rousseau le llenó de entusiasmo, y decidió el rumbo de su vida, creyéndose llamado a realizar las

---

[1] S. Spranger, *Jean Jacques Rousseau*, en "Cultura y educación". Buenos Aires, Espasa-Calpe.

ideas de aquél. En este sentido escribió en 1768 una *Representación a los amigos del hombre* (filántropos), en la que dice que la educación es esencial para la vida del Estado y de la humanidad, y pide fondos para la creación de una escuela y la publicación de libros escolares, así como la formación de un Consejo patriótico de educación. Su llamamiento dirigido a todo el mundo tuvo tanto éxito que en poco tiempo llegó a reunir una suma considerable (15.000 florines) en relación con su tiempo. Más tarde, en 1770-1774, publicó *El libro del método para padres y madres de familia*, que constituye una guía de educación, inspirada en las ideas enciclopedistas y rousseaunianas, y que tuvo un éxito extraordinario. Patrocinado por el príncipe Leopoldo de Dessau fundó al fin su escuela, el *Philanthropinum*, en 1774, que al principio tuvo muy poco éxito, pero que al poco llegó a adquirir una extraordinaria popularidad. En ella se educaban niños de familias acomodadas y de familias humildes, desde los 6 a los 18 años, constituyendo una especie de escuela unificada, y donde se aplicaron los métodos de Basedow, de que se hablará después. Aunque él mismo no fue un buen educador, sus colaboradores y discípulos como Campe y Salzman, mantuvieron la escuela en un elevado nivel pedagógico, constituyendo también una verdadera escuela experimental. Por ella se interesó personalmente el gran filósofo Kant, de la que dijo en su *Pedagogía:* "La única escuela experimental que en cierto modo ha comenzado a abrir el camino ha sido el Instituto de Dessau. Se le ha de conceder esta gloria, a pesar de las muchas faltas que pudieran achacársele; faltas que, por otra parte, se encuentran en todos los sitios donde se hacen ensayos"[1]. Basedow falleció en 1790, apartado de su escuela, por las diferencias con sus colaboradores y por su temperamento difícil.

Las ideas pedagógicas de Basedow se basan en las ideas de Rousseau, como se ha dicho. En tal sentido, la educación para él ha de ser eminentemente intuitiva y activa, aproximándose lo más posible a la naturaleza. Para ello creó diversos procedimientos, juegos y grabados, que hacían la enseñanza interesante y atractiva. La educación física debe ser particularmente atendida así como la educación estética. En las materias de enseñanza predomina la idea de la utilidad, acentuando su carácter realista sobre el humanista. La religión debe enseñarse en la escuela, pero sin carácter confesional al cuidado de las iglesias. Todos los niños deben aprender, como

[1] Kant, *Sobre Pedagogía.*

Emilio, un oficio y visitar los lugares de trabajo, fábricas, campos, etc., pasando en ellos unos días al año.

Pero las ideas de Basedow no eran sólo didácticas, sino también sociales, nacionales. Por ello pide que la escuela y la educación sean misión del Estado, y no de la familia o de la iglesia. En este sentido influyó también en las reformas escolares de Prusia, primero por medio del *Barón von Rochow* (1734-1805), quien inspirado en las ideas de Rousseau y Basedow trató de reformar la educación de los campesinos, creando una escuela en sus tierras y escribiento una obra, *Del carácter nacional de las escuelas públicas,* cuyo título indica ya el tipo de educación que pide. Asimismo, éste y Basedow influyeron en el gran ministro de educación de Prusia, Barón von Zedlitz, de quien ya se ha hablado.

Pero el espíirtu de Basedow no fue solo nacional, sino humanitario, internacional; así habla por primera vez de la educación para ser europeo: "Nosotros somos filántropos o cosmopolitas. El fin de la educación debe ser formar un europeo cuya vida sea tan inocente, tan útil a la generalidad y tan feliz como pueda lograrse por la educación".

4. LA PEDAGOGÍA POLÍTICA

LA CHALOTAIS Y CONDORCET

Durante el siglo XVIII se desarrolla una dirección de la pedagogía que podemos llamar sintéticamente la "pedagogía política", entendiendo por ella, no la que se refiere a la lucha de los partidos, sino a las relaciones del Estado con la educación. En tal sentido, fue Francia la que suscitó este movimiento en el que participaron algunos de sus más grandes pensadores, como Montesquieu y Turgot, que hemos citado antes. Además de ellos se distinguen dos, especialmente: La Chalotais y Condorcet.

En el *Ensayo de educación nacional,* de La Chalotais (1701-1785), que hemos mencionado anteriormente, se trata sobre todo de secularizar la educación, de hacerla una función del Estado. "El bien público —dice—, el honor de la nación exigen que se sustituya la enseñanza religiosa por una educación civil, que se prepare a cada generación para desempeñar con éxito las diferentes profesiones del Estado". Y más adelante advierte: "Yo pretendo reivindicar que [la educación] sólo depende del Estado, porque aquélla le pertenece esencialmente, porque todo Estado tiene un derecho propio, inalienable e imprescriptible a instruir a sus miembros porque finalmente los niños del Estado deben ser educados por miembros del Estado".

Tal estatificación de la educación, excesiva a todas luces, ya que los niños de una nación no son los niños del Estado como quieren los Estados totalitarios, no la lleva sin embargo La Chalotais en su totalidad a la realidad, ya que limita la acción de la educación de las clases populares al mínimo. "El bien de la sociedad —dice— exige que los conocimientos del pueblo no se extiendan más lejos que sus preocupaciones". En este sentido tiene un carácter eminentemente utilitario y práctico. Partidario de la educación civil, no excluye, sin embargo, la enseñanza religiosa, sólo que dada por personal seglar, no eclesiástico ni regular. "La enseñanza de las leyes divinas corresponde a la iglesia, pero la enseñanza de la moral pertenece al Estado". Con ello establece también las bases de la escuela laica francesa. La Chalotais estuvo influido principalmente por las ideas de la "Ilustración" y por las de Rousseau, aunque se hallaba en muchos puntos en contradicción con éste, sobre todo en lo que se refiere a su concepción de la educación nacional. Sus ideas influyeron, sin embargo, considerablemente en la educación francesa.

El otro representante de la pedagogía política de la época, aunque posterior en el tiempo, es, como se dijo, Condorcet, autor del famoso *Rapport y proyecto de decreto* presentado en 1792 [1] a la Asamblea Legislativa de la Revolución francesa. Influido también por los enciclopedistas y por Rousseau, sus ideas se refieren principalmente a la educación nacional, de la que fue uno de sus principales creadores. Por ello pide la universalidad y gratuidad de la enseñanza. La primera finalidad de la instrucción nacional debe ser, en efecto: "Ofrecer a todos los individuos de la especie humana los medios de proveer a sus necesidades, de asegurar su bienestar, de conocer y ejercer sus derechos, de comprender y cumplir sus deberes; asegurar a cada uno la facilidad de perfeccionar su industria, de capacitarse para las funciones sociales a las que ha de ser llamado, de desarrollar toda la extensión de las aptitudes que ha recibido de la naturaleza, y establecer de este modo entre los cuidadanos una igualdad de hecho y dar realidad a la igualdad política reconocida por la ley". Con ello Condorcet da un paso enorme al reconocer que las reformas políticas no tienen arraigo si no van acompañadas por la educación.

Condorcet es también partidario del laicismo en la escuela al proponer que "la religión sea enseñada en los templos por los ministros respectivos de los diversos cultos, y que el lugar de aquélla lo

[1] Véase A. Ballesteros, *Antología de Condorcet*, Madrid, Revista de Pedagogía.

ocupen en la escuela la moral y el derecho naturales, racionales". Defensor de la educación nacional no lo es, sin embargo, del monopolio del Estado: pide la independencia de la educación, por las mismas razones que el laicismo, temeroso de que las autoridades estatales lleguen a imponer un dogma político. "Ningún poder político —dice— debe tener la autoridad ni aun el crédito para impedir el desarrollo de las verdades nuevas, la enseñanza de las ideas contrarias a su política particular o a sus intereses momentáneos".

Con este fin propone la autonomía de la enseñanza confiándola a una "Sociedad nacional de ciencias y artes" y a un Directorio de Instrucción nombrado por ella, independiente del Gobierno, pero bajo la autoridad del Parlamento. A aquella Sociedad quedaría reservado también el nombramiento de los maestros. Esta idea de la autonomía de la educación es una de las más originales y fecundas de Condorcet, que figura como aspiración de los pedagogos progresistas y que todavía no se ha realizado.

5. LA PEDAGOGÍA IDEALISTA

KANT

A la circunstancia de que los profesores de filosofía de las Universidades alemanas tuvieran también que desempeñar cátedras de pedagogía, se debe el hecho de que los más eminentes filósofos se hayan ocupado en sus escritos de la teoría de la educación. Así ocurrió con Kant, Fichte, Schleiermacher, Herbart, Dilthey, etc.

Immanuel Kant (1724-1804) ejerció como preceptor actividades educativas. Pero en general su contribución pedagógica es puramente teórica. Fue influido en ella principalmente por Rousseau, y ya hemos dicho cómo le interesó la obra de Basedow. De sus clases universitarias nos han llegado las notas recogidas por un discípulo suyo, que las publicó en 1804 bajo el título de *Sobre Pedagogía* [1]. No constituyen naturalmente una obra considerable, como sus obras filosóficas, pero son interesantes por venir de un pensador tan eminente.

Para Kant la educación es tan importante que "únicamente por la educación el hombre puede llegar a ser hombre. No es más que lo que la educación le hace". Y añade: "Tras la educación está el gran secreto de la naturaleza humana". La razón es que las dispo-

[1] Kant, *Sobre Pedagogía*, Trad. de L. Luzuriaga, en "Kant, Pestalozzi y Goethe sobre educación", Madrid, Jorro.

siciones del hombre no se desarrollan por sí mismas, sino que tienen que desarrollarse. Kant divide la educación en: disciplina, cultura, civilidad y moralización. Éste es el fin último de toda educación. A su vez reconoce en la educación dos aspectos: los cuidados y la formación. Aquéllos se refieren a la parte física y éstos a la espiritual, interna. Kant, a pesar de su concepción idealista, quiere que la educación sea comprobada. Por ello dice: "Hay que establecer escuelas experimentales antes de que se puedan fundar escuelas normales".

Influido sin duda por Rousseau, se ocupa extensamente de la educación física y de la moral, más que de la intelectual. También reconoce personalidad propia al niño, al decir: "No hay que formar en los niños el carácter de un ciudadano, sino el de un niño". Para Kant el niño no es por naturaleza ni bueno ni malo, sino lo que llegue a ser por la educación. Así ésta adquiere un lugar importante en su concepción del hombre.

Kant defiende también el principio de la actividad en la educación. "Es de la mayor importancia —dice— que los niños aprendan a trabajar... ¿Y dónde mejor que en la escuela debe cultivarse la afición al trabajo?"

Finalmente, Kant es partidario de la educación religiosa pero extraconfesional. "Hay que mirar —dice— a que no estimen poco a los hombres por el cumplimiento de su religión, pues a pesar de la diversidad de religiones, hay una unidad de religión en todas partes".

PESTALOZZI

El genio mayor, la figura más noble de la educación y de la pedagogía, el educador por excelencia y el fundador de la escuela primaria popular, *Juan Enrique Pestalozzi*, nació en Zurich (Suiza), el 12 de enero de 1746. Hijo de un médico y nieto de un pastor protestante, procede así, contra lo que suele creerse, de una familia de abolengo social e intelectual. A los cinco años quedó huérfano, al cuidado de su madre y de una fiel sirvienta. La primera influencia formativa de Pestalozzi fue, pues, puramente maternal y femenina, lo que explica ciertos rasgos de su carácter. Asistió a la escuela pública y después a la escuela secundaria de su ciudad natal, en la que permaneció durante siete años. Pasó más tarde a un centro de carácter superior, el "Collegium Carolinum", donde estudió humanidades. Por lo tanto, tampoco es cierta la opinión de que careciera de una educación elevada, aunque él lo afirmara así repetidas veces. En el "Collegium" recibió la influencia de una gran personalidad espiritual, su profesor Bodner, quien le puso en contacto con las necesidades económicas y sociales del pueblo. Entonces se inicia Pestalozzi en la actividad política y social, asociándose a una sociedad patriótica liberal que fué disuelta por el gobierno. Al publicarse, en 1762, las dos obras fundamentales de Rousseau, el *Contrato social* y el *Emilio*, produjeron en Pestalozzi una profunda conmoción. Influido por las ideas roussonianas, Pestalozzi se dedica a la agricultura. En 1769 contrae matrimonio con una muchacha de la burguesía de Zurich y tiene su primero y único hijo trasladándose con su familia a su finca "Neuhof" (Granja nueva). En ello comienza su primera experiencia educativa al convertir la Granja en un establecimiento para la educación de niños pobres, los que trabajaban en ella al propio tiempo que se educaban, convirtiéndola así en una verdadera escuela activa o del trabajo. La obra de la escuela duró seis años de 1774 a 1780. A esta actividad educativa siguió un período de intensa producción literaria. Publica en 1780 la *Velada de un solitario*, en la que ya están en germen sus ideas pedagógicas más esenciales. Sigue a ésta su nove'a popular *Leonardo y Gertrudis* (1781), que tuvo un éxito enorme y a ella otra obra del mismo carácter, *Cristóbal y Elisa*, que ya no encontró tanta resonancia.

La Revolución francesa produjo en Pestalozzi, como en sus grandes contemporáneos, Kant entre ellos, un efecto extraordinario. De esta época es su importante obra de carácter filosófico y social *Mis investigaciones sobre la marcha de la naturaleza en el desarrollo del género humano* (1797), de la que dijo Herder que representaba "el nacimiento del genio filosófico alemán". La segunda etapa de la actuación educativa de Pestalozzi es el asilo de Stanz (1798), donde recogió más de 400 huérfanos de la guerra y donde quedó materialmente agotado por el trabajo abrumador que sobre él pesaba, viviendo día y noche con sus niños. Tras unas semanas de reposo en la montaña, Pestalozzi da comienzo a su tercera etapa educativa en Burgdorf, primero en una escuela misérrima y después en el castillo de la población. Burgdorf representa la culminación de la actividad educativa de Pestalozzi. De allí surge su obra metodológica más importante: *Cómo Gertrudis enseña a sus hijos* (1801) y allí empieza a atraer la atención de los pensadores de Europa interesados por la educación, como Herbart. El Instituto de Burgdorf se trasladó por circunstancias políticas, en 1804, a Münchenbuchsee, y tuvo que cerrarse al poco.

La última etapa de la gloriosa carrera educativa de Pestalozzi está representada por el Instituto de Iverdon, en cuyo castillo se estableció, en 1805, y donde desarrolló, a los sesenta años y durante veinte, una actividad prodigiosa. La obra tuvo un éxito extraordinario, acudiendo a visitarla personalidades de las más salientes de Europa. En 1825 Pestalozzi tuvo que abandonar Iverdon y se retiró a Neuhof, donde escribió su última obra, *El canto del cisne*. El 17 de febrero de 1827 murió el educador más grande de la historia. En su tumba se ha colocado la siguiente inscripción que da una idea de su obra educativa: "Salvador de los pobres de Neuhof; predicador del pueblo en Leonardo y Gertrudis; en Stanz, padre de los huérfanos; en Burgdorf y Münchenbuchsee, fundador de la escuela primaria; en Iverdon, educador de la humanidad. Hombre, cristiano, ciudadano, todo para los demás, para sí nada. ¡Bendecid su nombre!"

Las ideas de Pestalozzi han repercutido en la educación y la pedagogía modernas de un modo extraordinario. Influyó en personalidades de la talla de Kant, Herbart, Fichte y Froebel, sin contar otras no menos importantes como Karl Ritter, el fundador de la geografía moderna, y Guillermo de Humboldt, uno de los más grandes humanistas alemanes.

Como Rousseau, tampoco Pestalozzi ha expuesto sus ideas pedagógicas en una forma sistemática, pero a pesar de ello se puede percibir una unidad orgánica en el conjunto de sus pensamientos sobre educación. Éstos se hallan fundamentalmente inspirados en su espíritu humanitario, en su afán de mejorar la situación del pueblo, al que se entregó por completo. Para realizar esta aspiración no vio medio mejor que la acción educativa. Pestalozzi es, en efecto, el creador de la escuela popular, no en sentido puramente caritativo, sino en un espíritu social. La familia es para él el núcleo primordial del cual surgen las demás instituciones sociales. Pero la familia no es suficiente como agente educador; necesita del complemento de la escuela y de las demás instituciones educativas. Éstas representan el medio vital social en el que hay que educar al niño.

Dentro de este espíritu general, la educación tiene una finalidad propia, que no es otra que la humanización del hombre, el desarrollo de todas las manifestaciones de la vida humana llevándola hacia su mayor plenitud y perfección. "La educación verdadera y natural —dice— conduce hacia la perfección, hacia la plenitud de las capacidades humanas."

Las capacidades humanas a que Pestalozzi se refiere se revelan en la triple actividad de "espíritu, corazón y mano", es decir, de la vida intelectual, la vida moral y la vida práctica o técnica, las cuales han de ser cultivadas integral y armoniosamente, y no de un modo unilateral y parcial. "Es una verdad universal —dice— que sólo es esencial y realmente educativo lo que afecta a los hombres en el conjunto de sus capacidades, esto es, del corazón, el espíritu y la mano. Todo lo que no afecta a la totalidad de su ser no le afecta naturalmente y no es humanamente educativo en toda la extensión de la palabra."

En este proceso integral, la educación ha de seguir el mismo camino que ha seguido la humanidad. El hombre es así un ser instintivo o animal, un ser social y un ser moral. A estas tres etapas corresponden en la vida general humana otros tantos grados de desarrollo: la familia, el Estado y la humanidad, cada uno de los cuales tienen una educación peculiar: la educación familiar, la educación escolar y la educación moral y social.

Respecto a la educación familiar, doméstica, ya hemos dicho que Pestalozzi considera a la familia como el punto de arranque de la educación. "Las relaciones domésticas de la humanidad son las primeras y más excelentes relaciones de la naturaleza... Casa paterna, eres la escuela de las costumbres y del Estado. Por eso eres, hogar paterno, el fundamento de toda pura educación natural de la humanidad." En la vida familiar predominan el amor y el trabajo en común, y éstos son la base de toda educación.

En cuanto a la escuela, Pestalozzi no ha dado una definición precisa de sus fines. Lo más importante aquí es su actividad misma al frente de las diversas instituciones por él fundadas, y que tienen como características comunes su idea de la actividad manual unida a la intelectual, la vida en común de maestros y alumnos y su finalidad social. La escuela era para él, sin embargo, esencialmente educativa, aunque le faltó la idea de la escuela nacional, que corresponde más bien a los pedagogos y educadores franceses.

La educación no debe moverse en una atmósfera abstracta, irreal, sino que ha de partir de las circunstancias reales, inmediatas del hombre. Por ello ha de cultivar el aspecto particular, diferencial de la vida humana, hasta llegar a la educación vocacional o profesional. Así pide "una formación profesional del hombre, general para su clase social, la cual tiene que ser adquirida por la educación". Pero por importante que esta formación profesional, de clase, sea, ha de estar supeditada a la educación general humana. Así dice también: "El ejercicio, la aplicación y el uso de sus fuerzas en las situaciones y circunstancias particulares de la humanidad constituyen la educación profesional y de clase, que ha de estar subordinada siempre al fin general de la educación humana".

La educación intelectual se basa en la intuición, la cual es uno de los principios esenciales de la pedagogía de Pestalozzi. Pero por intuición no ha de entenderse sólo la mera visión pasiva de los objetos sensibles, la contemplación de cosas, sino la actividad de nuestro espíritu mediante la cual las formas de nuestro pensamiento se ponen en contacto de un modo directo con sus contenidos, sean éstos de orden material o ideal. Es el conocimiento mismo en su actuación o realización. Este conocimiento puede reducirse a las tres formas elementales del número, la forma y la palabra, que son "productos de la inteligencia, creados por intuiciones maduras, y que han de considerarse como medios para la precisión progresiva de nuestros conceptos". Tal es la concepción idealista, no naturalista, de la intuición pestalozziana.

Otra idea esencial de Pestalozzi es la de la actividad en la educación. Como hemos dicho, en las escuelas que creó, los niños trabajaban al mismo tiempo que aprendían, o mejor aprendían trabajando, haciendo. "Los conocimientos sin las actividades prácticas constituyen el don más funesto que un genio enemigo ha hecho a nuestra época."

Durante mucho tiempo no se ha visto en Pestalozzi más que al creador u organizador de métodos de enseñanza. Después se ha negado la eficiencia de éstos, considerándolos como algo mecánico y automático. Pero hoy se ha llegado a dar a aquéllos la verdadera significación que tienen como auxiliares o instrumentos del educador, el cual los puede alterar según las condiciones psicológicas de los alumnos y las circunstancias del momento, quedando en pie las líneas esenciales, el armazón del método. En este sentido, Pestalozzi ha establecido una serie de principios de valor permanente que pueden sintetizarse en los siguientes:

1º Trae a tu espíritu todas las cosas esencialmente relacionadas en la precisa conexión en que se hallan realmente en la naturaleza. 2º Subordina las cosas no esenciales a las esenciales. 3º No des a ninguna cosa más importancia en tu representación que la que tiene relativamente para tu especie en la naturaleza misma. 4º Ordena también según su semejanza todos los objetos del mundo. 5º Fortifica la impresión de los objetos importantes en ti mismo, haciéndoles obrar sobre ti por distintos sentidos. 6º Trata de ordenar una seria acción en todo arte del conocimiento de modo que cada nuevo concepto sea sólo una pequeña adición apenas perceptible a conocimientos anteriores profundamente impresos y hechos para ti casi indelebles. 7º Advierte que cada juicio exacto ha de ser resultado de una intuición realizada en todas sus partes del objeto a juzgar. 8º Reconoce ante todo la gran ley del mecanismo físico, a saber, el encadenamiento general y firme de sus acciones a las relaciones de la proximidad o lejanía de su objeto a tus sentidos.

Pestalozzi reconoce constantemente el valor de la educación religiosa, sólo que para él no tiene un carácter dogmático y confesional; su religiosidad es más bien amor, aspiración al perfeccionamiento más que sumisión a una secta o un dogma. Por ello es apenas enseñable. "Así es un hecho —dice— que la moralidad y la religiosidad no se adquieren propiamente con un arte humano y que en sí mismas tampoco lo necesitan." La educación religiosa se basa en el amor de la madre y desde allí se eleva a la creencia y el amor cristianos.

Resumiendo, las principales ideas de Pestalozzi que tienen un valor positivo para la educación son:

1º La idea de la educación humana basada en la naturaleza espiritual y física del niño.

2º La idea de la educación como desarrollo interno, como formación espontánea, aunque necesitada de dirección.

3º La idea de la educación partiendo de las circunstancias en que se encuentra el hombre.

4º La idea de la educación social y de la escuela popular frente a la anterior concepción individualista de la educación.

5º La idea de la educación profesional, subordinada a la educación general.

6º La idea de la intuición como base de la educación intelectual y espiritual.

7º La idea de la educación religiosa íntima no confesional.

Frente a estas contribuciones positivas han quedado relegadas otras ideas de Pestalozzi, entre las cuales se encuentra la excesiva importancia que asignaba al método como agente supremo y universal de educación; la falta de una concepción de la escuela pública nacional y cierta limitación de sus ideas sobre las clases sociales y de su educación separada.

Pero estas objeciones que se pueden hacer hoy a sus ideas, siglo y medio después que fueron concebidas, no restan valor a aquellas otras ya indicadas que tienen una significación permanente y que han influido de modo extraordinario en la educación posterior hasta llegar a nuestra época.

CAPÍTULO XVI

LA EDUCACIÓN EN EL SIGLO XIX

Como en todas las épocas anteriores, la educación del siglo XIX ha estado íntimamente unida a los acontecimientos políticos y sociales. Así la Revolución industrial que empezó a fines del siglo anterior se desarrolla ahora intensamente y da lugar a la concentración de grandes masas de población y a la necesidad de atender a su educación. Por otra parte, la Revolución política que también empezó al terminar el siglo anterior, se lleva a cabo con el triunfo del parlamentarismo y la necesidad de educar al "pueblo soberano".

Todo el siglo XIX ha sido un esfuerzo continuo para llevar a la realidad la educación desde el punto de vista nacional. En este siglo se ha desarrollado la más intensa lucha de los partidos políticos, conservadores y progresivos, reaccionarios y liberales por apoderarse de la educación y de la escuela para sus fines. En particular puede decirse que ha sido una lucha entre la Iglesia y el Estado en torno a la educación, pero al fin vence éste, y llega a constituirse en cada país una educación pública nacional.

Del siglo XIX proceden los sistemas nacionales de educación y las grandes leyes de instrucción pública de todos los países europeos y americanos. Todos ellos llevan la escuela primaria a los últimos confines de sus territorios, haciéndola universal, gratuita, obligatoria y, en su mayor parte, laica o extraconfesional. Se puede decir que la educación pública, en su grado elemental, queda firmemente establecida durante este siglo, con la adición de dos nuevos elementos: las escuelas de párvulos para la primera infancia y las escuelas normales para la preparación del magisterio.

Por lo que se refiere la educación secundaria, queda fundada también en sus líneas generales, pero sin alcanzar el desarrollo de aquélla, por estar limitada a una sola clase social, la burguesía, y ser considerada sólo como una preparación para la Universidad. Ésta, por su parte, adquiere un nuevo carácter como centro de alta cultura y de investigación científica, frente al sentido puramente profesional y docente de las épocas anteriores.

Durante el siglo XIX deben distinguirse dos grandes períodos, que pueden separarse por su mitad, o mejor por el año 70, en que después de las luchas del primer período, quedan establecidos los sistemas nacionales de educación de la mayoría de los pueblos europeos y americanos.

Dentro de éstos, cabe hacer una distinción entre aquellos países en que la educación pública se convierte predominantemente en un asunto del Estado, como ocurre en los países germánicos y latinos, y aquellos otros en que sigue siendo una función eminentemente social, como en los anglosajones. Sin embargo, en esta época aún no se ha reconocido totalmente el monopolio del Estado en la instrucción, pues hasta en los países en que éste tiene predominio, reconoce la libertad de enseñanza a las instituciones privadas. Por otra parte, aún en los países en que la educación es esencialmente una función social, el Estado interviene cada vez más en la enseñanza.

Pero aun dentro de estos dos grandes grupos debe establecerse una diferenciación: de una parte entre los países en que la enseñanza queda sumamente centralizada en el Estado, como en Francia, y entre aquellos en que éste deja una gran intervención a los municipios, como Alemania. Asimismo en los países de educación con carácter social hay los que como Inglaterra mantienen su tradición de autonomía escolar, y los que tienen una tendencia más intervencionista, como los Estados Unidos.

En suma, la educación se adapta a las condiciones históricas de los diversos países que en este siglo establecen sus sistemas nacionales de educación. Pero todos ellos tienen una característica común: su nacionalismo. Así como en el siglo XVIII, y en los anteriores, la educación tenía un carácter general, en éste se afirma su aspecto nacional. Se trata ahora de dar un carácter cívico a la enseñanza de cada país, en forma de educación patriótica y se preparan los acontecimientos bélicos de este siglo y del nuestro.

1. FRANCIA

La educación francesa, conmovida hasta sus cimientos por la Revolución, sufre un cambio radical con el nuevo siglo. Al movimiento popular y democrático de aquélla sigue la tendencia autoritaria y monopolizadora del Imperio napoleónico. A ello contribuyeron las circunstancias políticas de la época y las ideas del propio Napoleón. Éste quiso asegurar su Imperio, y para ello utilizó la educación. Así en 1806 dictó una ley por la cual organizó la instrucción pública en su forma centralista bajo el nombre de "Universidad Imperial", ley que fue completada por el Decreto de 1808 en el que se dice: "La enseñanza pública de todo el Imperio está confiada exclusivamente a la Universidad. Ninguna escuela, ningún establecimiento cualquiera de instrucción, puede formarse fuera de la Universidad Imperial, y sin la autorización de su jefe". Como se ve, se trata de un monopolio compelto a favor del Estado. Napoleón, sin embargo, no se ocupó propiamente de la educación primaria, popular, que dejó en manos de las órdenes religiosas. Reorganizó la administración de la enseñanza en sentido centralista, llevada al máximo, sobre todo en la enseñanza secundaria. No introdujo tampoco ninguna idea pedagógica nueva, ya que la finalidad que asignaba a la enseñanza se limitaba a los preceptos de la religión católica y la fidelidad al Emperador.

Con la llamada Restauración, que va desde 1815 a 1830, no mejoró grandemente la situación de la educación pública francesa; la época, inspirada en las ideas regresivas del Congreso de Viena y de la Santa Alianza, no tenía mucho interés por la enseñanza. Con el advenimiento de la Monarquía de Julio, de espíritu liberal, cambia la situación en la época que va de 1830 a 1848 sobre todo por contar con un gran ministro de instrucción pública, el historiador *Guizot* (1787-1874), quien inspirado por el filósofo *Víctor Cousin* (1792-1867), pone las bases de la organización de la enseñanza primaria francesa con la ley 1833 y crea las llamadas escuelas primarias superiores, amplía la acción de los Colegios secundarios y reforma la Escuela Normal Superior de carácter universitario.

Con el fracaso de la Revolución de 1848 se produce un movimiento reaccionario que tiene como expresión la ley Falloux, de 1850, por la cual se acentúa el carácter autoritario y confesional de la educación, se favorece a la enseñanza privada frente a la pública, se suprime la gratuidad de las enseñanzas y se restringen las garantías que tenían los maestros.

Hay que esperar hasta el último tercio del siglo, después de la derrota de Francia en 1870 por las armas de Prusia, para que la educación llegue a tener el lugar que le corresponde en la vida nacional. A partir de entonces se realizan en efecto una serie de reformas, el principal autor de las cuales fue el ministro *Jules Ferry* (1832-1893), quien con sus leyes de 1880 a 1883, reorganiza totalmente la enseñanza francesa, estableciendo la escuela laica, gratuita y obligatoria que la caracteriza. Las reformas comenzaron con la ley de 1881 que exige el título de maestro para el ejercicio de la enseñanza primaria; sigue la ley de 1881 que establece la gratuidad en ésta, y continúa con la ley de 1882, que introduce el laicismo en las escuelas, al sustituir la enseñanza religiosa por la "instrucción moral y cívica". Al mismo tiempo instituye un día de vacación a la semana en las escuelas "con el fin de permitir a los padres dar a sus hijos, si lo desean, la instrucción religiosa fuera de las escuelas". En 1886 se dispuso que el personal de todas las escuelas públicas fuera exclusivamente laico, y en 1904 se prohibió la enseñanza de todo orden a las Congregaciones religiosas.

Aparte de estas reformas, se crearon millares de escuelas por todo el país; se organizaron las Escuelas Normales y se crearon las dos Escuelas Normales Superiores para la formación de profesores e inspectores; se introdujo en la enseñanza secundaria la llamada "enseñanza moderna" con ciencias y lenguas vivas y se concedió la autonomía a las universidades. De esta época hay que mencionar la personalidad de *Ferdinand Buisson*, que colaboró con Ferry en la aplicación de las leyes escolares, auntor de un conocido *Diccionario* de las leyes escolares, autor de un conocido *Diccionario de Pedagogía*, y la de *Félix Pécaut*, director de la Escuela Normal Superior de Profesoras, que ejerció una gran influencia en la educación francesa.

2. ALEMANIA

Con la derrota de Alemania por Napoleón se viene abajo el edificio de la educación levantado el siglo anterior por los reyes del "despotismo ilustrado". Pero entre las ruinas del Estado prusiano, algunos de los mejores espíritus de la época se disponen a reconstruir el edificio público destruido, asentándolo en bases más amplias y nacionales que las anteriores y transformando la antigua educación estatal en una educación verdaderamente nacional. Entre las personalidades que a esta labor se dedican figuran hombres de la talla del barón *von Stein* (1757-1821), que crea con Hadenberg la nueva organización del Estado, fundándola en la educación de los ciudadanos, en la autonomía de las ciudades y en la liberación de los aldeanos; *Guillermo de Humboldt* (1767-1835), que organiza una nueva educación pública inspirada en un sentido humanista y liberal; *Fichte* (1762-1814) que fue el verbo que dio expresión a los nuevos sentimientos y levantó el espíritu público, y *Süvern* (1775-1829) que es el autor de gran parte de los planes de instrucción pública.

Los pasos que se dieron para la reforma de la educación prusiana comienzan con los célebres *Discursos a la nación alemana* de Fichte pronunciados en medio de la ocupación de Berlín por las tropas de Napoleón en 1807-1808, que se estudiarán después, y en los que se afirmaba que la salvación del pueblo alemán estaba en su educación. La reorganización propiamente dicha de la enseñanza se inicia con las reformas de Humboldt en la educación secundaria en un sentido humanista y con la introducción de las ideas de Pestalozzi en las escuelas primarias. Pero su creación más importante fue la fundación de la Universidad de Berlín, en la que se reunió a las personalidades científicas y filosóficas más importantes de la época, y que fue como el símbolo de la nueva cultura germana. Su consejero en el Ministerio de Educación, Süvern, llevó a la realidad las reformas inspiradas por Humboldt, y es el autor de un proyecto de ley sobre I. P. que ha servido de inspiración a todos los intentos de reforma pedagógica en un sentido liberal y nacional.

En los años que siguen a este despertar pedagógico de Alemania varios educadores prosiguen la labor de reconstrucción en el campo de la escuela primaria, entre los cuales se destacan Dinter, Harnisch y Diesterweg; los tres influidos por las ideas de Pestalozzi llevan a cabo la reforma del magisterio. Pero más tarde, con el movimiento de reacción contra la Revolución de 1848 gran parte de las reformas en sentido progresivo fueron suprimidas, culminando esta actitud regresiva con las *Regulativen* de 1852 debidas al ministro Stiehl. Desde esta fecha hasta fines de siglo, la educación alemana progresó en un sentido técnico y administrativo, pero quedó detenida en el orden pedagógico, no obstante sus grandes teóricos de la educación. En 1870 se publicaron las "Disposiciones generales" *(Allgemeinen Bestimmungen)* debidas al ministro Falk, inspiradas en un sentido más liberal, acentuando el valor del Estado frente a las iglesias, que hasta entonces habían dominado la enseñanza. En las mismas disposiciones se modificó el plan de estudios introduciendo nuevas materias y nuevas orientaciones metódicas. En la enseñanza secundaria la reforma más importante de este período es el reconocimiento de la escuela realista o científica *(Realschule)* en el mismo plano que el colegio humanista *(Gymnasium)* con nueve años de estudio.

Al terminar el siglo, la educación pública alemana queda organizada como una institución del Estado, dotada de una gran eficiencia desde el punto de vista didáctico y administrativo. En ninguna parte se cumplía con más rigor la obligación escolar y en ninguna parte era menor el número de analfabetos. Su enseñanza secundaria y superior había alcanzado también un nivel intelectual no superado por las de ningún otro país.

Pero al mismo tiempo, esta educación estaba inspirada por un espíritu autoritario y disciplinario. No había en ella el menor atisbo de libertad y autonomía. La Iglesia, por otra parte, estaba siempre en pugna con el Estado, queriendo dominar la enseñanza. Contra ese espíritu regresivo lucharon sus maestros, educadores y pedagogos más distinguidos, pero sin mucho éxito, por la autoridad casi omnímoda de las personalidades oficiales.

3. INGLATERRA

En Inglaterra se había considerado —y aún hoy lo consideran muchos— que la educación era una función de la sociedad más que del Estado. En este sentido, las actividades educativas habían quedado en siglos anteriores en manos de entidades como las iglesias o de fundaciones particulares, con carácter benéfico o humanitario. Al comenzar el siglo XIX existían en Inglaterra dos grandes sociedades de carácter religioso y benéfico que desempeñaban funciones educativas, la "National Society for Promoting the Education" de orientación conservadora y ortodoxa anglicana, y la "British and Foreing School Society" de tipo liberal y disidente. De ambas surgió el tipo de enseñanza mutua o simultánea implantado por Bell y Lancaster, mediante el cual unos niños enseñaban por grupos a otros de edades homogéneas.

Pero al terminar el siglo anterior había ocurrido en Inglaterra lo que se ha llamado la "revolución industrial", es decir, la introducción del maquinismo en la industria, que dio lugar a la concentración de grandes masas humanas en los centros fabriles y urbanos. Esto hizo ver la necesidad de dar a esas masas alguna educación más sólida que la puramente benéfica y caritativa. A ello se unió la sucesiva extensión de los derechos políticos a núcleos cada vez mayores de población. Finalmente, las ideas políticas nacionales del Continente, de Francia principalmente, influyeron también en la orientación de la educación inglesa.

Todo ello dio por resultado que el Estado comezara a intervenir poco a poco en la educación, aun sin suprimir la participación social, espontánea en ella. Esa intervención comenzó en 1833 mediante una subvención concedida por el Parlamento a las Sociedades antes mencionadas para ayudarlas a la construcción de edificios escolares. Otro paso en este camino se dio con la creación, en 1839, de un "Comité del Consejo Privado para Educación" integrado por tres ministros de la Corona y que fue el germen del actual Ministerio de Educación. La intervención creciente del Parlamento y del Gobierno en la educación se revela en las leyes de 1870, debidas al ministro *Forster* (1818-1885) del Gobierno liberal de Gladstone, que forma la base de la educación primaria inglesa. La ley constituye una transacción o compromiso entre la enseñanza privada y la oficial (municipal). En 1876 el Gobierno conservador de Disraeli completó la acción del anterior introduciendo la obligación escolar.

Al terminar el siglo XIX queda constituida definidamente la autoridad superior de la educación inglesa, al fundarse en 1899 el *Board of Education*, hoy Ministerio de Educación.

Hablando de esta creación dice el eminente educador inglés Sir Michael Sadler: "Son los cambios económicos y sociales producidos por la Revolución industrial los que obligaron a establecer una autoridad nacional central para la educación en Inglaterra. Pero esta medida no fué tomada más que con una gran repugnancia porque cada uno de los partidos en el Estado (el liberal y el conservador) miraba con desconfianza, bien que por razones opuestas, todo acrecentamiento del gobierno central en una materia que toca tan de cerca a la creencia religiosa y al ideal social. Cuando al fin el Gobierno fue obligado a actuar lo hizo con grandes precauciones y por ensayos sucesivos" [1].

Todos estos movimientos educativos estaban inspirados por personalidades de gran renombre. Así lo hicieron Dickens, Carlyle y John Stuart Mill. Entre ellas se destacó *Lord Brougham*, quien luchó durante más de veinte años por la creación de un sistema nacional de educación, y que es autor de un sugestivo trabajo, *Observaciones sobre la educación del pueblo*, publicado en 1825. Otra gran personalidad defensora de la educación nacional fue el historiador *Lord Macaulay* y además los dos grandes líderes antes mencionados, Gladstone y Disraeli.

Especial mención debe hacerse aquí de la actuación del filántropo y líder del cooperativismo *Robert Owen* (1771-1858) que fué el primero en fundar las escuelas de párvulos *(infant schools)* para los niños de las clases trabajadoras, que después llegaron a formar parte del sistema de educación nacional inglés. Escribió una serie

---

[1] Sadler, *Angleterre*, en el "Dictionnaire" de Buisson.

de ensayos que llamó *Una nueva visión de la sociedad*, o *Ensayos sobre la formación del carácter humano*.

Así, al terminar el siglo, Inglaterra contaba con un sistema de educación basado en los organismos locales y en las confesiones religiosas. El Estado intervenía más como sostenedor que como director, aunque exigía un mínimo de condiciones materiales y pedagógicas para el apoyo económico que prestaba. Tal política es la que ha seguido hasta nuestros días, como veremos oportunamente.

4. ESPAÑA

La educación en España sigue durante el siglo XIX el mismo camino que las demás naciones del Continente en el sentido de nacionalizar la enseñanza. Al comienzo del siglo se introducen en ella las ideas de Pestalozzi, llegándose a crear en 1806 un "Instituto pestalozziano" apoyado por la realeza y la nobleza. Otro movimiento de interés fue el representado por las ideas de Lancaster de la enseñanza mutua, que dio lugar a la creación en Madrid, en 1818, de una Escuela central lancasteriana, y a la que prestó también apoyo la nobleza, sin duda influida por las ideas de la "época de las luces".

Pero el movimiento más importante para el desarrollo de la educación nacional es el surgido por influencia de la Revolución francesa, reflejada en la *Constitución de 1812*, que hace de la educación un asunto del Estado, convirtiéndola en realmente nacional y pública. Así en su *Discurso preliminar* se dice: "El Estado no menos que de soldados que le defiendan, necesita de ciudadanos que ilustren a la nación y promuevan su felicidad con todo género de luces y de conocimientos. Así que uno de los primeros cuidados que debe ocupar a los representantes de un pueblo grande y generoso es la *educación pública*". La misma Constitución dispone que se dicte un plan de enseñanza para todo el reino y que se cree una Dirección general de estudios, a cargo de la cual estará la inspección de la enseñanza pública.

Otro paso importante en este camino de la nacionalización de la educación lo constituye el *Informe redactado* en 1813 por el poeta don *Manuel José Quintana* (1772-1837) e inspirado en el "Rapport" de Condorcet antes mencionado. Según este Informe, la educación debe ser universal, total e igual, así como pública, gratuita y libre. La reacción política que siguió a la vuelta del rey Fernando VII impidió que las ideas de la Constitución y del Informe pudieran llevarse a cabo.

En general, el siglo XIX ha sido en España, como en toda Europa, de lucha entre los elementos reaccionarios y los progresivos en la política y la educación. Así, en el período de 1820-23, de tipo liberal, se hacen nuevos progresos en la educación, que se detienen otra vez en 1825 a la vuelta del mismo reaccionario rey, inspirado por su no menos reaccionario ministro Calomarde.

Otro momento favorable a la educación lo representa, a la muerte de Fernando VII, la vuelta de los desterrados liberales a España entre los cuales se destaca la personalidad de *Don Pablo Montesino* (1781-1849) que inspiró la creación de las primeras escuelas de párvulos y las primeras escuelas normales en España así como la "ley provisional de primera enseñanza", de 1838, que supuso un gran progreso en la educación elemental. Ésta fue sustituida por la ley fundamental de la instrucción pública, de 1857, inspirada por otro emigrado ilustre *Don Antonio Gil de Zárate* (1796-1861) y firmada por el ministro Moyano.

El último momento del siglo favorable a la educación nacional está representado por la Revolución de 1868 y el movimiento krausista, iniciado por el profesor de la Universidad de Madrid don *Julián Sánz del Río* (1814-1869) y continuado entre otros en la educación por don *Francisco Giner de los Ríos* (1839-1915), a quien debe considerarse como el iniciador del movimiento pedagógico moderno en España. Fue el fundador de la "Institución Libre de España", que inspiró ese movimiento y a la que se deben las ideas progresivas de la educación española. Su continuador fue don *Manuel B. Cossío* (1857-1935), director del Museo Pedagógico Nacional creado en 1882, y que representó con su influencia beneficiosa en la enseñanza pública lo que la Institución en la privada.

En el campo de la educación católica continúa durante este siglo la acción de las órdenes religiosas sobre todo de los jesuitas en el grado de la enseñanza secundaria. En el de la primaria hay que mencionar a don Andrés Manjón (1846-1932) fundador de las "Escuelas del Ave María", en Granada don *Rufino Blanco* (1860-1936) autor de diversas obras pedagógicas. entre ellas una extensa *Bibliografía Pedagógica* y a don *Ramón Ruiz Amado* (1861-1934), inspirado en parte en la pedagogía germánica y autor también de numerosas obras sobre educación.

5. ESTADOS UNIDOS

Durante el siglo XIX se organiza la educación pública en los Estados Unidos, siempre sobre la base de los diversos Estados. En la primera parte del siglo se luchó en todos ellos por el establecimiento de sistemas de educación pública. A favor de éstos se hallaban los elementos liberales y los trabajadores y en contra los conservadores y los eclesiásticos. En esta lucha había, según Cubberley, siete puntos estratégicos que sucesivamente se fueron conquistando: el sostenimiento de las escuelas con fondos públicos; la eliminación de la idea de la escuela pública como escuela de pobres; la gratuidad completa de la educación pública; la supresión del confesionalismo; la inspección y control de las universidades de Estado [1].

El Estado de Nueva York fue el primero que organizó en 1812 la inspección de las escuelas por el Estado. Pero el primero que creó un Consejo de Estado para educación *(State Board of Education)*, con un secretario que ejercía las funciones de superintendente de escuelas, fue el de Massachussetts en 1837. Esta creación fue de extraordinaria importancia, pues para tal cargo se nombró a quien originó la reforma fundamental de la educación norteamericana, a Horacio Mann.

Horacio Mann (1796-1859) figura con derecho entre los más grandes reformadores político-pedagógicos. De él ha dicho John Dewey: "Lo que Rousseau fue como escritor para las emociones de Francia, Horacio Mann lo fue como realizador para la situación práctica de los Estados Unidos de su tiempo". Movido por su espíritu humanitario, se dedicó a una profunda labor reformadora durante doce años, en los que realizó "campañas" anuales para explicar al pueblo el sentido y la importancia de la educación pública. Su acción no se limitó a su Estado, sino que trascendió a todos los Estados septentrionales de la Unión. Publicó además sus doce famosos Informes *(Reports)* en los que exponía los principales problemas y resultados de la educación. Como dice el mismo Cubberley: "Nadie hizo más para establecer en la mente del pueblo americano la concepción de que la educación debe ser universal, no confesional y gratuita, y que su fin debe ser la eficiencia social, la virtud cívica y el carácter más que la enseñanza o el desarrollo de fines sectarios".

Horacio Mann publicó su famoso *Cammon School Journal*, revista en la que trataba los temas que afectaban a las escuelas. Fundó

[1] Cubberley, *The History of Education.*

la primera Escuela Normal de maestros de los Estados Unidos;
introdujo las ideas pestalozzianas en la educación; estableció la
enseñanza religiosa extraconfesional; mejoró la situación del magisterio; protegió a los niños de la explotación del trabajo, y otras muchas cosas que le valieron la oposición de los elementos regresivos,
pero el aplauso de todos los espíritus democráticos.

Otra personalidad de singular importancia en la educación pública de la época fue *Henry Barnard* (1811-1900), quien fue también
secretario de un Consejo de educación, el del Estado de Conecticut,
en 1839, y después Comisario de escuelas en el Estado de Rhode
Island, realizando en ambos reformas radicales en la educación pública, que también trascendieron a los demás Estados de la Unión.
Además de fundar escuelas y bibliotecas y de reformar la preparación del magisterio, Barnard dirigió el *American Journal of Education*, que constituyó la mayor contribución pedagógica de la época.
En él se estudiaron todas las fases de la historia de la educación, así
como el estado de ésta a la sazón en los principales pueblos europeos.

Hacia 1850 quedó establecida la escuela primaria pública en los
Estados Unidos. Restaba por hacer lo mismo con la escuela secundaria y esto se logró también, sobre todo después del caso llamado
de Kalamazoo, en el que la Corte Suprema del Estado de Michigan
autorizó la imposición de impuestos para el sostenimiento de escuelas
secundarias. Desde entonces el número de éstas aumentó extraordinariamente por todo el país hasta llegar a constituir parte del sistema escolar de todos los Estados, lo mismo que las escuelas primarias.

Finalmente, a lo largo del siglo fue aumentando cada vez más
el número de universidades y colegios universitarios, hasta llegar
a 500 el número de ellos al terminar la centuria, la mayoría de los
cuales eran también gratuitos.

Así al finalizar el siglo, los Estados Unidos contaban con un sistema de educación nacional sobre base democrática, que se perfeccionará en nuestro siglo y que servirá de guía y ejemplo a los demás
países de América.

6. REPÚBLICAS HISPANOAMERICANAS

Una vez conseguida la Independencia a comienzos del siglo XIX,
las Repúblicas hispanoamericanas se disponen a organizar su educación. Sin embargo, la inestabilidad que sigue a los primeros momentos de vida independiente impide que se puedan llevar a cabo

reformas sustanciales en la instrucción pública. Hay que esperar a la consolidación política de las Repúblicas, en la segunda mitad del siglo, para que puedan realizarse aquéllas. En la imposibilidad de exponer los movimientos educativos de cada una de las Repúblicas, nos limitaremos a señalar sumariamente los más significativos, lamentando no poderlo hacer en forma más extensa. Antes, sin embargo, de pasar adelante, hemos de advertir que a través de todas las diferencias de la educación en los países de lengua española, se perciben dos corrientes pedagógicas durante ese siglo: en su primera parte predominan las ideas de la Ilustración, y de la Revolución francesa, y en la segunda parte, las de la filosofía positiva y la educación norteamericana. Ambas en pugna con las ideas tradicionales confesionales y políticas, con las que luchan todavía.

Otra característica común a todas las Repúblicas hispanoamericanas en este siglo, es su interés por la enseñanza primaria, popular, la cual, a pesar de las dificultades geográficas de muchos países, alcanzó en general un gran desarrollo. No puede decirse lo mismo de la educación secundaria y profesional más retrasada que la primaria. Y por último, se observa cada vez más en este siglo una atención a la enseñanza superior, aunque no siempre con mucho éxito. En general, puede decirse que al terminar el siglo XIX queda constituida la educación nacional en todas las Repúblicas hispanoamericanas, siendo sólo cuestión de tiempo su desarrollo cuantitativo y perfeccionamiento técnico. Respecto a la pedagogía, ya hemos indicado algunas de las personalidades que más se distinguieron en ella, siempre más con carácter pragmático que teórico, como lo exigían las circunstancias históricas.

En la Argentina predominan al comienzo del siglo las ideas de *Manuel Belgrano* (1770-1820) y de *Mariano Moreno* (1778-1811), ambos inspirados en la ideología de la Ilustración. Después de *Bernardino Rivadavia* (1780-1845), que introduce el sistema lancasteriano de enseñanza mutua, hay que llegar a la época constitucional, a partir de 1852, en que se inicia la gran labor educativa con las tres llamadas presidencias educadoras de: *Bartolomé Mitre* (1821-1906), *Domingo Faustino Sarmiento* (1811-1888) y *Nicolás Avella*neda (1836-1885). El primero organiza la enseñanza secundaria argentina, el segundo la primaria, y el tercero la universitaria. De ellos sobresale la gran figura de Sarmiento, que fue el Horacio Mann de la Argentina y una de las personalidades más sugestivas de Hispanoamérica. Sus obras pedagógicas son numerosas, pero sobresale entre ellas su *Educación popular* (1848).

HISTORIA DE LA EDUCACIÓN Y DE LA PEDAGOGÍA

En Chile se destaca la personalidad de don *Manuel Salas*, ya mencionada, que da a la enseñanza un carácter realista; los hermanos don *Miguel Luis* y don *Gregorio Víctor Amunátegui*, propulsores de la educación chilena, don *Diego Barros Arana* (1830-1907), reorganizador de la enseñanza secundaria y don *José Abelardo Núñez*, reformador de la primaria. A estos educadores chilenos hay que añadir el argentino Sarmiento que crea en Chile la primera Escuela Normal hispanoamericana y el sabio venezolano don *Andrés Bello* (1781-1865), que inspiró la vida universitaria chilena.

En México sobresalen don *Valentín Gómez Farías* (1781-1858), que secularizó la enseñanza y creó la Dirección de Instrucción pública; don *Manuel Baranda*, autor del Plan general de estudios de 1858, que reorganizó la educación mexicana, don *Gabino Barreda*, reformador de la Escuela Nacional Preparatoria, de tanta importancia en la educación mexicana e introductor de la enseñanza objetiva en México, y don *Joaquín Baranda* (1840-1909), ministro de I. P., creador de las Escuelas Normales para profesores e inspirador de la ley de 1888 que significó un progreso en muchos aspectos.

En Uruguay surge la gran figura de don *José Pedro Varela* (1845-1879), llamado el Sarmiento uruguayo, creador de la enseñanza popular uruguaya, autor de dos obras pedagógicas notables *La educación del pueblo* (1874) y *La legislación escolar* (1876) e inspirador de la ley orgánica de enseñanza de 1877.

En Venezuela hay que destacar a *Simón Bolívar* (1783-1830) el fundador de la nacionalidad y patrocinador de la educación pública en un sentido nacional y espiritual; a don *Simón Rodríguez* (1771-1834), su maestro y pedagogo y educador original de tipo roussoniano y al sabio don *José María Vargas* (1786-1854) rector de la Universidad Central de Venezuela y reformador de la enseñanza científica.

CAPÍTULO XVII

LA PEDAGOGÍA EN EL SIGLO XIX

Heredero de la gran tradición pedagógica de los siglos anteriores, el XIX la continúa, aunque con diferencias significativas. En primer lugar prosigue la pedagogía idealista iniciada en la época precedente, y representada por filósofos de la altura de Fichte, Hegel y Schleiermacher y por escritores como Goethe, Schiller, Lessing y Juan Pablo Richter. En esta misma dirección idealista, aunque ocupando un lugar aparte y sobresaliente, se halla la gran figura de Federico Froebel, el creador de la educación de la primera infancia. En dirección diferente, aunque también destacada se halla la personalidad más realista de Federico Herbart, el fundador de la pedagogía científica y sus continuadores herbartianos. Finalmente, en un puesto más secundario está el sociólogo Herbert Spencer, representante de la dirección positivista en la pedagogía. Así puede decirse que mientras en la primera mitad del siglo XIX predomina la corriente idealista, en la segunda lo hace la realista y positivista.

Lo más valioso de esta época por lo que se refiere a nuestro estudio es la consideración de la pedagogía como ciencia, que se realiza a partir de Herbart. Mientras que hasta él la educación fue objeto de la meditación personal o referida a la práctica, ahora lo es como pura teoría, como ciencia. Si con esto perdió aquélla quizá en producciones originales, en ser fuente de emociones e ideas diversas, ahora gana en cambio en precisión y rigor científico. El riesgo que con ello se corrió fue el mecanizar y anquilosar la corriente creadora en la educación, pero sirvió de punto de partida para otras ideas y sugestiones que realizará nuestro siglo creando una auténtica pedagogía científica.

Otra nota característica de la pedagogía de este siglo, es que a pesar de su carácter científico, o quizá por el mismo, la pedagogía influye directamente en la educación por medio de las instituciones fundadas por los herbartianos, como medios de aplicación de sus teorías. Así se trata de fecundar la teoría con la práctica de un modo más riguroso de lo que se había hecho hasta ahora.

Finalmente, en este siglo comienzan los primeros ensayos de aplicación de la psicología naciente a la educación sobre todo por la influencia del alemán Guillermo Wundt y del norteamericano Stanley Hall, que crean escuelas de psicólogos-pedagogos de gran valía.

1. LA PEDAGOGÍA IDEALISTA

FICHTE, HEGEL, SCHLEIERMACHER

A fines del siglo XVIII y comienzos del XIX surge en Alemania una constelación brillantísima de grandes filósofos y escritores que se ocupan de la educación y que pernecen a las corrientes idealistas y neohumanista de la pedagogía. Entre ellos se cuentan los filósofos y poetas ya nombrados. No es fácil diferenciar dónde empieza entre ellos el idealismo y dónde el humanismo, pues casi todos poseen esos dos caracteres. Por eso tenemos que estudiarlos conjuntamente, sin atenernos a la clasificación por escuelas.

Juan Teófilo Fichte (1762-1814), continúa la corriente idealista iniciada por Kant. Como la mayoría de sus contemporáneos universitarios, desempeñó las funciones de preceptor en una familia y conoció también a Pestalozzi. Su carácter entero y sus ideas le colocan entre las personalidades pedagógicas más salientes de la época. Ya mencionamos su conducta en Berlín, durante la ocupación de las tropas napoleónicas, a las que desafió con sus valientes *Discursos a la nación alemana*. En ellos se contienen las ideas esenciales de su pedagogía. Para Fichte, la salvación de la nacionalidad está únicamente en la educación. Mas para esto es necesario que la educación llegue a todos los ciudadanos sin excepción alguna. No quiere una educación popular, pues, sino una educación nacional. La educación ha de ser eminentemente activa, basada en la propia actividad del alumno; lo importante no es el conocimiento, sino la voluntad. En este sentido Fichte es uno de los primeros representantes del activismo y el voluntarismo en la pedagogía. Lo decisivo sin embargo es la moralidad. Los medios de la educación los ha señalado Pestalozzi: la intuición y la colectividad, la primera para la vida intelectual, la segunda para la vida social.

Fichte es el más alto representante de la educación de Estado y de la escuela nacional. Ahora bien, "si el Estado emprende la tarea propuesta debe hacer esta educación general en toda la extensión del territorio y para todos los jóvenes sin excepción. Precisamente para lograr esta generalidad tenemos necesidad del Estado". Pero el Estado nacional no basta; el fin último de la educación es la humanidad. Fichte ha sido también uno de los primeros defensores de la escuela unificada al pedir la educación de todos en todos los grados de la educación, según su capacidad e independientemente de la posición económica o social de los alumnos. Asimismo es uno de los precursores de la escuela activa, al basar en el trabajo una parte de la educación. "Un punto capital en la nueva educación nacional —dice— es que la instrucción propiamente dicha y el trabajo manual se reúnan en ella, que cada instituto se baste a sí mismo, o al menos que lo sea así a los ojos de los alumnos, y que cada uno de éstos tenga conciencia de trabajar con todas sus fuerzas para producir este resultado." Así coincide con las ideas de Pestalozzi, a quien sigue muy de cerca. Aunque su obra se dirige esencialmente al levantamiento del pueblo alemán, las ideas de Fichte han trascendido hasta nuestro tiempo.

Federico Daniel Schleiermacher (1768-1834), filósofo y teólogo, fue como casi todos los educadores de su tiempo, primero maestro privado y después profesor universitario, al mismo tiempo que predicador en Halle y en Berlín. Influido por la corriente idealista de Platón y de Kant, considera a la pedagogía como "una ciencia derivada por una parte de la ética y coordinada por otra con la política". La educación es para él "la dirección y prosecución del desarrollo del individuo por la influencia exterior". Personalidad romántica y liberal, Shleiermacher representa una vivificación de la educación, por el espíritu que le anima. Aunque la educación pertenece al Estado, en ella debe intervenir también la familia, la iglesia, la ciencia y sobre todo la comunidad local. Por otra parte, aunque la educación es eminentemente individual, no puede perder de vista los fines sociales. La escuela es el órgano principal para ello, en tanto que la familia sólo debe serlo para la primera infancia. La escuela representa un Estado en pequeño o mejor una comunidad, de la que son miembros los alumnos y su maestro. Esta comunidad es sobre todo moral, y debe basarse en el juego y en el trabajo, es decir debe ser eminentemente activa. Aunque teólogo eminente, considera que la educación religiosa corresponde a la iglesia y no a la escuela. La influencia de Schleiermacher ha sido grande sobre todo en el campo de la cultura superior, universitaria, pero también en la primaria por sus ideas psicológicas y pedagógicas, de gran finura y profundidad.

Jorge Guillermo Federico Hegel (1770-1831). Aunque no ha escrito especialmente sobre pedagogía, ha expresado frecuentemente sus ideas sobre educación en sus escritos. Fue también profesor de enseñanza secundaria antes de pasar a la Universidad. Representante máximo de la dirección idealista, creador de la idea del espíritu absoluto, la educación para él es el medio de espiritualizar al hombre. "El hombre es lo que debe ser —dice— mediante la educación, mediante la disciplina... El hombre tiene que hacerse a sí mismo lo que debe ser; tiene que adquirirlo todo por sí solo, justamente porque es espíritu; tiene que sacudir lo natural. El espíritu es, por tanto, su propio resultado." Ahora bien, esta educación sólo puede adquirirse en el Estado, que representa al espíritu objetivo. "Sólo en el Estado tiene el hombre existencia racional. Toda educación se endereza a que el individuo no siga siendo algo subtivo, sino que se haga objetivo en el Estado. Un individuo puede sin duda hacer del Estado un medio para alcanzar esto o aquello; pero lo verdadero es que cada uno quiera la cosa misma, abandonando lo inesencial. El hombre debe cuanto es al Estado"[1]. Sin embargo, el Estado no absorbe toda la personalidad del educando; sólo hace que ésta se desarrolle dentro de su cuadro. La influencia de Hegel ha sido grande no tanto por sus ideas pedagógicas, sino por su concepción general filosófica, de la cual han surgido tendencias tan diversas como el nacionalismo y el marxismo, que a su vez han influido sobre la educación actual.

2. GOETHE

El más grande de los escritores de lengua alemana *Johann Wolfgang Goethe* (1749-1832), no se ocupó sistemáticamente de la educación, pero en gran parte de sus obras expuso ideas pedagógigas y en una de sus más importantes, el *Wilhelm Meister*, dedicó toda una parte, la llamada "provincia pedagógica", a la educación. Aparte de esto se ocupó de ella durante su gestión como consejero en la Corte del duque Carlos Augusto de Weimar y en la educación de su nieto. Su misma vida es una obra de autoeducación. Goethe estuvo influido por las ideas de Rousseau y Basedow, pero difiere de ellas esencialmente en muchos puntos. Para Goethe la educación es ante todo una labor espiritual, de humanización, como para la mayoría de sus contemporáneos de este período. Lo importante es

[1] Hegel,*Lecciones sobre la filosofía de la historia universal.*

la formación de la personalidad. "Suma delicia de las criaturas —dice— es la personalidad." Pero la personalidad no debe ser nunca unilateral, parcial, limitada, sino lo más amplia y rica posible. Ahora bien, lo característico del hombre es la vida, el vivir, y en este sentido la pedagogía de Goethe es ante todo una pedagogía vital. En ella emplea la idea del desarrollo, de la metamorfosis, a partir de un núcleo original que se manifiesta en formas diversas, pero que se revela igual en todas sus manifestaciones. Es "la forma acuñada que se desarrolla viviendo".

El desarrollo, el autodesarrollo en que consiste la educación no se realiza de un modo natural, predeterminado y pasivo, sino sólo mediante la acción y el esfuerzo propios. Así la actividad, el hacer constituyen uno de los rasgos esenciales de la pedagogía de Goethe. "En la vida sólo la acción importa." "Ser activo es el destino del hombre." Y este hacer ha de estar dirigido naturalmente por el pensar, en l aunión acertada de la acción y en el pensar radica todo el éxito de la educación. "Pensar y hacer, hacer y pensar, ésta es la suma de toda sabiduría, en todo tiempo practicada, en todo tiempo reconocida, pero no siempre comprendida. Una y otra cosa han de alternar eternamente como la inspiración y la expiración; deben ser inseparables como la pregunta y la respuesta."

La "provincia pedagógica" del Wilhelm Meister [1] representa un ensayo de educación en el que una vida en común permite una observación, y educación individuales. Es la armonía o acuerdo entre las tendencias individuales y sociales. Viviendo y no sólo aprendiendo en un medio artístico, luminoso, aparecen los muchachos entregados a trabajos diversos agrícolas, acompañados de bellas canciones y vestidos con trajes diversos adecuados a sus peculiaridades. En ella, la religión o mejor las religiones son enseñadas en forma de mitos y poesía y se da un lugar preferente al respecto en que se basan aquéllas.

Además de Goethe. los más grandes poetas y escritores de la época se ocupan como hemos dicho de la educación y que aunque pertenecen al siglo anterior, en éste ejercen su mayor influencia. Entre ellos:

Epraim Lessing (1729-1781). el gran dramaturgo del siglo anterior, que escribió un tratado sobre *La educación de la especie humana*, según el cual la historia cultural de la humanidad se reproduce en el desarrollo del individuo.

[1] Véase en *Kant, Pestalozzi y Goethe sobre educación*, ed. Por L. Luzuriaga.

Johan Gottfried Herder (1744-1803), representante de la filosofía de la vida y del neohumanismo, para quien la educación es igual a la humanización, a la formación para la razón y la libertad, para la sensibilidad y el impulso, para la vida sana y delicada, para la satisfacción y el dominio de la tierra. Sus numerosos escritos sobre la individualidad y peculiaridad de los pueblos contienen ideas sobre educación.

Federico Schiller (1759-1805), el otro gran poeta alemán, se ocupa de la educación en relación con la estética. Escribió unas cartas *Sobre la educación estética del hombre* de gran interés pedagógico. Para él "no hay ningún otro camino para hacer racional al hombre sensible que el arte". Constituyó también una teoría sobre el juego como medio para la formación de la personalidad.

Juan Pablo Richter (1762-1825), autor de un tratado, *Levana o de la educación*, en el que se inspira en las ideas de Rousseau y de Goethe. Para él el fin de la educación es la armonía interior entre la fuerza y la belleza. El elemento vital de la educación es la satisfacción y la alegría que no deben ser ahogadas por la disciplina. Da gran importancia también a la conservación de lo infantil en el niño a su educación estética, así como a la de la mujer.

3. FROEBEL

A la misma dirección idealista anterior, aunque con caracteres propios, responde la pedagogía de Froebel. Su vida fue muy agitada, pero estuvo inspirada esencialmente por el amor al niño y a la naturaleza, sus dos grandes pasiones. *Augusto Guillermo Federico Froebel* nació en Turingia (Alemania) en 1782, hijo de un pastor protestante, quedando huérfano de madre a los pocos meses. Su primera infancia fue triste por el carácter riguroso de su padre y su temperamento melancólico y ensoñador. Estas circunstancias variaron a los 10 años, al ser puesto al cuidado de su tío materno, el pastor Hoffmann, quien lo atendió afectuosamente. A los 15 años empezó a trabajar como aprendiz con un inspector forestal, pero al poco tiempo disgustado del trabajo, se dedicó al estudio universitario y a actividades muy diversas, hasta que a los 23 años da con su vocación esencial, la de educador, llevándole a conocer la obra de Pestalozzi en Iverdon, donde permaneció dos años. Después estudia en las universidades de Gotinga y Berlín; se presenta como voluntario contra las tropas invasores napoleónicas y al fin, en 1816, se dedica a la educación de los niños, fundando una escuela llamada

"Instituto general alemán de educación". Sospechoso por sus ideas liberales, tuvo que refugiarse en Suiza, donde concibió su idea más genial, la de la educación de la primera infancia. A su regreso a Alemania fundó en Blankenburgo una "Institución para los niños pequeños" que al poco tiempo cambió por el nombre que le ha dado fama universal de *Kindergarten* o "jardín de la infancia" o "jardín de infantes" como se los conoce en los pueblos de lengua española. La institución tuvo un gran éxito, pero Froebel sufrió dificultades económicas y luchas con sus colaboradores. La situación política de Alemania, de carácter marcadamente reaccionario después de la Revolución de 1848, creyó percibir en la obra de Froebel ideas socialistas y ateas, y de un modo brutal prohibió el funcionamiento de los Jardines de infantes en 1811. El efecto que este ataque produjo sobre Froebel, que tenía 70 años, fue tan terrible que le llevó a la muerte, acaecida en 1852. La obra de Froebel sin embargo continuó difundiéndose en el extranjero gracias al apoyo de la baronesa Marenholtz-Bülow, y después de 10 años pudo también introducirse en Alemania.

En Froebel influyeron grandemente las ideas de Schelling y de Krause, quien también influyó en la educación española con el movimiento krausista citado anteriormente.

Las ideas pedagógicas de Froebel aparecen en su obra fundamental *La educación del hombre*, expuestas en una forma simbólica y abstracta que hace a veces difícil su comprensión. Como en Comenio, como en Pestalozzi, predomina en Froebel una visión mística y humanitaria, que sirve de inspiración a toda su obra. Ésta no es pues una cosa mecánica, puramente didáctica, sino que está subordinada a una concepción superior, que se puede reducir en Froebel a las ideas de Dios y de la naturaleza, entendiendo por ésta no la meramente física, sino la naturaleza total, la unidad de todo lo creado, tanto en el aspecto físico como en el espiritual, la cual, en último término, constituye la divinidad. Para Froebel la educación consiste en "suscitar las energías del hombre como ser progresivamente conciente, pensante e inteligente, ayudar a manifestar con toda pureza y perfección, con espontaneidad y conciencia, su ley interior, lo divino que hay en él". La educación para él es ante todo desarrollo completo de las energías latentes con una finalidad humana. "El fin de la educación es el desenvolvimiento de una vida fiel a su vocación, sana, pura y por lo tanto, santa." La educación ha de adaptarse pues, a las etapas del desarrollo del hombre, reconociendo el valor de cada una de ellas y particularmente de la infancia. "No sucedería así [no habría violencia interior] si los padres consideraran al niño en relación con las sucesivas edades y etapas de la vida, sin pasar por alto ninguna de ellas; si tuvieran sobre presente que la energía y la perfección del desarrollo en cada período dependen de todos y cada uno de los períodos anteriores... Ni el niño, ni el muchacho, ni aun el hombre mismo, deben tener otra aspiración que la de ser en cada período de la vida lo que este período exige." De aquí el cuidado y respeto que ha de tenerse con el niño desde el primer momento de su vida, desde su nacimiento. La gran aportación de Froebel es haber visto anticipadamente lo que los psicólogos han descubierto después: que los primeros años de la vida son los decisivos en el desarrollo mental del hombre.

Froebel se ha anticipado también a su tiempo en otras ideas hoy comunes en la educación del nuestro. Entre ellas se encuentran las ideas de actividad y libertad, en las que insiste constantemente y que constituyen la esencia de su doctrina pedagógica. "El hombre, desde que nace y empieza a desarrollarse debe aprender la trabajar y producir, a manifestar su actividad en obras exteriores." Todos los niños, todos los muchachos y jóvenes, sin excepción alguna, cualesquiera que fuesen su situación y su clase, deberían emplear por lo menos una o dos horas diarias en un trabajo serio, en la producción de objetos determinados. Esto es necesario sobre todo para la revelación de las tendencias e impulsos internos, y para su subsiguiente dirección. Respecto a la libertad, dice Froebel: "En la buena educación, en la enseñanza adecuada, en la verdadera doctrina, la necesidad debe llevar a la libertad; la ley, a la propia determinación; la coacción a la voluntad libre; el odio exterior al amor interior".

Otra de las ideas esenciales de Froebel, y que caracteriza su método de educación, es el valor que asigna al juego para la educación. Mientras que ésta era hasta él una obra esencialmente de esfuerzo, Froebel es el primero que reconoce toda la trascendencia educativa del juego. "El juego —dice— es el más puro y espiritual producto de esa fase del crecimiento. Es a un mismo tiempo modelo y reproducción de la vida total, de la íntima y misteriosa vida de la naturaleza en el hombre y en todas las cosas. Del jugo manan las fuentes de todo lo bueno... El niño que juega tranquilamente, con espontánea actividad, resistiendo la fatiga, llegará a ser de seguro un hombre también activo, resistente, capaz de sacrificarse por su propio bien y por el de los demás."

Para Froebel, la escuela tiene una función social a la par que individual el desarrollo de las energías del niño y la conciencia del grupo y de la colectividad. Pero la escuela ha de parecerse lo más posible a la vida; en ella deben reinar también la actividad y la libertad. "No se crea que la escuela contradice la espontánea actividad del muchacho. La acción bien dirigida de la escuela, que ha de tender precisamente a fortificar las energías íntimas y espirituales de los alumnos, hace que éstos se sientan más libres, se muevan con mayor soltura en la vida. El buen escolar no anda encogido y con la cabeza baja: debe estar alegre, dispuesto, sano de cuerpo y de alma. No hay antagonismo entre la escuela y la vida."

Pero la creación genial de Froebel es, como se ha dicho, la del *Kindergarten*. Ya su nombre indica el sentido de su creación como un jardín donde se cultivan las plantas que son las almas de los niños. En aquél lo esencial es la actividad infantil, que se manifiesta como juego. Aunque él mismo dio ciertas apariencias simbólicas a las actividades y medios de educación, no les asignó en cambio el carácter rígido y cerrado que el Jardín de infantes ha adquirido posteriormente en algunas instituciones. Los tres elementos esenciales del Jardín son: los dones y ocupaciones, la jardinería y el cuidado de animales y los juegos y cantos. Los dones son, como se sabe, la pelota, como el cuerpo más simple que existe; el segundo es una esfera de madera y un cubo; el tercero una exaedro dividido en ocho pequeños cubos; y los restantes son divisiones del exaedro en tablitas y cubos. Las ocupaciones se refieren al trenzado, plegado y recortado. Pero también son interesantes los cantos que acompañan a estas actividades y que él mismo recogió en su libro *Cantos de la madre*, compuesto de poesías y canciones adaptadas a los niños. Froebel sin embargo no ha escrito una obra sistemática sobre su Jardín de infantes.

"¿En qué se diferencia Froebel —pregunta Johannes Prüfer— de todos los demás pedagogos?" Y responde: "Simplemente en que no sólo nos ha legado —como los otros— escritos e instituciones, sino también algo desacostumbrado, es decir, un gran conjunto de medios de juego y ocupación. El material froebeliano de juego y ocupación, a pesar de su riqueza, no puede aparecernos como algo concluido, sino más bien como una semilla que debe brotar y crecer en el alma de los hombres, tanto en la de los niños como en la de los adultos"[1].

Y éste es también para nosotros el valor de la obra de Froebel, su gran contribución al desarrollo del niño por medio de la acti-

[1] J. Prüfer, *Federico Froebel*, Barcelona, Labor.

vidad y del juego. Claro es que en él, como en todos los educadores, hay ciertas ideas de valor puramente histórico, como el sentido simbólico que atribuye a sus dones y juegos así como su tendencia a la simplificación y el sistema. Pero se puede prescindir de ellas, y ver sólo qué hay de permanente en sus ideas y métodos. En este sentido, Froebel quedará como el clásico por excelencia de la primera infancia. Su psicología era sin duda pobre; en su tiempo no se conocía la vida anímica del niño como hoy la conocemos, pero sus intuiciones previeron mucho de lo que después ha descubierto la psicología de nuestro tiempo. Terminemos con estas palabras suyas, que dan idea del valor que reconocía a la infancia: "Sepamos ver al hombre en el niño, consideremos la vida del hombre y de la humanidad en la infancia. Reconozcamos en el niño el germen de toda la actividad futura en el hombre".

4. HERBART

El fundador de la pedagogía científica, *Juan Federico Herbart*, nació en Oldenburgo, Alemania, el 4 de mayo de 1776. Su padre fue consejero de Justicia y de Gobierno, y su madre se dedicó enteramente al cuidado de su hijo, quien recibió la primera enseñanza en su casa con un maestro privado. Estudió la segunda enseñanza en el Instituto humanista de su ciudad natal, y la superior en la Universidad de Jena. Terminados su estudios universitarios se colocó como maestro privado, a los 21 años, en casa del señor Steiger, en Berna, donde realizó su primera experiencia pedagógica con la educación de los tres hijos de aquél. La estancia en Suiza le sirvió además a Herbart para ponerse en contacto con las ideas de Pestalozzi, a quien visitó en Burgdorf en 1799. Vuelto a Alemania, Herbart se preparó para la carrera universitaria, llegando a ocupar una cátedra en la Universidad de Gotinga en 1805. De esta época data su *Pedagogía general*, que no encontró todo el éxito que se merecía por desconocerse aún las ideas filosóficas de Herbart, en que aquélla se basaba. En 1809 sucedió a Kant en la cátedra de filosofía de la Universidad de Koenigsberg, donde permaneció hasta 1833 y donde fundó un Seminario pedagógico con una escuela práctica y un internado. En 1833 volvió a la universidad de Gotinga, donde escribió su obra pedagógica decisiva, el *Bosquejo para un curso de pedagogía*. En aquella ciudad murió Herbart el 14 de agosto de 1841, a los sesenta y seis años de edad. Como se ve, la vida de Herbart ha estado siempre relacionada con la educación, aunque más bien desde el punto especulativo, pedagógico, que del práctico. Sin embargo, sus experiencias educativas le sirvieron de base para sus meditaciones pedagógicas, de gran riqueza y finura. Su filosofía es de carácter más bien realista, diferente por tanto de la idealista de la época anterior. De él ha dicho Ortega y Gasset: "Por encima de toda duda, está que nadie antes que Herbart consigue llevar el caos de los problemas pedagógicos a una estructura sobria, amplia y precisa de doctrinas rigurosamente científicas. Nadie antes que Herbart toma sobre sí completamente en serio la faena de construir una ciencia de la educación" [1].

Para Herbart, la pedagogía, como ciencia, se basa en la filosofía práctica [ética] y la psicología. "Aquélla muestra el fin de la educación; ésta, el camino, los medios y los obstáculos". Aunque esta fundamentación resulta parcial, pues faltan en el fin de la educación otras disciplinas como la lógica y la estética, por el momento nos servirá para exponer sucintamente las ideas filosóficas y psicológicas de Herbart.

Para Herbart, la vida psíquica está constituída esencialmente por el juego de las representaciones. Éstas constituyen los últimos elementos a que puede reducirse la actividad anímica. De ellas son sólo modificaciones los sentimientos y los deseos, los cuales surgen del equilibrio o desequilibrio de la conciencia, de la facilidad o de la resistencia que encuentren las representaciones para penetrar en ésta. De aquí nace el carácter marcadamente intelectualista de la pedagogía de Herbart. De aquí surge también su idea de la "educación por la instrucción", ya que al modificar con la enseñanza las representaciones (ideas) podemos modificar sin más toda la vida psíquica.

El fin de la educación, para Herbart, es la virtud, que consiste en el acuerdo de la voluntad con las ideas éticas, las cuales se basan en juicios estéticos. Esas ideas éticas son la libertad íntima, la perfección, la benevolencia, el derecho y la equidad, y como hechos dichos con su aceptación se puede modificar la conducta.

En la actividad educativa Herbart diferencia tres momentos esenciales: el gobierno, la instrucción y la disciplina. El *gobierno* se dirige a la conservación del orden, a la conducta externa de los niños, para lo cual el medio más importante es mantenerlos ocupados, activos. Otros medios empleados son el amor, la autoridad,

[1] J. Ortega y Gasset, "Prólogo" a la trad. española, por L. Luzuriaga, de la *Pedagogía general*, de Herbart.

la vigilancia, la amenaza y el castigo, siendo los más eficaces los dos primeros.

La *instrucción* tiene por fin, como toda la educación, la virtud, o sea la "fuerza de carácter de la moralidad". El medio esencial de aquélla es el interés, o mejor la "multiplicidad del interés". Para que la instrucción pueda penetrar en las representaciones del alumno han de abrirse todas las puertas del espíritu. La idea del interés es una de las más fructíferas de Herbart. Los intereses sirven como de motores, o estímulos para la acción, y se refieren al mundo de la naturaleza (conocimiento) y al mundo de los hombres (simpatía). Y además de ser múltiples y variados, tienen que estar armónicamente repartidos y unificados en la personalidad. En la instrucción hay que tener también en cuenta su teoría de los "grados formales de la instrucción", referidos a los diversos momentos de la exposición y apropiación de la materia instructiva, a saber: la *claridad* (aprehensión, apercepción de lo mostrado); la *asociación* (enlace de las representaciones ya existentes); el *sistema* (ordenación, pensar sistemático), y el *método* (aplicación, referencia de lo adquirido a la realidad, a la práctica).

La *disciplina* persigue el mismo fin que la educación en general, o sea la formación para la virtud; se apoya sobre todo en el trato personal, pero se diferencia del gobierno en que éste se dirige más al comportamiento externo que a la conducta propiamente dicha, es decir, a la que se rige por las ideas morales. La formación del carácter, o sea la consistencia y la uniformidad de la voluntad, constituye el objetivo de la disciplina. Ésta puede proceder como "contenedora", en cuanto el alumno debe ser reprimido; como "determinadora", para que el alumno elija rectamente, y como "reguladora", en edad más avanzada, para que el alumno pueda gobernarse por máximas y principios, es decir, para que llegue a la autonomía moral.

Tales son, a grandes rasgos, las ideas esenciales de la pedagogía de Herbart. Pero dentro de ésta hay algunas más que merecen especial atención. Entre ellas se encuentra su idea de la *apercepción*, por virtud de la cual cuando una nueva representación entra en la conciencia salen a su encuentro las semejantes que ya preexistían en ella, o sea los elementos apercipientes. La instrucción debe pues proporcionar aquellas representaciones que tengan ya precedentes o antecedentes en la conciencia del alumno, y por lo tanto no ser enteramente nuevas. Otra idea esencial es la de la *multiplicidad del interés*, es decir, la ampliación del horizonte mental a la mayor cantidad posible de ideas y sugestiones para evitar la parcialidad del saber y de la conducta.

Una idea poco reconocida en la pedagogía de Herbart es la necesidad de poner la educación en relación con la vida, es decir, con la del mundo inmediato del niño, partiendo de la vieja sentencia de "no aprender para la escuela, sino para la vida". Así dice: "Por esto no podemos exaltar la escuela a costa de la vida; el alumno debe llegar a ser hombre, y al hombre le hace la vida precisamente en tanto que se opone a la escuela... Por tanto, de la escuela a la vida y, a su vez, vuelta de la vida a la escuela; ésta sería sin duda la marcha mejor que se podría seguir".

Finalmente, a pesar de su concepción individualista, la pedagogía de Herbart sostiene la necesidad de la intervención del Estado en la educación, aunque no el monopolio de ella. Reconoce a la educación una autonomía, que el Estado no puede ni debe suprimir, sino respetar. El Estado necesita de la educación, y la educación necesita del Estado. "Baste con esto para recordar que entre Estado y escuela existe, en virtud del influjo de ésta sobre la opinión, una relación de dependencia que es recíproca, y que el Estado intentaría en vano apoderarse de ella".

Resumiendo, la pedagogía de Herbart se caracteriza sobre todo por su carácter intelectualista e individualista. Pero sobre estos defectos tiene en su beneficio el haber fundado la corriente científica o una aspiración a la ciencia. Además, hay que acreditarle una multitud de finas observaciones psicológicas, que han servido de base para el desarrollo ulterior de la psicología pedagógica. Sus ideas llenaron la segunda mitad del siglo pasado; puede decirse que toda ella estuvo inspirada en la pedagogía herbartiana. A continuación se indican algunos de los más importantes representantes de esta corriente pedagógica:

Tuiskon Ziller (1817-1882), el más destacado de los herbartianos, autor de varias obras, entre ellas *Fundamentos para la teoría de la instrucción educativa;* que elabora detalladamente las ideas metódicas de Herbart; funda la "Asociación de pedagogía científica", que tuvo gran resonancia en Europa y América.

Karl Stoy (1815-1885), sucesor en la cátedra universitaria de Herbart, director del Instituto de educación de Jena, que alcanzó gran renombre, y autor de una *Enciclopedia* pedagógica; de temperamento más libre que Ziller y una personalidad más abierta a las nuevas ideas.

Wilhelm Rein (1847-1929), el último de los herbartianos, también profesor en la Universidad de Jena, y director de su Instituto pedagógico y editor de un gran *Diccionario de Pedagogía*.

Al mismo movimiento herbartiano, aunque con carácter más independiente pertenecen otros pedagogos, entre los cuales se cuentan:

Ernest von Sallwürk (1839-1926), de tendencia más voluntarista que la intelectualista herbartiana, autor de *Formas didácticas normales* y *Escuela de la voluntad como base de toda educación*, que indica ya su orientación.

Otto Willmann (1839-1920), de orientación religiosa católica sobre base aristotélica, autor de una *Didáctica como teoría de la formación*, que tiene entre otros méritos su parte histórica, exponiendo los diversos tipos históricos de la educación. Pero también su parte didáctica está concebida con gran amplitud filosófica y pedagógica.

La escuela herbartiana ha perdido en nuestro tiempo su influencia, debido sobre todo a los ataques dirigidos por los representantes de la pedagogía activa, entre los cuales se destacó John Dewey.

5. LA PEDAGOGÍA POSITIVISTA: HERBERT SPENCER

En la segunda mitad del siglo XIX se difunde también una corriente filosófica, el positivismo, fundado por *Augusto Comte* (1790-1857), que tuvo sus repercusiones en la pedagogía, aunque menores que el herbartianismo. El mayor representante de él es *Herbert Spencer* (1820-1903) que aunque no fue propiamente un pedagogo, tuvo cierta influencia en la educación. Spencer es autor de una conocida obra, *La educación intelectual, moral y física*, de carácter ocasional, en la que acentúa el valor utilitario de la educación, preguntándose al comienzo de ella por los conocimientos más útiles para nosotros. Su respuesta es: los que sirven para la conservación y mejora del individuo, la familia, el Estado y la sociedad en general. La educación para él es la preparación para la vida completa, acentuando en ella el carácter científico de los estudios sobre los literarios, el conocimiento individual sobre el tradicional. "El ideal de la educación —dice— consiste en obtener una preparación completa del hombre para la vida entera. En general, el objeto de la educación debe ser adquirir del modo más completo posible los conocimientos que sirvan mejor para desarrollar la vida intelectual y social en todos sus aspectos, y en tratar superficialmente los que menos contribuyan a ese desarrollo". Influído por las ideas naturalistas de Rousseau, da Spencer una gran importancia a la educación física y al estudio de la naturaleza. Su educación intelectual la basa en la idea de la intuición de Pestalozzi. Spencer es por fin el representante de la pedagogía individualista, al negar al Estado el derecho a intervenir en la educación. En realidad hay muy poco de original en la pedagogía spenceriana, a no ser su insistencia en el carácter utilitario, pragmático de la educación y en el valor del conocimiento científico.

En una dirección semejante, aunque más técnica, se halla *Alejandro Bain* (1818-1903) autor de la conocida obra *La ciencia de la educación*, que aunque de carácter utilitario, tiene un valor más humanista, acentuando también el papel de la ciencia en la educación.

En ese mismo sentido cientifista hay que citar al discípulo y colaborador de Darwin, *Thomas Huxley* (1825-1895), autor de una obra, *Ciencia y educación*, en la que acentúa el valor para la educación de los conocimientos científicos y naturalistas.

CAPÍTULO XVIII

LA EDUCACIÓN EN EL SIGLO XX

Es muy difícil señalar el carácter general de la educación en lo que va del siglo XX. Sin embargo, aun a riesgo de simplificarla, podríamos decir que la característica común de nuestro tiempo es la *democratización* de la enseñanza. Lograda prácticamente en casi todas partes la implantación de la escuela primaria pública, universal, gratuita y obligatoria en el siglo último, le correspondía al nuestro ampliar aquélla hasta comprender la educación de la adolescencia, o sea la enseñanza secundaria. En tal sentido se ha venido trabajando en este tiempo, entre las guerras y revoluciones que en él han ocurrido.

Sin embargo, estos acontecimientos, lejos de retrasar el movimiento de democratización de la enseñanza, más bien lo han apresurado, ya que después de cada uno de ellos se han realizado profundas reformas en los principales países europeos y americanos. Así, después de la primera guerra mundial introdujeron sendas reformas en su educación Inglaterra, Francia y Alemania. Al surgir la revolución rusa también se produjeron movimientos reformadores, pero en un sentido totalitario, primero en ese país y después, con signos contrarios, en Alemania con el nacionalsocialismo y en Italia con el fascismo. La segunda guerra mundial ha venido a cambiar este proceso en los dos últimos países con la caída de sus regímenes políticos. Y en los países democráticos ha vuelto a intensificarse el proceso de democratización con las últimas reformas de Inglaterra y Francia, y lo mismo está ocurriendo con Alemania e Italia actualmente.

De este modo, el cuadro general de reformas de la educación en la primera mitad del siglo XX será sin duda proseguido en lo que queda del siglo. Pero al mismo tiempo habrá de atenderse a los países de América, Asia y África que han quedado más atrasados, hasta que puedan alcanzar un nivel razonable, teniendo naturalmente en cuenta sus circunstancias políticas y económicas.

Así, otra tendencia cada vez más intensa en nuestro siglo es la de internacionalizar la educación por la cooperación de todos los países, que respetando el sentido nacional, llegue a establecer una educación pública de alcance universal.

1. ALEMANIA

Al comenzar el siglo XX, la educación en Alemania sigue el camino trazado por el régimen imperial autoritario, aunque técnicamente eficiente, en el sentido de cumplir estrictamente las leyes de la obligatoriedad y universalidad de la enseñanza. Sin embargo, los partidos avanzados y el magisterio trataron de llevar a cabo la idea de la educación democrática por medio de la "escuela unificada" *(Einheitsschule)* por la cual se trataba de facilitar el acceso a la enseñanza superior a todos o al menos a los alumnos más capaces. En esta campaña se distinguieron los pedagogos más importantes de la época, como Kerschensteiner, Natorp, Spranger, etc. Hubo empero que esperar a la terminación de la primera guerra mundial y a la revolución subsiguiente para que esas ideas pudieran llevarse a cabo.

Ya el Gobierno provisional de la República alemana de 1918, tomó algunas medidas en este sentido al enunciar en su proclama el 13 de noviembre la creación de la escuela unificada y la liberación de la enseñanza de toda tutela eclesiástica. Después, por iniciativa de su ministro *Konrad Haenisch*, dispuso la organización de "comunidades escolares", la creación de consejos de maestros y consejos de padres, la supresión de la asistencia obligatoria a la enseñanza religiosa, etc. Pero las disposiciones más importantes se dictaron al aprobarse la Constitución de la República de Weimar, en 1919. En ella se implantaba la "escuela unificada" al disponer su artículo 146: "La instrucción pública se constituirá orgánicamente. La enseñanza media y superior, se asentarán sobre una escuela básica común. Para esta organización habrá de tenerse en cuenta la multiplicidad de profesiones de la vida, y para la admisión de un niño a una escuela determinada no se atenderá más que a su capacidad y vocación, no a la posición social y económica, ni a la confesión religiosa de sus padres". Esta disposición fue completada por la del mismo artículo, párrafo 3º, que disponía: "Para el acceso de los no pudientes a las escuelas medias y superiores, el Reich, los Estados y los municipios deberán facilitar fondos públicos, especialmente subsidios de educación, a los padres de los niños que parezcan apropiados para su perfeccionamiento educativo en las escuelas medias y superiores".

La Constitución adoptó otras medidas importantes en el sentido de proporcionar gratuitamente el material de enseñanza a los alumnos, de suprimir las clases preparatorias de los colegios secundarios, a los que sólo podían asistir los alumnos de familias pudientes, y de ordenar la preparación universitaria del magisterio. En el campo de la enseñanza religiosa se llegó a un compromiso en virtud del cual se conservaba el carácter confesional de las escuelas, pero se libraba a maestros y alumnos de la obligación de darla o recibirla, y se introducía la escuela extraconfesional e interconfesional.

Para la aplicación de las prescripciones constitucionales se dictaron varias leyes, la más importante de las cuales fue la llamada "ley de la escuela básica *(Grundschulgesetz)* organizando los primeros cuatro años de la escuela primaria con carácter universal, obligatorio y común para todos los alumnos. Otras disposiciones crearon un nuevo tipo de escuela secundaria, la "escuela de transición", para que los alumnos primarios pudieran pasar a la escuela secundaria antes de la terminación de sus estudios.

Todas estas reformas se vinieron sin embargo abajo con la irrupción en el poder del partido nacionalsocialista dirigido por Adolfo Hitler. Los objetivos de éste se pueden sintetizar en los siguientes puntos: 1º La formación del hombre como soldado-político y su subordinación al jefe superior, el Führer. 2º La creación de una conciencia racial-nacional como entidad suprema. 3º El desarrollo de la disciplina y de la obediencia ciega a las autoridades políticas. 4º El cultivo y endurecimiento del cuerpo en forma parecida al ejercicio militar. 5º La subordinación de la educación intelectual a la política, no admitiéndose la existencia de una ciencia independiente. 6º La supresión de la libertad y la iniciativa individual en la educación de la voluntad. 7º La subordinación de la educación religiosa a la política nacionalsocialista.

Siguiendo estas ideas se reformó la educación alemana, poniéndola en manos del partido nazi en forma autoritaria, dictatorial, obligando al magisterio y profesorado a adherirse a aquél y llevando sus ideas políticas a todos los establecimientos de enseñanza. Al propio tiempo, se organizaron asociaciones extraescolares, como la "Juventud hitleriana" para inculcar en los jóvenes las ideas de un modo más rápido que la escuela. Finalmente, se crearon o reorganizaron instituciones como las de "Año rural", el "Servicio del trabajo", etc., para poner a la juventud bajo el dominio hitleriano. En este sentido, hay que citar también las escuelas especiales creadas para la formación de los líderes de su política como las Escuelas Adolfo Hitler, los Burgos de las Órdenes, etc., en las que se imponía un régimen de vida ascético, parecido al de las antiguas órdenes militares.

Naturalmente, todas estas reformas e instituciones desaparecieron en 1945 con la caída del régimen hitleriano. Desde entonces el problema de la educación alemana ha consistido en desnazificar a la juventud, al magisterio y al profesorado y en permitirles un régimen de libertad y democracia. Existen pruebas de que este proceso se está llevando a cabo, volviendo Alemania a ocupar el lugar que le corresponde en el mundo libre de la educación y la cultura contemporáneas.

2. FRANCIA

Después de las grandes leyes escolares de 1880, la educación francesa siguió aplicando los principios de la educación universal, gratuita, obligatoria y laica. Terminada la primera guerra mundial, sintió sin embargo la necesidad de reformar su enseñanza conforme a las ideas democráticas de la llamada "escuela única" *(ècole unique)*, inspirada en la "escuela unificada" alemana. Primeramente fueron los "Compagnons", un grupo de profesores combatientes, los que iniciaron en 1918 con su obra *L'Université nouvelle* el movimiento, pidiendo la creación de una enseñanza democrática, la supresión de las barreras que separaban a la enseñanza primaria escolar hasta los 14 años y la reducción a cinco de los siete años que comprendía la enseñanza secundaria.

Más amplio y comprensivo fue el movimiento desarrollado por los representantes de los partidos democráticos como el radical socialista y el socialista, distinguiéndose en esta labor el líder de aquéllos M. Edouard Herriot y el destacado pedagogo M. Ferdinand Buisson. Aquél presentó a la Cámara de Diputados, en 1920, un proyecto de ley organizando la enseñanza nacional sobre estas bases:

Suprimir las clases primarias de los liceos y colegios; abolir las retribuciones escolares en todos los establecimientos públicos de enseñanza secundaria y profesional; en sustitución del régimen de becas, admitir de derecho y sin gastos en estos establecimientos a los candidatos reconocidos como los más capaces de seguir en ellos con fruto sus enseñanzas como resultado de exámenes y concursos accesibles a los alumnos de las escuelas públicas o privadas; constituir con las subvenciones del Estado y las contribuciones de la iniciativa privada un fondo nacional, sea de préstamos en honor a los estudiantes, sea de adelantos a las familias que tengan necesidad de socorro. Después de varios proyectos y disposiciones se dio un gran paso en el camino de la educación democrática en 1930, al iniciarse la gratuidad en la enseñanza secundaria, que fue realizada plenamente en 1932 y 1933, declarándola totalmente gratuita.

Otro momento importante en el movimiento de reforma en el sentido de la educación democrática está constituido por las reformas del ministro M. Jean Zay, quien en 1937 presentó un importante proyecto de ley facilitando el paso a la enseñanza secundaria a los alumnos primarios y la creación de las llamadas "clases de orientación" para guiar a éstos a la terminación de sus estudios. Esta reforma se llevó a cabo el mismo año a título de ensayo, introduciendo también algunos de los principios de la escuela activa con las llamadas "actividades dirigidas" *(loisirs dirigès)*.

La declaración de la segunda guerra mundial y la subsiguiente ocupación alemana del territorio francés suprimieron las reformas proyectadas y realizadas. Su lugar lo ocuparon las medidas del llamado Gobierno de Vichy, del mariscal Pétain, de carácter autoritario y reaccionario. Aquél suprimió la escuela única, introdujo la enseñanza confesional, restringió la gratuidad de la enseñanza secundaria, todo ello basándose en las ideas de "Patria, Familia y Trabajo" muy próximas a las del movimiento hitleriano e introduciendo las ideas de obediencia y jerarquía en vez de las de libertad y democracia puramente francesas.

Terminada la segunda guerra mundial, y aun antes, al comenzar el movimiento de liberación, Francia emprendió la reforma de su educación, comenzando como era natural, por abolir todas las medidas dictadas por el régimen de Pétain. Para ello nombró una comisión presidida por el eminente científico Langevin que ha dado su nombre a la reforma. El plan Langevin está inspirado en las ideas de la educación democrática y trata de llevar a la práctica la "escuela única" anterior a la guerra, aunque sin nombrar a ella, ni a sus defensores. Por otra parte, tiende especialmente a favorecer la educación de los trabajadores, a quienes trata de dar la mayor cultura general y profesional posible. En el Plan, que se llevará paulatinamente a cabo, se establece una enseñanza de primer grado, que va de los 3 a los 10 años, dividida en escuela maternal (3 a 6 años) y escuela primaria (7 a 10 años); sigue a ésta una enseñanza de segundo grado, que comprende de los 11 a los 18 años dividida también en dos ciclos: uno de observación (11 a 15 años) y otro de determinación y selección de estudios (16 a 18); finalmente, está la enseñanza de tercer grado, compuesta a su vez de tres ciclos: uno preuniversitario, de preparación para la enseñanza superior (2 años); un ciclo de licenciatura (2 años) y otro de investigación y doctorado (2 o más años).

Aunque el Plan no ha podido llevarse a cabo, ha quedado como orientación de la política pedagógica francesa. En este sentido, ya el Ministerio de Educación presentó en diciembre de 1949 al Consejo Superior de Educación un proyecto en el que se recogen las ideas esenciales del Plan Langevin, y en 1959 el gobierno del general De Gaulle ha presentado otro proyecto en el mismo sentido unificador y democrático.

Una interesante reforma introducida en la enseñanza francesa, en su segundo grado, el secundario, es la creación de las llamadas *clases pilotos*, que en esencia tratan de modificar el carácter académico e intelectualista de la segunda enseñanza francesa orientándola en las ideas de la escuela activa. Estas clases, aunque encuentran la hostilidad del profesorado secundario, se van creando paulatinamente, año tras año, con carácter voluntario para los profesores y alumnos. Para conseguir sus fines, la reforma reduce el número de alumnos por profesor, introduce las actividades manuales y los trabajos libres literarios, las excursiones escolares, la autonomía de los alumnos, etc., y dispone la reunión periódica de profesores y padres para tratar de los alumnos y de su educación.

3. INGLATERRA

Como en los demás países europeos, la primera guerra mundial conmovió profundamente la estructura del edificio educativo inglés. Anteriormente, éste se hallaba constituido por una serie de instituciones sin mucha conexión entre sí. La educación inglesa, a pesar del proceso de nacionalización del siglo último, había quedado basada en el esfuerzo social, voluntario, y en la vida local, municipal. El Estado intervenía sólo como sustentador y orientador, pero sin dirigir la vida íntima de las instituciones que siguieron disfrutando de una gran libertad administrativa y pedagógica. La guerra hizo ver la necesidad de una mayor intervención del Estado en la organización de la educación, y aun antes de que terminara, en 1918, el Parlamento aprobó una ley, la ley Fisher, que comprendía en esencia los siguientes puntos: 1º Cumplimiento de la obligación escolar, desde los 6 a los 14 años, suprimiendo todas las excepciones anteriores. 2º Asistencia obligatoria de todos los muchachos y muchachas desde los 14 a los 18 años, que no asistieran a otras escuelas, a una escuela de perfeccionamiento o de continuación, por lo menos 320 horas al año, durante la jornada de trabajo. 3º Subvenciones del Estado para la creación de comedores y roperos escolares, campos de vacaciones, inspección y tratamiento médicos, escuelas de guarda *(nurseries)* para niños de 2 a 5 años, escuelas de anormales, epilépticos y físicamente impedidos, etc., y 4º Desarrollo de las escuelas post-primarias por medio de las *central schools* o sea escuelas de carácter técnico y educativo.

Las circunstancias económicas de la postguerra impidieron que pudieran implantarse algunas de estas medidas, como la asistencia obligatoria a las escuelas de continuación, aunque muchas autoridades lo hicieron con carácter voluntario. Pero la ley de 1918 representó un progreso considerable en la democratización de la educación pública inglesa.

El movimiento en favor de la nacionalización y democratización de la educación no se interrumpió en los años siguientes, sino que fue proseguido por los partidos políticos, sobre todo por el laborista, que lo concretó en su fórmula "la enseñanza secundaria para todos". Por su parte, las autoridades inglesas de educación realizaron un progreso extraordinario al publicar en 1926 el Informe o *Report, Hadow,* presentado por el comité Consultivo del Ministerio de Educación, sobre educación de la adolescencia, y en el cual se recogían las ideas del partido Laborista, aunque sin nombrarle. En él se recomendaba la creación de una especie de educación secundaria general y obligatoria proponiendo al efecto que la enseñanza primaria terminase a los 11 años y se empezase entonces la secundaria hasta los 15 ó 16 con carácter también obligatorio. Otro paso más allá se dio en 1938 con otro Informe, el *Report Spens,* que proponía la equiparación de la enseñanza técnica y científica a la humanista, y elevaba considerablemente el nivel de aquéllas.

Pero el momento decisivo en la reorganización y democratización de la educación pública inglesa está constituído por la ley de educación de 1944 *(Education Act 1944)*, que representa la realización del principio de la educación secundaria para todos, patrocinado por el partido Laborista y por los Informes Hadow y Spens antes mencionados. En el proyecto presentado en plena guerra por el ministro Butler, del Gobierno de concentración nacional presidido por Churchill, se decía: "El proyecto se basa en el reconocimiento del principio de que la educación es un proceso continuo realizado en diversas etapas. Para los niños menores de 5 años debe haber cantidad suficiente de escuelas maternas o de guarda *(nurserie schools)*. El período de asistencia obligatoria se extenderá hasta los 15 años sin excepciones y con medidas para la siguiente ampliación hasta los 16 tan pronto como las circunstancias lo permitan. El período desde los 5 años hasta la edad final, se dividirá en dos etapas: la primera que se conocerá como la primaria, comprenderá hasta los 11 años. Desde esta edad se ofrecerá a todos los niños una educación secundaria de diversos tipos pero de igual consideración".

La ley aprobada comprende en esencia los siguientes puntos: 1º La transformación del anterior Board of Education en un auténtico Ministerio de Educación. 2º La asistencia obligatoria a las escuelas desde los 5 hasta los 15 años y cuando sea posible hasta los 16, dividida en dos períodos, el primario hasta los 11 años y el secundario hasta los 15 ó 16. 3º La asistencia obligatoria de los adolescentes que no concurran a otras escuelas, a las de ampliación, llamadas Colegios provinciales *(county colleges)* hasta los 18 años, durante un día completo o dos medios días a la semana, durante 40 semanas al año o bien durante un período continuo de 8 semanas o dos de 4 semanas al año. 4º La ampliación de los servicios de asistencia social en las escuelas primarias y secundarias, dando mayores facilidades para la comida, el vestido, los juegos, etc., de los alumnos así como para la organización de nuevos servicios higiénicos y médicos. 5º La unificación de la educación pública y privada respecto a la inspección y subvenciones y a la educación religiosa, que se extiende ahora a todas las escuelas subvencionadas, pero sin tener un carácter confesional o dogmático.

Tales son a grandes rasgos, los puntos que comprende la ley de 1944, algunos de los cuales tardarán en llevarse totalmente a cabo; pero la mayoría de ellos han sido ya puestos en vigor, no obstante los enormes gastos que suponen en personal y material. Con éstas y otras medidas complementarias, la educación pública inglesa se ha puesto a la cabeza de todas las de Europa.

4. ESTADOS UNIDOS

Estados Unidos es el país que, sin duda, ha realizado mayores progresos en la universalización de la educación, hasta el punto que puede decirse que su enseñanza constituye el prototipo de la educación democrática. Su concepción esencial en este respecto puede sintetizarse en su frase: "igualdad de oportunidades educativas para todos", que ha llegado a convertirse en una realidad. Su espíritu ha sido formado por los grandes estadistas y pensadores, que desde la declaración de la Independencia se han preocupado siempre por la educación pública, como Washington, Jefferson, Lincoln, Horacio Mann, Henry Barnard, William James, Stanley Hall, etc., de siglos anteriores y los pedagogos de nuestro tiempo como John Dewey, Charles W. Elliot, Nicholas Murray Butler, William H. Kilpatrick, Carleton Washburne, James B. Conant, etc.

Como es sabido, la educación en los Estados Unidos no es asunto del Gobierno Federal, sino de los Gobiernos de los diversos Estados. Por ello no existen leyes federales generales, ni una uniformidad en cuanto a la cantidad y a la calidad de la educación sino que en unos Estados ésta se halla más adelantada que en otros. Pero de todos modos, hay una tendencia hacia un nivel medio general elevado por la influencia recíproca entre los Estados y por las ideas de sus pedagogos y educadores.

Las principales características de la educación norteamericana, tales como pueden obtenerse de su desarrollo histórico, son: 1º La organización de la educación en una forma gradual, desde el jardín de infantes a la universidad: la llamada "escala educativa" *(educational ladder)* por la cual todo alumno puede llegar a los últimos grados de la enseñanza en una forma continua, ininterrumpida. 2º El enorme desarrollo alcanzado por esta educación en todos sus grados, extendiéndose la obligación escolar hasta los 16 y más años en algunos Estados. 3º La gran extensión lograda por la escuela secundaria *(high school)* a la que asiste en algunos Estados el 80 % de la población adolescente. 4º Las grandes facilidades para la asistencia a la enseñanza superior (Colleges y Universidades). 5º El carácter gratuito de todas las instituciones públicas de educación sostenidas por los Estados, desde el jardín de infantes a la universidad. 6º El carácter laico o extraconfesional de su escuela, en la que no puede darse una enseñanza religiosa confesional, cuando es sostenida con fondos públicos. 7º La tendencia a la preparación universitaria del magisterio, en sustitución de la anterior normalista. 8º El desarrollo de la educación técnica basada en el estudio científico. 9º La implantación de la coeducación en todas las instituciones educativas. 10º La participación en la educación de los factores sociales y locales y de las familias que hacen de ella una función en la que están interesados todos los sectores de la población.

El sentido de la educación democrática en los Estados Unidos lo ha sintetizado muy claramente el profesor Ellwoor P. Cubberley en estas palabras: "Un principio que hemos establecido firmemente en nuestra política educativa es que las escuelas no sólo deben ofrecer igual oportunidad para todos en cualquier grado o clase de escuela, sino también que el Estado debe ofrecer plena oportunidad sea igualmente gratuita y abierta a todos. En otras palabras, nosotros decidimos pronto, como una parte del gran movimiento democrático de la primera parte del siglo XX, que instituiríamos un completo sistema escolar democrático, y no una copia de los sistemas aristocráticos y monárquicos de las dos series de escuelas de los sistemas europeos. Tan pronto como nos fue posible suprimimos los impuestos escolares, ampliamos el curso escolar y ofrecimos escuelas y materiales gratuitos. Sustituimos el colegio secundario pago por la escuela secundaria gratuita, y al basarla en la escuela común, desarrollamos una escala educativa ininterrumpida por la que podían ascender los jóvenes que aspiraban a ello. Por encima de la escuela secundaria construimos el colegio universitario y la universidad de Estado, igualmente gratuitos. Libramos a las escuelas de su matiz de pobres, y dimos las mismas oportunidades a las muchachas que a los muchachos. Para hacer a la escuela común en sus beneficios tan amplia como fuera posible, eliminamos también de ella todo rastro de control eclesiástico. Como resultado de esto, tenemos en cada uno de los Estados un sistema gratuito, no sectario e igualmente abierto a todos los niños del Estado, y al que pueden asistir todos, a expensas del Estado, todo el tiempo que puedan obtener provecho de las ventajas educativas que se le ofrecen. Para alcanzar a un número cada vez mayor de alumnos del país, y para retenerlos más tiempos en las escuelas, el Estado está ampliando cada vez más sus sistemas de educación por la adición de nuevas escuelas y nuevos tipos de educación, de modo que aquéllos puedan encontrar los beneficios que se acomodan a sus necesidades vitales. De este modo ampliamos la pirámide educativa aumentando las oportunidades para que se lleve cada vez mayor número de alumnos y se logre una democracia cada vez más inteligente y más ilustrada"[1].

5. RUSIA

La historia de la educación en Rusia ha seguido el mismo proceso que la de los países occidentales, aunque con una marcha más lenta y retrasada. Sus comienzos hay que buscarlos en los esfuerzos de Pedro el Grande, que reinó de 1689 a 1725, para introducir la cultura occidental en un país casi en estado bárbaro y de Catalina III, que reinó de 1762 a 1796, y que prosiguió esta labor civilizadora, inspirándose en el sentido típico de los reyes del despotismo ilustrado, acudiendo incluso al consejo de Diderot para la organización de la educación pública. Durante el siglo XIX se realiza un progreso lento, debido principalmente a la resistencia de la iglesia ortodoxa y de los grandes terratenientes, pero no obstante se desarrolló la enseñanza sobre todo en las grandes ciudades. En cambio, el campesino quedó casi completamente abandonado.

La revolución bolchevique de 1917 trató de remediar esta situación por una serie de medidas apresuradas, con las que aspiraba a introducir algunas de las ideas más avanzadas de la pedagogía contemporánea. Comenzó por suprimir la enseñanza religiosa en las escuelas; estableció la coeducación en todas ellas, y dio a todas las nacionalidades el derecho de enseñar en su propio idioma. Al propio tiempo, facilitó el acceso a la enseñanza superior a todos los mayores de 16 años, hubieran asistido o no a la escuela secundaria. Después comenzó la reorganización interna de los establecimientos docentes, creando la "escuela única del trabajo", y uniendo así dos ideas pedagógicas de origen germano, la *Arbeitschule* (escuela del trabajo) y la *Einheitsschule* (escuela unificada). En esta época, las figuras más destacadas de la educación fueron el ministro o comisario de educación Lunatscharski y la compañera de Lenin, señora Krupskaya, más el pedagogo Blanski.

El desarrollo de la educación rusa pública, única existente, pues no se permite la privada, ha seguido el mismo proceso que la política comunista a través de los planes quinquenales. En ge-

[1] E. P. Cubberley, *Public education in the United States.*

neral puede decirse que supone un retroceso en las ideas pedagógicas avanzadas adoptadas al comienzo y en cambio un desarrollo grande en el sentido de la educación ampliada a toda la población sobre todo en el orden técnico y profesional. El espíritu de la educación, es francamente político, comunista, conforme a las normas del partido y de sus funcionarios. En la declaración del partido Comunista panruso se decía: "El objetivo básico de esta influencia [del proletariado] es engendrar una generación capaz de implantar finalmente el comunismo. Esto exige una escuela que sea "laica, es decir, libre de toda suerte de enseñanza religiosa; educativa, que realice su enseñanza en la lengua natal de los alumnos, que haga resaltar la íntima relación que existe entre la educación y el trabajo socialmente productivo y que de este modo prepare miembros perfectos de la sociedad comunista" [1].

El retroceso en la educación rusa se observa en la supresión de los métodos activos, de la autonomía de los alumnos, de la coeducación de los sexos (después restablecida) y de la enseñanza gratuita en las escuelas secundarias y superiores. Esto no obstante se ha aumentado considerablemente el número de alumnos en las escuelas hasta los 16 años y el de los servicios de asistencias sociales en ellas.

En su organización actual, la educación pública en la Unión de Repúblicas Socialistas Soviéticas aparece constituida, según los datos de la *Enciclopedia de la Educación Moderna* [2], en la siguiente forma: a) escuelas maternales y jardines de infantes, para niños de 3 a 7 años; b) escuelas primarias con cuatro años de estudios; c) escuelas secundarias de dos tipos: uno, la escuela secundaria incompleta, con tres años de estudio, y otro, la completa, con siete; d) los *technikums*, que admiten a los alumnos de las escuelas secundarias incompletas, y que tienen cuatro años de estudio; e) las escuelas fábrica, para aprendices de 15 a 18 años; f) las facultades obreras para adultos mayores de 18 años que carecen de una preparación secundaria, y g) las escuelas técnicas superiores y las universidades para los que han completado la enseñanza secundaria. En este sentido hay que reconocer, como lo han hecho los países occidentales, el enorme progreso realizado

[1] citado por A. Pinkevich, *La nueva educación en la Rusia comunista*, Madrid, Aguilar.
[2] *Enciclopedia de la educación moderna*, de Rivlin y Schueler, Buenos Aires, Losada.

en la enseñanza y la investigación científica y tecnológica durante los últimos años.

Como se ve, supone esto un esfuerzo considerable para elevar el nivel cultural y educativo del pueblo ruso, que ha llegado a suprimir el analfabetismo. En general predominan en su educación actual dos ideas esenciales: una, la política, de carácter comunista, y otra la técnica, en el sentido de la industrialización, y ahora quizá de preparación para la guerra. Falta en esa educación el sentido humanista, de respeto a la personalidad individual, que aparece sumida en lo puramente colectivo. Falta el espíritu de libertad y democracia, tal como la entienden las naciones occidentales, y que se traduce en la supresión de la enseñanza privada y en la falta de autonomía docente. El alumno, como el maestro, son sólo ruedas de esa gran máquina que constituye el Estado colectivista soviético, aunque en la actualidad parece que se tiende a conceder mayor autonomía pedagógica y a enaltecer la labor de profesores y maestros.

6. ITALIA

Antes de realizarse la Unidad italiana, en 1870, cada una de las regiones de la Península eran independientes en materia de enseñanza, y en ellas era naturalmente diferente el ritmo del movimiento educativo. Después de la invasión napoleónica, la influencia de las ideas revolucionarias francesas despertó, sobre todo en las regiones del Norte, un gran interés por la educación. Pero la reacción subsiguiente de la Santa Alianza produjo, como en todas partes, la paralización de aquél, hasta que un grupo de hombres distinguidos inició el *risorgimento* político y cultural italiano a mediados del siglo. En el campo de la educación hay que mencionar ante todo a *Ferrante Aporti* (1791-1858) fundador de las escuelas o asilos infantiles, que se difundieron por toda Italia. Asimismo hay que citar, en el campo de la enseñanza oficial, la acción de la región del Piamonte, en la cual, su ley 1859 debida al ministro *Casati* (1798-1873), asentó las bases sobre las cuales había de levantarse el edificio de la educación italiana. Posteriormente, al realizarse la unidad, la ley de 1877 hizo obligatoria la asistencia escolar y suprimió la enseñanza religiosa en las escuelas. Leyes posteriores como las de 1902 y 1906 desarrollaron la instrucción popular hasta llegar a la de 1911, la ley del ministro *Credaro* (1880-1939) que reformó totalmente la I. P. italiana.

Al apoderarse del poder el fascismo, Mussolini emprendió la reforma de la educación italiana, nombrando al efecto ministro de Educación al filósofo *Giovanni Gentile* (1875-1944) y director de enseñanza primaria al pedagogo *Giuseppe Lombardo-Radice*, quienes iniciaron la reforma con el decreto del 1º de octubre de 1923 y sobre todo, con la Real orden del 11 de noviembre del mismo año, que contiene interesantes prescripciones didácticas. La reforma estuvo inspirada, más que en las ideas fascistas totalitarias, en el espíritu idealista de Gentile y en la técnica pedagógica de Lombardo-Radice. En ella se acentuaba en efecto, el sentido espiritual-estético de la educación y los métodos activos de la escuela nueva. Se dejaba en gran libertad a los maestros para la aplicación de las normas didácticas; se descentralizaba la administración de la enseñanza, atendiendo a las modalidades regionales, y se volvía a la educación religiosa confesional, no atendida anteriormente.

Al poco tiempo, Gentile y Lombardo tuvieron que abandonar el Ministerio, y entonces aumentó la presión política fascista, que hizo de la educación italiana un mero instrumento suyo. Este movimiento culminó con el ministro *Bottai*, quien en 1939 publicó una "Carta della Scuola", modificando esencialmente el régimen de la enseñanza en el sentido fascista; pero la declaración de la guerra impidió que ésta pudiera implantarse. No hay que olvidar tampoco, que al margen de las escuelas, en Italia, como en Alemania y en Rusia, se organizaron movimientos juveniles políticos para inculcar en la juventud las ideas e instituciones del régimen. Allí los "balillas" tuvieron un desarrollo extraordinario en contra de todo buen sentido pedagógico.

Terminada la segunda guerra mundial Italia se ha preocupado, ante todo, de la reconstrucción de las destrucciones sufridas tanto en el orden material como en el personal, y por ello todavía no ha emprendido la reforma anunciada para la cual se ha realizado una gran encuesta entre el personal docente y otros elementos profesionales, políticos y diversos estudios pedagógicos y sociales.

7. ESPAÑA

El desarrollo de la educación en España ha sido más lento que en los demás países europeos occidentales. Al terminar el siglo XIX se encontraba con un déficit extraordinario de escuelas y maestros y con una enorme proporción de analfabetos. La enseñanza secundaria se hallaba casi por completo en manos de las órdenes religiosas. En cuanto a la educación superior, se limitaba a la realización de exámenes y a la expedición de los títulos profesionales correspondientes.

Los desastres de las guerras coloniales de 1898, produjeron una reacción a favor de la educación pública, que poco a poco levantó ésta del bajo nivel en que se hallaba y en la que sobresalió la personalidad de *Joaquín Costa* procedente del campo krausista. Se creó el Ministerio de Instrucción Pública (antes sólo Subsecretaría); se encargó el Estado del presupuesto de la primera enseñanza (antes a cargo de los municipios) y se crearon escuelas e instituciones de carácter científico y educativo. Gran parte de esto fue debido al movimiento iniciado en el siglo último por la Institución Libre de Enseñanza que trascendió a la enseñanza oficial por medio del Museo Pedagógico Nacional, que dirigió don Manuel B. Cossío, y por la Junta para Ampliación de Estudios e Investigaciones Científicas, que presidió don Santiago Ramón y Cajal y de la que fue alma don José Castillejo. Gracias a ello, multitud de maestros y profesores tuvieron la oportunidad de estudiar las ideas e instituciones de educación europeas y de introducir los nuevos métodos de enseñanza en sus escuelas. No dejó tampoco de ejercer influencia en este sentido la *Revista de Pedagogía* y sus publicaciones, dirigidas por el autor de estas líneas.

Al proclamarse en 1931 la República española, ésta tuvo que atender ante todo a los problemas más urgentes que había dejado sin resolver el régimen anterior. Para terminar con el déficit de escuelas y maestros se crearon 25.000 escuelas. Al propio tiempo, se emprendió en gran escala la construcción de edificios escolares, para lo cual se aprobó un crédito de 400 millones de pesetas, que había de aplicarse a razón de 50 millones anuales. Para fomentar la asistencia de los alumnos a las escuelas se aumentaron los servicios sociales de éstas, como comedores, roperos, colonias escolares, etc., dedicándose a tal fin tres millones de pesetas anuales. Con el objeto de mejorar la deficiente situación económica del magisterio, se estableció el sueldo mínimo de 3.000 pesetas y se mejoraron los sueldos superiores. En vista de las deficiencias que se observaban en la preparación del magisterio, se procedió a una reforma radical de ésta, aumentando los años de estudio e intensificando la cultura profesional. Con el mismo fin se realizaron multitud de cursos de perfeccionamiento para los maestros en ejercicio. Para resolver el problema de la enseñanza de la lengua materna, se dictó un importante decreto sobre bilingüismo, por el cual se debía dar la enseñanza en catalán y castellano en las escuelas. Mención especial debe hacerse de las Misiones Pedagógicas que realizaron una labor meritoria llevando a la población rural los elementos esenciales de la cultura con sus cursos, bibliotecas, coros, teatro, cine, etc.

En el campo de la educación secundaria, se reformó el enciclopédico plan de estudios anterior, simplificándolo. Se facilitó el acceso a aquélla mediante la creación de becas de estudios a los alumnos de las escuelas primarias más distinguidos. Al mismo tiempo se aumentó el número de los Institutos de segunda enseñanza oficiales que antes existían en número muy insuficiente. Finalmente, se sustituyó la enseñanza de las órdenes religiosas, que se había prohibido, mediante la incautación de sus edificios y la organización de cursos de selección para sus profesores. En la enseñanza superior, se concedió la autonomía a la Facultad de Filosofía y Letras de la Universidad de Madrid y a la Universidad de Barcelona; se organizó una Universidad Internacional en un antiguo Palacio Real y se aumentaron los créditos para las investigaciones científicas y estudios superiores.

Tal es, a grandes rasgos, la obra que en materia de educación realizó la República española en sus cuatro años y medio de dura y agitada existencia. No entramos en lo que hizo durante la guerra civil, porque se realizó en condiciones provisionales y anormales. Pero hay que hacer resaltar el entusiasmo y el fervor con que la República emprendió su obra educativa para salvar a España del retraso de tres siglos que sufría en el orden de la cultura. Algunas de sus reformas fueron sin duda precipitadas, como las referentes a la sustitución de la enseñanza de las órdenes religiosas, pero tenían también su justificación por el monopolio y los abusos de éstas en materia de enseñanza. El Gobierno del general Franco suprimió naturalmente todas las reformas de la República en materia de enseñanza y las sustituyó por otras propias, de signo contrario, acentuando el carácter sectario religioso y político de la instrucción pública.

CAPÍTULO XIX

LA EDUCACIÓN NUEVA

Dentro del cuadro de la educación contemporánea, tenemos que destacar la tendencia pedagógica reformadora que se sintetiza en el movimiento de la "educación nueva" [1]. Por ella entendemos la corriente que trata de cambiar el rumbo de la educación tradicional, intelectualista y libresca dándole un sentido vivo y activo. Por eso también se ha denominado a este movimiento de la "escuela activa", aunque nosotros preferimos aquel nombre por ser más general y comprensivo.

El movimiento de la educación nueva es propio de nuestro tiempo, y más concretamente de nuestro siglo. Pero no es exclusivo de él, pues siempre ha habido en la historia de la pedagogía —como hemos visto en las páginas anteriores— movimientos innovadores que tratan de reformar la educación existente. Sin ello, en realidad, no tendría sentido la historia. Baste recordar en efecto, lo que supusieron las ideas y métodos de Sócrates frente a la educación tradicional griega o las ideas renovadoras de Cicerón y Quintiliano respecto a la educación clásica romana. En el Renacimiento surgen los nombres de los humanistas Vittorino da Feltre, Erasmo, Vives, Rabelais y Montaigne contra la educación medieval, de carácter dogmático y autoritario. En el siglo XVII Ratke y Comenio, en el XVIII Rousseau y Pestalozzi y en el XIX Froebel, son otros tantos representantes de la educación innovadora.

Pero hay que llegar a nuestro tiempo para que ésta adquiera todo su significado y se desarrolle no ya con personalidades aisladas, individuales, sino en forma de tendencias y corrientes generales. Como todo movimiento espiritual, éste tiene sus precursores e inspiradores inmediatos fuera de la pedagogía, y entre ellos hay que contar a Nietzsche y Tolstoi, Stanley Hall y William James, Dilthey y Bergson, aunque su inspirador principal hay que bus-

---

[1] Véase para el desarrollo de estas ideas: L. Luzuriaga, *La Educación nueva*. Buenos Aires, Losada

carlo más lejos, en Juan Jacobo Rousseau, verdadero iniciador de la educación nueva.

Concretándonos a la "educación nueva" propiamente dicha, se pueden distinguir en ella cuatro momentos o períodos principales:

1º El de la creación de las primeras escuelas nuevas en Europa y América, que comprende desde 1889 a 1900. En él se funda la escuela de Abbotsholme, por el doctor Reddie, en 1889, y la de Bedales, por el doctor Badley, ambas en Inglaterra; los "Hogares de educación en el campo" *(Landerserziehungsheimen)*, del doctor Lietz, en Alemania, en 1898; la *Ecole des Roches*, de E. Desmolins, en 1899, en Francia. Asimismo, se crea en los Estados Unidos, en 1896, la primera escuela experimental, la "escuela primaria universitaria" de Chicago, por el profesor John Dewey.

2º El período de la formulación de las nuevas ideas o teorías de la educación nueva, de 1900 a 1907, en el cual se inician sus dos principales corrientes pedagógicas: la del pragmatismo o instrumentalismo de John Dewey, con la publicación de su primera obra pedagógica importante, *La escuela y la sociedad* en 1900, y la de la escuela activa o del trabajo, también a partir de ese año, con las reformas de la enseñanza por Kerschensteiner, en la ciudad de Munich.

3º El período de la creación y publicación de los primeros métodos activos, que comprende de 1907 a 1918. En este período se aplican por primera vez el Método Montessori en Roma y el Método Decroly en Bruselas; surge en Miss Parkhurst la idea del Plan Dalton, en Carleton Washburne la del sistema de Winnetka, y en Kilpatrick la del Método de proyectos.

4º El período de la difusión, consolidación y oficialización de las ideas y métodos de la educación nueva, que abarca desde 1918 a nuestros días. En él se fundan las principales Asociaciones de la educación nueva; se aplican nuevos métodos de educación activa como los de Cousinet, Freinet, Petersen, etc., y por fin se llevan a la educación oficial las ideas innovadoras mediante las grandes reformas escolares de Rusia (1918), Alemania y Austria (1919) e Italia (1923), seguidas más tarde por las reformas de España (1931), Bélgica (1935) y Francia (1937 y 1945). En este período surgen también las manifestaciones de una contrarreforma escolar realizada en los países de régimen totalitario.

Tal es, a grandes rasgos, el proceso del desarrollo de la educación nueva. Veamos ahora su expresión concreta en los métodos e instituciones.

HISTORIA DE LA EDUCACIÓN Y DE LA PEDAGOGÍA

1. LAS INSTITUCIONES

Aunque las "escuelas nuevas" propiamente dichas comienzan como se ha dicho, en nuestro tiempo, no quiere decir esto que no existieran antes instituciones de este carácter, es decir, de tipo innovador o experimental. A lo largo de la historia de la pedagogía hemos visto en efecto, una serie de escuelas que han tratado de aplicar ideas pedagógicas innovadoras con mayor o menor éxito. Baste recordar, en efecto, lo que han representado instituciones como la "casa giocosa", de Vittorino da Feltre en el siglo xv; la escuela de Trotzendorf, en el siglo xvi; las escuelas de Comenio y de Francke en el siglo xvii; la escuela de Basedow y las de Pestalozzi en el xviii; el Kindergarten de Froebel en el xix, etc.

Limitándonos ahora a las escuelas nuevas de nuestro tiempo podemos hacer de ellas, por sus caracteres pedagógicos, los siguientes grupos:

1º Las *escuelas nuevas* propiamente dichas, que se inspiran más o menos en las primeras escuelas inglesas de Abbotsholme y Bedales y que se podrían denominar "escuelas de vida completa". Con ellas se inicia en Europa la educación nueva hacia 1890. 2º Las *escuelas experimentales*, de tipo pedagógico y técnico que se originaron en los Estados Unidos, principalmente por influencia de la "escuela universitaria", de Dewey, en 1896. 3º Las *escuelas activas*, de carácter esencialmente metodológico, inspiradas por los creadores de los nuevos métodos de educación, tales como las "Casas de los niños" de la doctora Montessori y la "Escuela para la vida" del doctor Decroly, ambas de 1907 o la Escuela de Dalton, de Miss Parkhurst, de 1918. 4º Las *escuelas de ensayo y de reforma*, de tipo oficial, que abarcan varias instituciones dentro de un sistema escolar, como las de la ciudad de Munich, reformadas por Kerschensteiner a partir de 1896; las escuelas de Mannheim, reorganizadas por el Dr. Sickinger; las de Winnetka, por Carleton Washburne, etc.

Además de éstas se podrían citar multitud de escuelas innovadoras que existen en todos los países, aunque algunas de ellas hayan desaparecido, como la Institución Libre de Enseñanza, de España, la escuela de Yasnaia-Poliana, de Tolstoi, la de Shantinikitan de Rabindranath Tagore, y otras muchas escuelas públicas como las dirigidas por F. Martí Alpera en Barcelona, Ángel Llorca en Madrid, Clotilde Guillén de Rezzano en Buenos Aires, Sabas Olaizola en Montevideo, las escuelas experimentales de Chile, etc.

2. LAS ESCUELAS NUEVAS INGLESAS

La primera "escuela nueva" propiamente dicha es la de *Abbotsholme*, que lleva por denominación justamente ésta de *"New School"* y que fue creada por el Dr. *Cecil Reddie* en 1889. El propósito de su fundador fue reformar la educación de los clásicos colegios ingleses *(public schools)*, que tenían un carácter demasiado académico y clasista, con una disciplina rígida, basada en la competición individual, con un predominio de los juegos, y con un abandono de las enseñanzas científicas y técnicas y de las actividades manuales. El Dr. Reddie quiso conservar algunas de las mejores cualidades tradicionales de estos colegios, como son, las referentes a la formación del carácter, el internado educativo, la vida al aire libre, etc., e introducir otras como eran una educación intelectual más activa y viva, un sentido de cooperación en el juego y trabajo, ejercicios manuales y trabajos técnicos, educación para la belleza por el canto, la poesía y la música y una mayor relación personal entre profesores y alumnos, introduciendo una autonomía moderada entre éstos. La escuela alcanzó en poco tiempo gran celebridad en Inglaterra y Europa, dando lugar a la creación de numerosas escuelas nuevas, aunque en la actualidad su espíritu no es el mismo que el del fundador, por haberse adaptado más a las exigencias sociales.

De la escuela de Abbotsholme surgió la de *Bedales*, creada en 1893 por un colaborador de ella, el doctor *J. H. Badley*, quien dio pronto a la escuela una orientación más en armonía con los principios de la educación nueva. Entre las reformas llevadas a cabo por Badley figura la de introducir la coeducación para todas las edades y grados, implantar la autonomía de los alumnos en un sentido amplio, crear escuelas de párvulos y grados primarios, prestar mayor atención a las necesidades individuales de los alumnos, organizar trabajos de taller y agrícolas y la aplicación de los métodos activos como los de Montessori, Dalton, etc. La escuela ha conservado el espíritu de su fundación en mayor grado que la de Abbotsholme, y en la actualidad sigue figurando a la cabeza de las escuelas nuevas inglesas. De éstas existen hoy cerca de un centenar, y entre ellas se destacan las de Saint Christopher, la Persen Grammar School, la King Alfred, la Bembridge, etc.

3. LAS ESCUELAS NUEVAS ALEMANAS Y AUSTRÍACAS

De Inglaterra, el movimiento de las escuelas nuevas pasó a Alemania nueve años después, cuando en 1898, el Dr. *Hermann Lietz* fundó la primera escuela alemana con el nombre de "Hogar de educación en el campo" *(Landerziehungsheim)*. El doctor Lietz había visitado la escuela de Abbotsholme, donde recibió la incitación para fundar una semejante en Alemania. Antes había escrito una obra *Emlohstobba* (anagrama de Abbotsholme) en que se exaltaba la educación dada en ésta. En años sucesivos se crearon otros "hogares" en diversos lugares, constituyendo a la muerte del Dr. Lietz una "Fundation" en la que intervenía el Ministerio de Educación de Prusia.

Inspiradas en las ideas de la filosofía de Eucken y en la tradición pedagógica alemana, las escuelas del Dr. Lietz tenían bastantes divergencias con las escuelas inglesas. En aquéllas se acentuaba más el carácter patriótico y moral-religioso que en éstas, así como el aspecto instructivo y didáctico. Los "hogares" estaban organizados en "familias" con pocos alumnos, al frente de cada una de las cuales había un maestro con la suya; la vida era sencilla y sana, al aire libre, la enseñanza estaba adaptada al plan de estudios de las "Oberrealschulen", o sea las escuelas secundarias de tipo científico o realista; no existía en ellas la coeducación de los sexos, y se practicaban ejercicios físicos preliminares.

De los "Hogares de educación en el campo" se desprendieron, por diferencias ideológicas, algunos profesores, como *Gustavo Wyneken* y *Paul Geeheb*, quienes fundaron en 1906 la primera "comunidad escolar libre *(Freie Schulgemeinde)*, en Wickersdorf. Ésta, como las demás fundadas después, se diferenciaba de la del Dr. Lietz, por su espíritu más libre e idealista, concediendo gran autonomía a los alumnos, que constituían la llamada "comunidad escolar" con sus maestros. De ella a su vez, se desprendió en 1910 la *Odenwaldschule* fundada por Paul Geeheb, y que supuso a su vez un progreso en el orden pedagógico y de la escuela activa. Después se fundaron otras escuelas nuevas de tipo semejante, pero todas ellas fueron cerradas al advenimiento del régimen nacionalsocialista.

Especial mención debe hacerse del grupo de escuelas nuevas públicas, que tanto desarrollo alcanzaron en Alemania después de la primera guerra mundial, y son las llamadas "escuelas en comunidad" *(Gemeinschaftenschulen)*, que trataron de llevar a la enseñanza pública, acentuándolos, algunos de los rasgos de las escuelas nuevas privadas. La primera de ellas fue la fundada en 1919, en Hamburgo, por un grupo de maestros de vanguardia, como Jöde, Zeidler, Hennigsen, etc., inspirados en parte en el movimiento juvenil alemán; después, en 1920, surgieron las de Brema, bajo la dirección del conocido pedagogo Heinrich Paulsen, director escolar de esa ciudad. La nota común a todas ellas era el rompimiento de todos los moldes de la escuela tradicional, la abolición de los planes de estudio y los exámenes, la libertad en el trabajo de los alumnos y la formación de comunidades de padres, maestros y alumnos para la determinación de la vida escolar, todo ello acompañado de los métodos activos de trabajo.

En Austria se desarrolló también después de la primera gran guerra un nuevo tipo de escuela nueva pública, las "Instituciones federales de educación" *(Bundserziehungsanstalten)*, fundadas en 1919 por *Otto Glöckel*. Se trataba en ellas de abarcar la vida total de los alumnos, para lo cual se utilizaron las antiguas academias militares como internados, convirtiéndolas en escuelas a las que asistían los alumnos seleccionados de las escuelas públicas primarias. En ellas recibían una educación equivalente a las de las "escuelas nuevas" privadas, prestándose una gran atención, además de a la educación intelectual, a la actividad creadora en laboratorios, campos y talleres, a la educación física en juegos y deportes, a la vida social con asambleas, debates y autonomía de los alumnos, a la educación estética con música, canto, dibujo y teatro, en suma, a la formación personal del hombre completo con un espíritu liberal, democrático. Durante los años de su existencia estas Instituciones fueron ejemplares por haber unido los refinamientos de una educación humanista y liberal con las exigencias de la democracia. Desgraciadamente, a la caída de la República austríaca, las Instituciones fueron también cerradas, pero después han sido restablecidas.

4. LAS ESCUELAS NUEVAS FRANCESAS Y BELGAS

Las escuelas nuevas francesas recogieron también de Inglaterra la idea de la educación nueva. Su inspirador fue el sociólogo francés Edmond Demolins, quien provocó el movimiento con su obra *¿En qué consiste la superioridad de los anglosajones?* publicada en 1897 y en la que da como respuesta la educación inglesa y la formación del carácter. En 1899, con otra obra suya, *L'éducation nouvelle* anunció la fundación de una escuela nueva francesa, la "Ecole des Roches", bajo el lema de "Bien armados para la vida" con la colaboración de algunas personalidades económicas y socialmente influyentes. Abierta la escuela, tuvo un éxito grande en Francia y el extranjero, encargándose de su dirección a *M. Bertier*, quien le dio el carácter que actualmente tiene. En realidad se trata de una escuela que, inspirada en las ideas de la educación nueva, posee un espíritu aristocrático, con un matiz confesional marcado. De otra parte, por exigencias de los exámenes oficiales, se ha ido acercando cada vez más al tipo intelectualista de los Liceos franceses, aunque conserve algunos de los rasgos de su fundación, como son la libertad y autonomía de los alumnos, la actividad física y manual, la educación estética, etc.

Después de la "Escuela de las Rocas" se fundaron otras escuelas nuevas francesas de tipo privado, como la "École de l' Ille-de France" (1901), el "College de Normandie" (1902), etc., hasta pasar de una docena las que respondieron a este propósito. Independientemente de estas escuelas se han fundado otras de tipo experimental, como la "École nouvelle", creada por Mme. Roubakine; la "Maison des enfants", de tipo montessoriano, de Mme. Bernheim; la Escuela de Bellevue, fundada por Roger Cousinet y Chatelain, etc.

Particular interés ofrecen los ensayos que se han realizado en algunas escuelas públicas francesas, adoptando métodos de la educación activa, como los de Cousinet (trabajo por equipos), Freinet (la imprenta en la escuela) y Profit (las cooperativas escolares). También hay que citar las "clases nouvelles" (hoy "clases pilotos") creadas desde 1945 en los Liceos de segunda enseñanza, inspiradas en los métodos activos, que ya hemos mencionado.

En Bélgica, el movimiento de las escuelas nuevas se centró especialmente en las escuelas fundadas por el *Dr. Decroly.* La primera de ellas fue la de la calle del Ermitage, en Bruselas, creada por aquél en 1907 y que alcanzó renombre universal. Después, a la muerte del Dr. Decroly, su colaboradora más valiosa, Mlle. Hamaïde, fundó otra escuela también en Bruselas, en la Avenida Ernestine. Independientemente de ella, la esposa y la hija del doctor Decroly continuaron la labor de la escuela del Ermitage. Inspirada en las mismas ideas decrolyanas, la Sra. Deschand-Alexander dirigió el Orfanato racionalista de Forest-Bruxelles, de 1920 a 1927.

Al mismo espíritu respondió la escuela pública primaria Nº 10 de Bruselas, dirigida por Smelten y Devogel, y en la que M. Dalhem aplicó el método Decroly.

5. LAS ESCUELAS SUIZAS E ITALIANAS

Suiza se ha distinguido más por sus escuelas nuevas de carácter particular, que son como una prolongación de las escuelas inglesas y francesas. Entre ellas hay que citar el "Landerziehungsheim" de Hof-Oberkirch fundado en 1907 por M. Tobler; la escuela nueva de la Chataignerie, fundada en 1908 por Mme. Schwartz-Bys, según el modelo de la de Bedales; la "École-Foyer", de Les Pleieades-sur-Blonay, creada por R. Nussbaum en 1911, finalmente "L'École d'Humanité", fundada por Paul Geeheb y Elisabeth Huguenin en 1937, en el Chateau de Greng, en el cantón de Friburgo, y que es la más interesante de todas desde el punto de vista pedagógico. Aparte de las "escuelas nuevas" hay que mencionar en Suiza la "Maison des Petits", de Ginebra, creada por los profesores Claparède y Bovet, en 1913, bajo los auspicios del Instituto J. J. Rousseau, de fama universal, en la que siguen los métodos montessorianos con gran libertad.

En Italia, se habían realizado ya antes del movimiento de la educación nueva algunos ensayos de interés como el de *Rosa Agazzi* y su hermana con niños pequeños pero sin ninguna idea original pedagógica. El movimiento de la educación nueva sólo comienza con la doctora *María Montessori* y sus "Casas de los niños", la primera de las cuales fue fundada en Roma en 1907. Las "casas" no son sólo lugares de instrucción, sino ante todo de educación y de vida, a la cual se atiende en todas sus manifestaciones de la vida práctica, con la asistencia recíproca de los niños, con la influencia de la naturaleza, etc., en suma, tratando de realizar la educación integral del niño.

Aparte de éstas hay que citar otras escuelas innovadoras de gran interés, como la "Scuola Rinnovata", de Milán, fundada también en 1907 por la Sra. *Giuseppina Pizzigoni*. Basada en actividades prácticas y artísticas, la escuela fue fruto de la concepción personal de su fundadora y aspiraba a ser una escuela vital para niños de ambos sexos, de 6 a 14 años, que disfrutan una educación activa en todos sentidos con talleres, campos agrícolas, actividades domésticas, etc. También hay que citar la "Escuela de la

Montesca", fundada por el barón *Fraschetti* y su esposa para los hijos de sus colonos y en la que el estudio de la naturaleza se desarrolló extraordinariamente. Especialmente interesantes son los cuadernos y calendarios llevados a cabo por los niños en relación con esta educación naturalista.

6. LAS ESCUELAS NUEVAS ESPAÑOLAS

Aunque creada en el siglo pasado, pero subsistente en al nuestro, hay que mencionar en España una escuela nueva, precursora en muchos aspectos de las posteriores de Europa: la "Institución Libre de Enseñanza", fundada en 1876 por varios profesores universitarios separados de sus cátedras, entre ellos el gran educador *Francisco Giner de los Ríos,* ya mencionado. La "Institución", organizada al principio como un centro de enseñanza superior, se convirtió pronto en una escuela secundaria y primaria. En ella se introdujeron ideas y métodos innovadores, implantados después en las "escuelas nuevas". Entre ellos figuraban la independencia respecto a toda confesión religiosa, partido político o escuela filosófica; el respeto a la conciencia y personalidad del alumno y el maestro; la introducción de los métodos activos en su enseñanza; el reconocimiento del valor de la educación estética; la implantación de la coeducación de los sexos y de la autonomía de los alumnos; la práctica de los juegos y deportes como medios de educación física y moral, etc. En suma, la "Institución" constituyó hasta 1939, en que fue clausurada por el Gobierno actual, una auténtica escuela nueva, vital e integral.

La "Institución" sirvió también de orientación a muchas escuelas y educadores españoles, que adoptaron en nuestro tiempo total o parcialmente sus objetivos y métodos de enseñanza. Entre ellas hay que mencionar algunas escuelas públicas que disfrutaron de autonomía para realizar sus experiencias pedagógicas y que fueron verdaderas escuelas nuevas, como el "Grupo escolar Cervantes", dirigido por don Ángel Llorca, en Madrid, y el "Grupo escolar Baixeras", por don Félix Martí Alpera, en Barcelona. Mención especial debe hacerse también del "Instituto-Escuela de 2ª Enseñanza" creado en Madrid por la Junta para Ampliación de Estudios y en el que se llevaron a la educación secundaria las ideas que había inspirado la "Institución", en un sentido activo y educativo, frente a la enseñanza libresca y rutinaria de los Institutos y Colegios públicos y privados existentes. El Gobierno de la República creó en 1936 otros "Institutos-Escuelas" en diferentes localidades españolas. La guerra civil impidió que éstos siguieran desarrollándose, aunque muchas de sus ideas han continuado practicándose después, sin mencionar su procedencia.

7. LAS ESCUELAS NORTEAMERICANAS

Independientemente de las escuelas nuevas europeas se han desarrollado en los Estados Unidos multitud de escuelas innovadoras nacidas del espíritu experimental que caracteriza a todas las reformas de ese país.

La primera de ellas fue la famosa "escuela primaria universitaria" (*University Elementary School*) que fundó Dewey en 1896, formando parte de la Universidad de Chicago, y donde se propuso experimentar o comprobar algunas de sus ideas pragmáticas sobre educación. La escuela duró sólo cuatro años, pero de ella surgieron algunas de las ideas y métodos característicos de la educación norteamericana. La escuela se basaba en las actividades de los alumnos, desde la economía doméstica, el tejido y el hilado hasta las actividades más elevadas de la literatura, la geografía y la historia. En ella se rompió con el plan de estudios tradicional y con la clasificación de los alumnos por su desarrollo físico y mental, agrupándolos por sus aficiones y aptitudes. Al mismo tipo experimental de la escuela de Chicago pertenecen las de la Columbia University o sean la *Horace Mann School*, la *Lincoln Experimental School* y la *Speyer School*, fundadas para la práctica y experimentación de los alumnos aspirantes al profesorado, y que constituyen verdaderos laboratorios escolares. En general, puede decirse que todas las grandes, y aun las pequeñas Universidades norteamericanas tienen su escuela de experimentación y observación orientada en los métodos de la educación nueva o en otros creados por ellas.

Otro grupo de escuelas se fundaron respondiendo más a las ideas de las escuelas nuevas europeas por la iniciativa privada. Estas escuelas son muy numerosas y como las europeas suelen dirigirse a una minoría económicamente pudiente de la población aunque no son todas como aquellos internados situados en el campo. Entre ellas merecen citarse la *School of Organic Education*, de Fairhope, Alabama, dirigida por Marietta Johnson, muy alabada por Dewey; la *Children's University School*, de Nueva York, en la que Miss Parkhurst aplicó su conocido Plan Dalton; la *Francis W. Parker School*, de Chicago, y otras muchas más que sería prolijo detallar. En la obra de John y Evelyn Dewey *Las escuelas de mañana*, se encuentra una exposición y estudio de las principales de ellas.

Finalmente, otro grupo de escuelas norteamericanas innovadoras está constituido por las escuelas públicas y sistemas escolares de algunas ciudades que se han transformado en verdaderas escuelas experimentales. Los dos sistemas escolares norteamericanos más conocidos en este sentido son el de la ciudad de Gary, dirigido por Mr. Wirt y el de Winnetka, dirigido por Carleton Washburne. Aquél dio lugar al sistema de la escuela alterna o duplicada, la *Platoon School*, que también empleó en la ciudad de Detroit, Spain. Washburne creó el *Sistema de Winnetka*, de tanta celebridad, y que en realidad, como él dice, es más que nada un sistema experimental de escuelas. La gran autonomía de que disfrutan los Estados y ciudades de los Estados Unidos permite una gran libertad de iniciativa y experimentación cuando las autoridades escolares están animadas por un espíritu progresivo e innovador.

8. LOS MÉTODOS DE LA EDUCACIÓN NUEVA

Es muy difícil, sino imposible, describir en unas pocas páginas el enorme desarrollo que han alcanzado los métodos de la educación nueva. Por ello hemos de limitarnos a señalar sucintamente los más importantes, remitiéndonos para su estudio a las obras que tratan de ellos y que se citan en la bibliografía final.

Desde el punto de vista histórico puede decirse que, en general, los métodos que primeramente han surgido en la educación nueva, acentuaron más el carácter individual del trabajo escolar, tal como lo hace el método Montessori. Sucedió a esta tendencia individualizadora, pero sin abandonarla del todo, una nota más colectiva en el trabajo tal como la representada por el método Decroly. Con el transcurso del tiempo, ese carácter se ha ido acentuando hasta llegar a los métodos francamente colectivos, como el de Proyectos, de Equipos, etc. Finalmente, el acento colectivizador del trabajo escolar se ha trasladado al aspecto social, dando lugar a experiencias como las de la autonomía de los alumnos y la comunidad escolar.

Puede por tanto decirse que en la evolución histórica de los métodos de la educación nueva se ha ido desde el aspecto individual al colectivo y social. Pero hay que advertir que en los años recientes, casi en la actualidad, se ha iniciado una reacción a favor del carácter individual educativo como salvaguardia de la personalidad frente al excesivo desarrollo de lo colectivo.

Desde el punto de vista nacional, a su vez, podrían hacerse de los métodos tres divisiones: una, constituída por los países anglosajones, en los que predominan los métodos del trabajo individual; otra, por los países germanos en los que predominan los métodos colectivos y otra por los países latinos, que ocupan un lugar medio entre unos y otros.

Finalmente, desde el punto de vista de la edad, unos métodos se refieren más a la primera infancia, como los métodos Montessori y Mackinder; otros, los más, a la segunda infancia o edad escolar, como los de Decroly, Cousinet, etc., y otros a la adolescencia, como el de Dalton y Proyectos.

El criterio, empero, más acertado para clasificar los métodos es el de la actividad o trabajo a que se refieren. En este sentido podría adoptarse esta clasificación:

A. *Métodos de trabajo individual:* Método Montessori, Método Mackinder, Plan Dalton.

B. *Métodos de trabajo individual-colectivo:* Método Decroly, Sistema de Winnetka, Plan Howard.

C. *Métodos de trabajo colectivo:* Método de Proyectos. Método de enseñanza sintética. Técnica de Freinet.

D. *Métodos de trabajo por grupos:* Método de equipos. Método Cousinet, Plan Jena.

E. *Métodos de carácter social:* Las cooperativas escolares, la autonomía de los alumnos, las comunidades escolares.

Esta enumeración no agota, sin embargo, todos los métodos y técnicas que emplea la educación nueva, pues en todas partes se han creado nuevos tipos, aunque en general casi todos ellos son variantes de los antes enumerados.

En la imposibilidad de exponer todos los métodos señalados, nos limitaremos a enumerar aquí los más importantes de cada una de las anteriores divisiones [1].

---

[1] Véase L. Luzuriaga, *La educación nueva.*

El método Montessori ha sido uno de los primeros métodos activos en cuanto a su creación y aplicación. Fundado principalmente en las actividades motrices y sensoriales, se aplica sobre todo a la edad preescolar, aunque su autora lo ha extendido también a la segunda infancia. Surgió de la educación de los niños anormales y se aplicó primeramente en las "Casas de los niños" que la doctora Montessori abrió en Roma en 1907. De todos los métodos activos es quizá el que mayor difusión ha alcanzado, siendo en realidad hoy un método universal. Aunque esencialmente individual respecto al trabajo, tiene también un carácter social cuando atiende a ciertos aspectos de la colaboración de los niños en el ambiente escolar. Mención especial debe hacerse del material montessoriano de gran riqueza de estímulos sensoriales e intelectuales.

El plan Dalton surgió del método Montessori. Su autora, Miss Parkhurst, comenzó trabajando en una escuela montessoriana, y de ella obtuvo las ideas que aplicó en una escuela primaria superior. Se diferencia, en primer término, de aquél, por la edad de los alumnos, que en éste son más bien adolescentes. Pero además el Plan tiene caracteres propios como son la libertad de trabajo de los alumnos y la responsabilidad subsiguiente para realizarlo. El Plan transforma las clases de la escuela en laboratorios especializados por materias, y los trabajos se realizan por medio de asignaciones individuales que son controladas por los mismos alumnos.

El método Decroly surgió simultáneamente con el de Montessori, y como él tuvo su punto de partida en la educación de los niños anormales, en 1907. Se basa en la actividad individual y colectiva de los niños, pero acentúa su idea de la globalización de la vida anímica, a la que se acomodan sus métodos de los centros de interés y de las ideas asociadas, que rompen la rigidez del programa escolar. Importante también en este sentido es su concepción de la lectura ideovisual, que parte de las frases y palabras en vez de las sílabas y letras como los métodos ordinarios. Finalmente hay que señalar en él la importancia que da al ambiente, tanto dentro como fuera de la escuela, quebrando también la ordenación rígida del mobiliario y acentuando la necesidad de un medio natural.

El sistema de Winnetka, creado por el director de las escuelas de la ciudad de este nombre, Washburne, aunque parecido al Plan Dalton, tiene un carácter más colectivo que éste, ya que los alumnos realizan actividades en común que aquél no tiene. Las actividades escolares son determinadas experimentalmente, lo mismo que la instrucción propiamente dicha, acomodándolas a las condiciones individuales y a las necesidades sociales. El sistema tiene una serie de libros, fichas y tarjetas que los alumnos manejan libremente, pero que están graduadas científicamente. Los alumnos marchan a su propio paso, sin someterse a un ritmo colectivo, pero también tienen la responsabilidad de su trabajo.

El método de Proyectos es quizá el que más responde a las ideas de la educación nueva, ya que comprende la totalidad de ellas en cuanto favorece la libertad y la actividad, pero al mismo tiempo da un sentido y propósito a la labor educativa. Nacido de las ideas de Dewey, fue Kilpatrick el primero que le dio expresión técnica, pedagógica. No hay una fórmula concreta para él; en lo esencial, consiste en llevar a la escuela el mismo sentido del propósito, del designio o proyecto que realizamos en la vida ordinaria. Se parte en él de problemas reales, que se deben llevar a cabo por una serie de medios adecuados. Todas las actividades escolares pueden realizarse en forma de proyectos, sin necesidad de una organización especial.

El método Cousinet es el más representativo del trabajo por grupos o equipos. Su autor, Roger Cousinet, lo aplicó primeramente en las escuelas primarias públicas en 1920, y desde entonces viene experimentándose y perfeccionándose. En lo esencial consiste en llevar a la escuela el mismo espíritu de actividad espontánea que realizan los niños fuera de ella. Con este fin se les concede la libertad de agruparse para realizar los trabajos que les interesan; el maestro no interviene más que como observador o a lo sumo como consejero. Las actividades se agrupan en grandes rúbricas, y para realizarlas se llevan ficheros y registros por los mismos niños, que recogen el material y lo califican.

La autonomía de los alumnos, aunque no constituye un método propiamente dicho, sino una forma de educación social, tiene sin embargo caracteres que le asemejan a los métodos de la educación nueva. La autonomía de los alumnos reviste formas muy diversas, desde la mera participación en el cuidado del orden de las clases y la formación de sociedades y clubes escolares, hasta la organización de asambleas, debates, tribunales, etc. En general, la idea de la autonomía de los alumnos se aplica hoy en casi todos los tipos de educación, al encomendar a ellos la realización de ciertas tareas y actividades.

La comunidad escolar. Como la autonomía de los alumnos, la comunidad escolar es también un tipo de organización más que un método. En ella intervienen no sólo los alumnos, sino también los padres y los maestros, formando una unidad o entidad que sobrepasa la mera vida escolar. Una forma especial de ella son las "comunidades escolares libres" y las "escuelas en comunidad" surgidas en Alemania y que ya hemos mencionado. Otra forma la constituyen las llamadas "repúblicas infantiles" en las que los alumnos rigen la vida de la escuela en todas sus manifestaciones sociales con autonomía controlada por los maestros.

No podemos entrar en el pormenor de cada uno de los métodos de la educación nueva; sólo se indican sucintamente los anteriores a título de ejemplo. Para la historia de la educación suponen una transformación completa de los métodos tradicionales, y en la actualidad su difusión es cada vez mayor, pudiendo decirse que son los característicos de nuestro tiempo.

CAPÍTULO XX

LA PEDAGOGÍA CONTEMPORÁNEA

Nunca en la historia ha existido un movimiento pedagógico de la riqueza e intensidad que en nuestro tiempo. Ni aun en las épocas de su mayor apogeo, como el Renacimiento y el siglo XVIII, se ha presentado un panorama tan vasto y brillante como el que ofrece el siglo XX. Las corrientes pedagógicas se suceden unas a otras; sus publicaciones se multiplican de un modo asombroso. Ello es debido a varias causas; en parte, al resurgimiento en la época actual de los estudios filosóficos y psicológicos, de que se nutre en gran medida la pedagogía; en parte, también al desarrollo que ha alcanzado ésta por su propio impulso, condensando los esfuerzos de siglos anteriores y, finalmente, a la atención que se presta cada vez más a los problemas de la educación. Todo ello ha contribuido a producir la extraordinaria floración actual de la pedagogía, que dificulta su exposición en unas pocas páginas, como nos vemos obligados a hacerlo [1].

Reducidas a sus líneas generales, sin embargo, se pueden distinguir en la pedagogía contemporánea las siguientes direcciones: 1º La pedagogía individual. 2º La pedagogía psicológica y experimental. 3º La pedagogía activa. 4º La pedagogía social, y 5º La pedagogía filosófica.

Estas mismas direcciones podrían reducirse aún más limitándolas a las dos concepciones fundamentales de la educación: una, de carácter individual, que pone todo su acento en la vida y desarrollo inmanentes del educando; a ella pertenecerían la pedagogía individual y la psicológica; otra, de carácter objetivo, ultrapersonal, que asigna fines trascendentales a la educación; a ella pertenecerían la pedagogía social y la filosófica. Entre ambas ocuparía un lugar intermedio la pedagogía activa. Veamos ahora el desarrollo esquemático de cada una de esas direcciones.

[1] Véase L. Luzuriaga, *La pedagogía contemporánea* (4ª ed., 1961).

1. LA PEDAGOGÍA INDIVIDUAL

La pedagogía individual tiene sus orígenes en el Renacimiento, cuando se rompe el mundo cerrado de la educación religiosa medieval y se reconoce el valor sustantivo de la personalidad, según hemos visto, teniendo como representantes a Erasmo, Vives y Montaigne. Esta corriente la continúan en el siglo XVII Locke y Fenelón, hasta llegar al siglo XVIII que culmina en Rousseau, mientras que en el XIX la representan Herbart y Spencer principalmente. En nuestro tiempo esta corriente se ramifica en varias direcciones, las principales de las cuales son: 1º La pedagogía individualista, de *Ellen Key*. 2º La pedagogía naturalista de *Luis Gurlitt, Heinrich Scharrelmann* y *Berthold Otto*. 3º La pedagogía de la personalidad de *Gerhard Budde, Ernst Linde* y *Hugo Gaudig*. 4º La pedagogía individual anglosajona de *William James, Percy Nunn* y *Bertrand Russell*.

En la imposibilidad de exponer las ideas de todos y cada uno de estos pedagogos, nos limitaremos a los más importantes, remitiéndonos para su exposición más completa a la obra del autor antes citado.

Ellen Key (1849-1926). Aunque no fue una pedagoga, sus ideas sobre el niño y su educación expuestas en la obra *El siglo del niño* en 1900, produjeron por su realismo un efecto extraordinario. Para ella, lo más importante es la vida del niño, que está por encima de la familia, de la sociedad y del Estado. Esto exige que se le conceda la mayor libertad en la educación, siguiendo las leyes de la naturaleza, y observando el desarrollo personal del niño. Los padres y la escuela ahogan la individualidad de éste y hay que ir contra ellos para libertarlo de todas sus amarras. Ellen Key sigue las ideas de Rousseau, remozadas con las de Nietzsche y Spencer, y su obra tiene un valor más polémico que constructivo.

Berthold Otto (1859-1933), representa la pedagogía naturalista alemana, acentuando también el valor de la individualidad infantil y de la libertad en la educación. Sus dos ideas esenciales son la "enseñanza global" y la educación en "idioma infantil". Según ésta el lenguaje de los niños debe ser estudiado y clasificado conforme a su edad, y la enseñanza debe darse en él para llegar poco a poco al lenguaje normal y correcto. Según aquélla, la instrucción debe realizarse, no por materias separadas, sino en temas globales, determinados por el maestro y sus alumnos. Su obra más importate es *La escuela del futuro* (1912-14).

Hugo Gaudig (1860-1923), es el más alto exponente de la pedagogía de la personalidad, que constituye para él la superación de la individualidad; ésta es algo dado, natural, aquélla es algo a conquistar, espiritual. La personalidad es la síntesis de lo individual y lo social, de lo cultural y lo natural, de lo físico y lo espiritual. Es, en suma, la idea de la plena humanidad. La educación debe estar al servicio de la formación de la personalidad. La escuela no es un mero lugar de enseñanza, sino un centro de vida, en el que se desarrolla la personalidad formada, que está en íntima relación con la del niño por formar. El método debe estar subordinado a él y no viceversa como ocurre de ordinario. La escuela debe estar también en relación con las esferas sociales y culturales de la vida en la que se ha de introducir al niño, pero ninguna de ellas debe adquirir predominio sobre la escuela, que ha de estar esencialmente al servicio de la personalidad en desarrollo y de la comunidad cultural nacional. Su obra esencial es *La escuela al servicio de la personalidad* (1920).

William James (1842-1910), el gran filósofo y psicólogo norteamericano, representante del pragmatismo en la filosofía y del individualismo en la educación, se ha ocupado de ella sobre todo en sus conocidas *Charlas a los maestros*, publicadas en 1899. Para él, la educación es sobre todo una función de índole individual: se basa en los recursos biológicos y en la formación de hábitos de conducta. Su finalidad es la tolerancia, el respeto a la individualidad y la formación de la conciencia democrática.

Percy Nunn (1873-1943), representa la dirección individualista inglesa. Para él la educación debe limitarse a asegurar a cada uno las condiciones bajo las cuales pueda desarrollarse más plenamente la individualidad, es decir, a capacitarla para hacer su contribución original a la totalidad de la vida humana de un modo tan pleno y característico como lo permita su naturaleza, dejando a cada individuo la forma de hacer esta contribución por sí mismo. La escuela es para él un ambiente selecto donde las energías creadoras de la juventud pueden actuar hacia la individualidad en sus mejores condiciones. Su obra más importante es *Educación: sus datos y primeros principios* (1920).

2. LA PEDAGOGÍA PSICOLÓGICA Y EXPERIMENTAL

La pedagogía psicológica es producto de nuestro tiempo. Antes se habían realizado importantes observaciones psicológicas sobre el desarrollo del niño; no hay más que recordar a Vives y Rousseau, por ejemplo. Pero el estudio sistemático psicológico del niño y su aplicación a su educación, sólo ha comenzado a hacerse desde fines del siglo último y comienzos del presente. Prescindiendo de la psicología infantil pura, es decir, sin relación con la educación, y limitándonos a la psicología pedagógica o mejor a la "pedagogía psicológica", se distinguen en ella varias direcciones representadas entre otros por Stanley Hall, William James, Hugo Münsteberg, Ch. H. Judd, en los Estados Unidos; por Alfredo Binet y Th. Simon, en Francia; por Edouard Claparède y Jean Piaget, en Suiza, y por Otto Lipmann, William Stern y Otto Klemm, en Alemania.

En relación con esta corriente, pero con un objetivo autónomo, se ha desarrollado la "pedagogía experimental" cuyos representantes más importantes son W. A. Lay y Ernest Meumann en Alemania, el mismo Claparède en Suiza, Robert R. Rusk en Inglaterra y F. N. Freeman y E. L. Thorndike, en los Estados Unidos.

Aparte de estas corrientes quedan, como hemos dicho, la de la psicología infantil y de la adolescencia puras, es decir, sin aplicación a la educación, entre cuyos más altos representantes se cuentan Karl y Charlotte Bühler, Karl Groos, K. Koffka, Erich Jaensch, Alfred Adler, P. Mendouse, M. Debesse, A. Gesell y otros muchos que sería prolijo enumerar.

Alfred Binet (1857-1911) es el creador de los tests para la medida de la inteligencia en los niños, que han servido de base para su mejor estudio y educación en los tiempos modernos. Basados en una escala graduada que aumenta en dificultad, consisten en una serie de pruebas que sirven para determinar la edad mental del niño. Además, Binet ha hecho en su obra *Ideas modernas sobre los niños*, agudas observaciones sobre su psicología y educación, la cual debe basarse según él en la observación y la experiencia, entendiendo por esto el estudio sistemático del niño.

Edouard Claparède (1873-1940), representa como pocos la tendencia psicológica en la pedagogía. A él se debe la creación, con Bovet, del conocido "Instituto J. J. Rousseau", hoy convertido en Facultad de la Universidad de Ginebra y la obra *Psicología del niño y pedagogía experimental* (1905), entre otros muchos trabajos. Claparède, siguiendo a Rousseau, insiste en la necesidad del estudio del niño para su educación, ya que tiene características psíquicas propias diferentes de las del adulto. Por otra parte Claparède es el autor de la idea de la "pedagogía funcional" entendiendo por ésta la basada en las necesidades e intereses del niño. Para él la infancia es la edad propia del juego, de la plasticidad, y de aquél pasa paulatinamente al trabajo, que es el complemento natural del juego. Finalmente, Claparède es uno de los más ardientes defensores de la "escuela activa", partiendo de la idea de que la actividad está siempre suscitada por una necesidad. La obra pedagógica más importante de Claparède es *Educación funcional* (1935).

Jean Piaget (n. 1896), discípulo y continuador de Claparède en la Universidad de Ginebra y director de la "Oficina Internacional de Educación", es uno de los psicólogos más distinguidos de la hora actual. Sus obras sobre psicología son muy numerosas y muy escasas sus publicaciones pedagógicas. Sin embargo, es también uno de los más entusiastas defensores de la educación nueva y de la escuela activa. Para él, educar es adaptar el individuo al medio social ambiente. La educación debe basarse en la psicología del niño y en sus manifestaciones activas, características de la infancia.

Alfred Adler (1870-1940), representa la dirección de la llamada "psicología individual", que se separó de la escuela psicoanalítica de Freud, sobre todo por no asignar a la "líbido" un carácter sexual como aquélla, sino considerándola como una fuerza vital. A Adler se debe una gran contribución a la pedagogía por la significación que da a la vida anímica de la primera infancia. A él se debe también la idea tan difundida hoy del "sentimiento de inferioridad" que surge en el niño al encontrarse en circunstancias difíciles o excesivamente halagadoras. La pedagogía de Adler es especialmente interesante para la educación de los niños difíciles o niños problemas. Su obra pedagógica más importante es *La psicología individual y la escuela* (1929).

Ernest Meumann (1862-1915), ocupa un lugar aparte, como el representante más destacado de la "pedagogía experimental". La pedagogía según él debe tener una base empírica, de observación y experimentación, y esta base la da la pedagogía experimental. La pedagogía para él es una ciencia autónoma que fija sus propios fines y medios, y que por tanto no depende de ninguna otra ciencia. Ella misma obtiene los fines de la investigación empírica de la vida y de la actividad real de la humanidad, así como los medios y caminos por donde pueden alcanzarse esos fines. El campo de trabajo de la Pedagogía experimental es, según Meumann, muy vasto y comprende la investigación de la vida anímica del niño, el estudio de la labor educativa propiamente dicha, el de los medios materiales de la educación y el de los problemas de la organización escolar. En suma, la pedagogía experimental constituye la base empírica de la pedagogía, en parte de un modo directo y en parte ofreciendo contribuciones esenciales para su fundamentación científica sobre la base de la investigación y la experimentación. Su obra más importante es *Lecciones para la introducción en la Pedagogía experimental* (1911-1915).

W. A. Lay (1862-1926) es otro destacado cultivador de la pedagogía experimental. Para él esta pedagogía tiene como característica el empleo de los métodos exactos de la investigación científica, sobre todo la observación, la estadística y la experimentación. Sus ideas se basan en el estudio de las acciones y reacciones del medio sobre el educando, entendiendo por éste tanto el medio biológico, natural, como el social y cultural. Es también representante de la pedagogía activa, de la acción en un sentido voluntarista. Su obra más importante es la *Didáctica experimental* (1903).

Otros representantes de la pedagogía experimental son: *Robert R. Rusk*, profesor de la Universidad de Glaskow, autor de una obra interesante: *Experimental Education* (1934). *Th. Simon*, el colaborador de A. Binet en la creación de la escala métrica de la inteligencia y autor de una *Pedagogía experimental* (1930), *F. N. Freeman*, profesor norteamericano, autor también de una *Experimental Education* (1932) y otros muchos pedagogos de los Estados Unidos que cultivan esta ciencia y cuyos trabajos aparecen en las publicaciones de la "National Society for the Study of Education".

3. LA PEDAGOGÍA ACTIVA

La pedagogía activa constituye sin duda el movimiento más interesante e innovador de la educación actual. Hasta podría decirse que más que una dirección particular de la pedagogía contemporánea es el denominador común de todas ellas. Su punto de partida se suele asignar a Rousseau, aunque también hay que reconocérselo a Pestalozzi con sus gloriosas experiencias escolares,

Pero hay que llegar a nuestro siglo para encontrar en él las principales teorías y realizaciones de esta tendencia activista.

Los primeros trabajos científicos en tal dirección proceden de *John Dewey*, quien la inició hacia 1897 con sus primeras obras como su *Credo Pedagógico* y con sus experiencias escolares en la "University Elementary School" de la Universidad de Chicago. Casi simultáneamente, *Jorge Kerchensteiner* comenzó a reformar las escuelas de la ciudad de Munich en el mismo sentido activista y años después lanzó al mundo la expresión "Escuela de trabajo" *(Arbeitsschule)* que los pedagogos suizos tradujeron por el término de "escuela activa" con el que se designa hoy a todo el movimiento.

El cuadro de la pedagogía activa puede sintetizarse en esta forma:

1º La pedagogía pragmática de James, Dewey, Kilpatrick, Bode y Rugg.

2º La pedagogía de la "escuela del trabajo" de Kerschensteinner y Gaudig.

3º La pedagogía de la "escuela activa" de Bovet, Claparède, Ferrière y Piaget.

4º La pedagogía de los "métodos activos" de Montessori, Decroly, Parkhurst, Washburne, etc.

5º La pedagogía de las "escuelas nuevas" de Reddie, Badley, Lietz y Demolins.

En la imposibilidad de exponer todas estas manifestaciones de la pedagogía activa, nos tenemos que limitar a señalar las de algunos de sus principales representantes.

John Dewey (1859-1952) es el representante más significativo de la pedagogía americana y quizá de la pedagogía contemporánea. Influido por la concepción pragmatista de William James, Dewey comenzó por oponer a la concepción herbartiana de la "educación por la instrucción" su teoría de la "educación por la acción". En este sentido acentuó el carácter de la educación como un "learning by doing", como un aprender haciendo. Estas ideas las puso en práctica en su citada escuela de Chicago, y de ella surgieron multitud de sugestiones y experiencias para todo el mundo. La educación para él es a la vez una función social y una función individual: por una parte es la suma total de procesos por los cuales una comunidad transmite sus poderes y fines con el fin de asegurar su propia existencia y desarrollo, y por otra, es también igual a crecimiento a una continua reconstrucción de la experiencia. La escuela no es una preparación para la vida, sino la vida misma, depurada; en la escuela el niño tiene que aprender a vivir. En cuanto al sentido de la actividad Dewey decía ya en 1900 en su obra *La escuela y la sociedad:* "Lo que importa guardar en el espíritu respecto a la introducción de las diversas formas de ocupación es que mediante ellas se renueva el espíritu de la escuela. Tiene ésta oportunidad para afiliarse a la vida, para llegar a ser el ambiente natural del niño, donde éste aprende a vivir directamente, en vez de ser un lugar donde se aprenden simplemente lecciones que tengan una abstracta y remota referencia a alguna vida posible que haya de realizarse en el porvenir. Tiene así la escuela una posibilidad de ser una comunidad embrionaria, una sociedad en miniatura". Respecto al método, Dewey considera a éste desde el punto de vista activo pidiendo: 1º que el alumno tenga una situación de experiencia directa, es decir, una actividad continua en la que esté interesado por su propia cuenta; 2º que se plantee un problema auténtico dentro de esa situación como un estímulo para el pensamiento; 3º que posea la información y haga las observaciones necesarias para tratarla; 4º que las soluciones se le ocurran a él, lo cual le hará responsable de que se desarrollen de un modo ordenado, y 5º, que tenga oportunidad para comprobar sus ideas por sus aplicaciones, aclarando así su significación y descubriendo por sí mismo su validez. Para Dewey no hay dualidad u oposición entre el método y la materia de enseñanza. El método es sólo la combinación o arreglo de la materia para hacerla más eficaz; no es exterior a ella, es sólo el tratamiento de la materia con el mínimo gasto de energía.

Dewey ha sido también uno de los más ardientes defensores de la democracia. Su obra capital se llama precisamente *Democracia y educación* (1916). Asimismo ha sido uno de los más entusiastas abogados de la "educación progresiva", como se llama en EE. UU. a la "educación nueva". Su vida entera ha estado al servicio de las ideas más nobles y elevadas tanto en la vida política y social como en la pedagógica. Por ello merece el reconocimiento de todos los amantes de la educación y de la libertad.

William H. Kilpatrick (n. 1872) es el discípulo y continuador de la obra de Dewey, y también una de las personalidades más interesantes de la pedagogía contemporánea. Para él la educación se dirige a la vida para hacer a la vida mejor. No es algo que esté fuera de vida como un instrumento con que empujarla o levantarla, sino que está dentro de la vida misma; es parte del proceso mismo de la vida en tanto que la vida tenga valor. La educación rehace la vida, y la rehace no sólo ocasionalmente, sino deliberadamente, de un modo continuo. De suerte que la educación es la reconstrucción continua de la vida en niveles cada vez más altos. Kilpatrick es también un creyente en la democracia, a la que considera como el esfuerzo para dirigir a la sociedad sobre una base de respeto a la personalidad. A la educación le interesa sobre todo desarrollar personalidades de modo que cuando sean mayores se hagan cada vez más adecuadamente autodirectoras. La base de toda educación está en la actividad o mejor en la autoactividad realizada con sentido y entusiasmo. Kilpatrick es quien formuló primero la idea del "método de proyectos", el más característico de la educación activa. Su obra principal es *Filosofía de la educación* (1951).

Harold Rugg (n. 1886) profesor también como los anteriores de la Columbia University, de Nueva York, continúa en cierto modo su obra pero en un sentido más social e histórico, insistiendo en el sentido nacional. Su obra más importante es *La vida americana y el programa escolar* (1931).

Boyd H. Bode (n. 1873), profesor de la Universidad de Ohio, destaca también el aspecto social activo de la educación, acentuando su aspecto democrático. Su obra más conocida es *Teorías modernas de educación* (1927), traducida al castellano.

Jorge Kerschensteiner (1854-1932), es el creador de la idea de la "escuela del trabajo" o "escuela activa" en el nombre corriente. Como director de las escuelas de Munich transformó éstas en un sentido activo y democrático. Personalidad de muchas facetas se ha ocupado también de la educación estética y de la acción social de la escuela. Inspirado en cierto modo en las ideas de Dewey, puso sin embargo una nota original en sus creaciones. Los caracteres de la "escuela del trabajo" son, según él, los siguientes: 1º Enlaza todo lo posible su actividad educadora a las disposiciones individuales de sus alumnos y multiplica y desarrolla hacia todos los lados posibles esas inclinaciones e intereses, mediante una actividad constante en los respectivos campos de trabajo. 2º Tratar de conformar las fuerzas morales del alumno dirigiéndole a examinar constantemente sus actos de trabajo para ver si éstos expresan con la mayor plenitud posible lo que el individuo ha sentido, pensado, experimentado y querido, sin engañarse a sí mismo ni a los demás. 3º Es una comunidad de trabajo en la que los alumnos, en tanto que su desarrollo es suficientemente alto, se perfeccionan, ayudan y apoyan recíprocamente, a sí mismos y a los fines de la escuela.

para que cada individuo pueda llegar a la plenitud de que es capaz por su naturaleza.

Los caracteres de la escuela del trabajo son, pues: el cuidado y cultivo de la individualidad sobre la base de las necesidades activas de los alumnos; la autocorrección del trabajo por parte de éstos; el autocontrol, el autoexamen del trabajador, y finalmente el desarrollo del espíritu social por medio de las comunidades escolares de trabajo. La obra de Kerschensteiner en este dominio es *Concepto de la escuela del trabajo* (1912).

Entre los pedagogos alemanes que continúan la pedagogía activa hay que contar en primer lugar a *Hugo Gaudig*, de quien hemos tratado al hablar de la pedagogía de la personalidad y quien acentúa el principio de la autoactividad en un sentido espiritual. Su obra más importante en este sentido es *Teoría y práctica del trabajo espiritual libre* (1922). Otro representante de la educación activa es *Alwin Pabst* (1854-1918), director que fue del Seminario de Trabajo de Leipzig.

Adolfo Ferrière (n. 1879), ha sido quizá el más entusiasta defensor y difundidor de la escuela activa y de la educación nueva en Europa. Su labor infatigable como escritor, conferenciante y fundador de Asociaciones y Revistas le ha hecho acreedor al reconocimiento de todos los que se interesen por la educación. Sus ideas originariamente se basaron en concepciones biológicas que después se han transformado en una filosofía espiritualista. Partiendo del "élan vital" de Bergson considera que el impulso vital espiritual es la raíz de la vida, la fuente de toda actividad, y que el fin de la educación es conservar y aumentar este impulso de vida que se dirige al fin supremo. Para él "el ideal de la escuela activa es la actividad espontánea, personal y productiva". Las obras de Ferrière son muy numerosas, pero es de especial interés la que lleva precisamente por título *Escuela activa* (1947), traducida al castellano.

Además de Ferrière hay que contar entre los defensores suizos de la escuela activa a Claparède, Bovet y Piaget, de quienes ya hemos hablado.

Asimismo hemos citado ya la labor de los creadores de los métodos activos de educación, tales como la Dra. Montessori, el Dr. Decroly, Miss Parkhurst, Carleton Washburne, Roger Cousinet, etcétera, y los creadores de las escuelas nuevas, todas ellas inspiradas en la idea de la escuela activa, como el Dr. Reddie, el Dr. Badley, el Dr. Lietz, C. Demolins, M. Bertier, etc., ya mencionados.

4. LA PEDAGOGÍA SOCIAL

La pedagogía social es de todas las direcciones de la pedagogía la que tiene más largo abolengo, ya que arranca de Platón, quien en su *República* escribió la primera obra de este género, que continúan después, entre otros, Pestalozzi y Fichte. Pero la formulación de la pedagogía social como ciencia es cosa de nuestro tiempo. Comienza en realidad con la obra fundamental de Paul Natorp, denominada precisamente *Pedagogía social* y publicada en 1898. Dentro de esta corriente se pueden distinguir varias direcciones: 1º la pedagogía social idealista, representada por la citada obra de Natorp, inspirada en la filosofía kantiana, y la pedagogía social naturalista de Paul Bergemann, fundada en la biología y la antropología. 2º La pedagogía social de Otto Wilmann, ya mencionada, de carácter herbartiano y católico, la de Paul Barth, inspirada en las teorías positivistas de Riehl y Herbert Spencer, y la de Fiedrich Paulsen, de carácter más bien idealista. 3º La pedagogía sociológica de Emile Durkheim, de tendencia marcadamente positivista, inspirada en Augusto Comte y la empírica de los socio-pedagogos norteamericanos.

Aparte de éstas, hay evidentemente otras muchas manifestaciones de la concepción social de la educación, entre otras la cívica de Kerschensteiner, la democrática-pragmática de Dewey y Kilpatrick, la pedagogía cultural de Spranger, etc., sin contar las concepciones estrictamente políticas que caen fuera de nuestro estudio. En efecto, cada partido político tiene por lo general una concepción de la educación, que presenta un carácter social, como lo es la liberal, la marxista, la democrática, etc., Como en lo anterior, nos limitaremos aquí a reseñar las manifestaciones esenciales de la pedagogía social.

Paul Natorp (1854-1924), es, como hemos dicho, el fundador de la moderna pedagogía social y con Hermann Cohen, uno de los representantes más destacados del movimiento neokantiano, de la llamada escuela de Marburgo. Su pedagogía se inspira en esa dirección, aunque en los últimos años de su vida se aproximó a la filosofía de Husserl. Su influencia ha sido muy grande, tanto en el orden teórico como en el de la política pedagógica. Fue también uno de los inspiradores de la "escuela unificada", el redescubridor en nuestro tiempo de Pestalozzi y uno de los tutores del "movimiento juvenil", de tanto interés para la educación alemana.

Para Natorp, la pedagogía social significa el reconocimiento de que la educación del individuo está condicionada socialmente, y a su vez que la vida social lo está por una educación adecuada a los individuos que han de formar parte de ella. Ambos problemas son en realidad uno solo, pues la comunidad consiste sólo en la unión de los individuos, y esta unión vive sólo en la conciencia de los miembros particulares. Toda educación es, por un lado, social, y por otro, individual. La pura consideración de la educación es una abstracción; lo social comprende a lo individual. Para Natorp el hombre sólo se hace hombre mediante la sociedad humana. El hombre no crece aislado ni tan sólo uno al lado de otro, sino cada uno vive bajo el múltiple influjo de los demás y en reacción constante a tal influjo. El hombre particular es propiamente una abstracción como el átomo del físico. Ahora bien, la comunidad para Natorp no es un hecho, una realidad histórica, sino una misión infinita, una aspiración, una idea. No se trata pues de una educación para una situación nacional o política particular, sino de una educación para la humanidad. Por otra parte, esa comunidad no está constituída internamente por la sumisión a la autoridad, al influjo pasivo de otro, sino que en ella se tiene una posesión espiritual y se disfruta de los mismos derechos. Así puede decirse que la pedagogía de Natorp es una pedagogía social humanista de tipo democrático-liberal.

Otto Willmann (1839-1920), a quien ya hemos mencionado al tratar de la pedagogía herbartiana, merece estudiarse por su concepción social histórica de la educación. Inspirado también en las ideas de Aristóteles, para él la educación es la actividad de la generación creciente mediante la cual regula los esfuerzos de la naturaleza juvenil y los configura moralmente, dándole los fundamentos de su propio contenido vital, espiritual y moral, o dicho de otro modo, la educación es un acto del organismo social por medio del cual éste no sólo se conserva y fructifica, sino que también mira al futuro de su vida, por medio de la transmisión de los bienes culturales adquiridos en su desarrollo histórico. La educación y la cultura son siempre transmitidas de una generación a otra y tienen como base comunidades humanas; de aquí la dependencia de la educación de las condiciones sociales históricas, las cuales forman diversos ideales de vida, de los que nacen a su vez diferentes tipos de educación. El estudio de estos tipos es una de las aportaciones valiosas de *Willmann* en su obra *Didáctica como teoría de la formación* (1882-1889), traducida incorrectamente al castellano con el título de "Teoría de la formación humana".

Paul Barth (1858-1922), conocido por su obra *Historia de la educación en su aspecto sociológico e histórico-espiritual*, considera a la educación como la "propagación espiritual de la sociedad", o más simplemente como la "propagación de la sociedad" ya que la sociedad es un organismo espiritual que sólo puede propagarse por medios espirituales. Estima que la educación ha dependido siempre de los fines ideales de la sociedad en que vivían educando y educador. Las doctrinas relativas a la educación no son, pues, absolutas, sino que sólo valen para una sociedad determinada. Los fines cambian y son el elemento variable. Lo que permanece constante es la dedicación a esos fines y de ahí se obtienen ciertas virtudes que aparecen en toda pedagogía porque son siempre convenientes y humanos.

Friedrich Paulsen (1846-1908), pertenece a la misma dirección histórica de la pedagogía social, sólo que acentúa más el sentido cultural ideal desde la generación adulta a la siguiente. Por esta transmisión se conserva el tipo genérico. El ambiente histórico determina la concepción del mundo y la misión de la vida, y por tanto de la educación. La obra más importante de Paulsen es su *Historia de la enseñanza superior* (1885).

Emile Durkheim (1858-1919), representa la dirección sociológica positivista. La educación para él es la acción ejercida por las generaciones adultas sobre las que todavía no están maduras para la vida social. Su objeto es suscitar y desarrollar en el niño cierto número de estados físicos, individuales y morales que exigen de él la sociedad política en su conjunto y el medio especial al que particularmente está destinado. Partiendo de la idea de que el hombre no es hombre más que porque vive en sociedad, considera que la educación consiste en una socialización metódica de la generación joven. La sociedad se encuentra a cada nueva generación en presencia de una tabla rasa en la que tiene que construir con nuevo trabajo. La educación es, ante todo, el medio con que la sociedad perpetúa su propia existencia. Para Durkheim la sociología es la que debe determinar los fines que la educación debe perseguir. Según él la educación y la pedagogía no son, pues, más que un anexo o apéndice de la sociedad y la sociología negando así la autonomía de aquéllas. Su obra pedagógica más conocida es *Educación y sociología* (1922).

Otros representantes de la pedagogía social son los de la sociología norteamericana, entre los cuales se cuentan *Lester F. Ward, C. C. Peters* y *G. S. Counts*.

Asimismo se deben citar los representantes de las manifestaciones políticas como *Ernest Krieck, Baeumler* y *Karl Friedrich Sturm*, del nacionalsocialismo desaparecido; los representantes del socialismo como *Jaurés* y *Tawney;* los del comunismo como *Pinkevich* y *Lunatcharsky*, sin contar los democráticos, que son la mayoría en la actualidad, como *Dewey* y *Kilpatrick, Herriot* y *Ferrière, Spranger* y *Hermann Nohl*, etc. [1].

5. LA PEDAGOGÍA FILOSÓFICA

La pedagogía filosófica representa la más alta expresión de la pedagogía teórica o mejor de la teoría de la educación. Sus iniciadores son los filósofos griegos, Platón y Aristóteles, como hemos visto; pero alcanzó mayor desarrollo en los siglos XVIII y XIX, tal como aparece expresada por sus filósofos y escritores idealistas. Pero también aquí encontramos que su máxima importancia la ha logrado en nuestro siglo. Prescindiendo de las direcciones que ya se han tratado anteriormente, tales como la pragmática o activista de Dewey y la social de Natorp, podemos señalar las siguientes corrientes como las más significativas de la pedagogía filosófica de nuestro tiempo.

1º La pedagogía idealista, que comprende varias manifestaciones, las más importantes de las cuales son: la neokantiana, representada por Natorp, ya estudiado, y la neohegeliana, de Giovanni Gentile y Gustavo Wyneken.

2º La pedagogía de los valores, que a su vez abarca diversas manifestaciones, tales como las de Jonas Cohn, Augusto Messer y Paul Häberlin.

3º La pedagogía científico-espiritual, representada principalmente por Guillermo Dilthey y sus continuadores Teodoro Litt y Frischeisen-Köhler.

4º La pedagogía cultural, representada sobre todo por Eduardo Spranger y Hermann Nohl.

Independientemente de las direcciones aquí señaladas quedan otras manifestaciones de la pedagogía filosófica como las de Peter Petersen, Hönigswald, Wilhelm Flitner y otras, que en parte coinciden con las direcciones anteriores y en parte tienen un carácter autónomo.

---

[1] Véase L. Luzuriaga, *Pedagogía social y política*, Buenos Aires, Losada, 3ª ed., 1961.

a) *La pedagogía idealista*

Giovanni Gentile (1875-1944), uno de los más altos representantes de la pedagogía italiana, pertenece a la escuela filosófica inspirada en Hegel. Fue autor, con Lombardo-Radice, de la reforma escolar llevada a cabo por el Gobierno de Mussolini en 1922. Gentile identifica la educación con el espíritu y la pedagogía con la filosofía. Para él la educación es "formación, desenvolvimiento o devenir del espíritu, y puesto que el espíritu consiste en su devenir, o mejor aún, en el devenir, quien dice educación dice espíritu y nada más". En su devenir el espíritu humano se adapta diversamente según los intereses particulares que reinan en un momento u otro. De aquí su concepción historicista, según la cual no se puede determinar en abstracto el contenido de toda posible educación para todos los lugares y todos los tiempos. La escuela, como toda otra forma de educación se desenvuelve y cambia, por tanto, continuamente de contenido, el cual no es otro que el espíritu que se da sucesivamente en cada momento de su desenvolvimiento concreto. En general, la pedagogía de Gentile lleva al nacionalismo y pierde su carácter autónomo al identificarla con la filosofía y con la historia (1913-14). Continuadores suyos son *Giuseppe Lombardo-Radice*, autor de unas *Lecciones de Didáctica* muy interesantes, y *Ernesto Codignola*, autor de numerosas obras, entre ellas una *Historia de la educación y de la pedagogía*.

Gustavo Wyneken (n. 1875), uno de los espíritus más inquietos y originales de la pedagogía idealista alemana, a quien ya hemos mencionado como creador de las "comunidades escolares libres", considera a la educación como "la capacitación de la conciencia individual para la participación en la conciencia total de la humanidad". El órgano de esta educación es la escuela, que debe introducir a la juventud en el servicio del espíritu. La escuela es el centro en que coinciden el espíritu y la joven humanidad; no es un órgano del Estado y aún menos de cualquier agrupación social particular, sino que por ella habla la humanidad ideal misma; recibe su mandato únicamente de la verdad. La organización de esta escuela sólo puede hacerse en la forma de comunidades escolares libres, en las que participan por igual maestros y alumnos, no habiendo separación ni división entre ellos. La obra esencial de Wyneken es *Escuela y Cultura juvenil* (1921), traducida al español.

b) La pedagogía de los valores

Jonas Cohn (1869-1947), es quizás el más alto representante de la pedagogía idealista en la dirección de la filosofía de los valores, y pertenece a la llamada escuela de Baden, inspirada por Windelband y Rickert. Para Cohn la educación es "el influjo consciente y continuo sobre la juventud dúctil con el propósito de formarla". Desde el punto de vista individual considera como objetivo de la educación la personalidad autónoma saturada por la participación en la vida cultural histórica. Y desde el punto de vista social es la formación del alumno para ser miembro autónomo de las comunidades históricas a que pertenece. Para Cohn, los fines de la educación dependen de la concepción total de la vida, es decir, de la opinión total sobre el valor y sentido de la vida humana. Y como ésta es cuestión de la filosofía, a la que considera como ciencia del valor. Su obra pedagógica esencial es *Pedagogía fundamental (Geist der Erziehung)*.

Augusto Messer (1867-1937), bien conocido por sus obras sobre historia de la filosofía y de la pedagogía, se halla orientado en la corriente del realismo crítico, siendo también un representante de la filosofía de los valores. Para Messer, el problema de la educación se soluciona por la vida de los valores. Éstos se imponen a nosotros con fuerza objetiva y con tal evidencia que los tenemos que aceptar y a la vez jerarquizar. De la vida de los valores se obtienen los ideales humanos y de éstos los fines de la educación. Tales fines, a su vez, se han de estructurar concretamente teniendo en cuenta la situación cultural del momento y de ellos se han de deducir las reglas y normas de la educación. El objeto de la educación es para Messer "influir en el desarrollo del hombre, y en especial del joven, con el fin de convertirle en un miembro libre e intrínsecamente útil y apto de la colectividad cultural (familia, pueblo, humanidad de la cultura), posibilitándolo para que participe en la labor cultural y contribuyendo a la prosperidad de la misma". La obra pedagógica principal de Messer es *Filosofía y educación*, traducida al español.

A la pedagogía de los valores pertenece también el filósofo *Paul Häberlin* (n. 1878), profesor en la Universidad de Basilea y autor de *Caminos y extravíos de la educación* (1920).

c) *La pedagogía científico-espiritual*

Guillermo Dilthey (1833-1911), es el filósofo que quizá ha influido más, con Dewey, en la pedagogía contemporánea. De él han surgido diversas escuelas y valiosas sugestiones para la teoría de la educación. Para él, el fin de la educación no puede derivarse de la ética, ni de la metafísica, ya que éstas no pueden determinar con carácter universal el fin de la vida. El fin de la educación sólo puede derivarse de la estructura de la vida anímica misma. Desde el punto de vista individual, la educación para Dilthey es "la actividad planeada mediante la cual los adultos tratan de formar la vida anímica de los seres en desarrollo". Desde el punto de vista social, la educación tiene dos fines esenciales: uno, la renovación social, que exige que los miembros que entran constantemente en la sociedad sean desarrollados para que puedan sustituir a los de la generación presente; otro, la conservación y transmisión de los bienes culturales adquiridos a lo largo de la historia para la sociedad. Ahora bien, dentro de la sociedad actúan diversos factores: familia, comunidad local, estado, iglesia, los cuales deben colaborar también para determinar la estructura de la educación, sin ser absorbidos unos por otros, sino estar en un equilibrio completo.

Dilthey ha sido uno de los grandes historiadores y creadores de la historia como ciencia del espíritu. Así, sus observaciones sobre la historia de la educación, que hemos citado a menudo en esta obra, tienen un valor muy grande. Para él, la historia de la educación depende de dos factores esenciales: el progreso de la ciencia, que afecta a todos los medios de la educación y el estado cultural de un pueblo o una generación, que determina el ideal educativo. Este ideal se halla en relación íntima con el ideal de vida de la sociedad que educa. Así, la educación y los sistemas de enseñanza basados en ella tienen que crecer, llegar a madurez y morir como los pueblos mismos. En suma, la historia de la educación aparece condicionada por dos factores: el nacional, que es la fuerza animadora y conservadora de un pueblo, y el científico, que es el elemento progresivo para dar al individuo su máxima capacidad. En el equilibrio de estos dos factores se halla el objetivo de la educación. Las obras pedagógicas de Dilthey más importantes son: *Fundamentos de un sistema de pedagogía* e *Historia de la pedagogía*, ambas traducidas al español.

Max Frischeisen-Köhler (1878-1923) ha sido uno de los primeros discípulos de Dilthey. Para él la pedagogía es el terreno en que se encuentran los valores ideales con la realidad empírica. Conforme a las concepciones del mundo dominantes y a las relaciones entre el ser y el valor pueden establecerse tres tipos de pedagogía: la empírica, la crítica y la especulativa. La pedagogía empírica considera la educación según la naturaleza del hombre tal como es; la crítica según la idea de lo que debe ser, y la especulativa trata de establecer relaciones entre el alma individual y el devenir del mundo con validez general. La pedagogía, como las demás ciencias del espíritu, no puede aspirar a tener ese carácter universal. Su objeto es más bien determinar los límites de validez relativa de las teorías pedagógicas y estudiar el movimiento de sus manifestaciones que siempre se hallan en un estado de fluidez. La obra principal pedagógica de Frischeisen-Köhler es *Formación y visión del mundo* (1921).

Teodoro Litt (n. 1880), ha seguido también a Dilthey en su concepción filosófica, aunque fue asimismo influido por la filosofía de Hegel y la de Husserl. Para él la pedagogía no es una mera tecnología, ni una ciencia de la naturaleza, sino una ciencia cultural. Los fines de la educación no pueden tomarse de la realidad externa, sino del sujeto mismo de la educación, del carácter teleológico de la vida anímica. La educación no se limita a lo que es, a la realidad que encuentra, sino que se refiere a ideales que aún no existen. Pero tampoco puede separarse del ser, pues sólo uniéndose a lo que es puede llevarse el ideal a la realidad. Por otra parte, la educación es una relación de individuo a individuo, de educador a educando, y esta relación es insustituible. Pero a la vez ambos se hallan conexionados en una unidad superior: el mundo espiritual, cultural. La educación sería así la introducción de un yo dado en la conexión estructural del mundo de la cultura. La educación se orienta, pues, en dos elementos decisivos: la cultura y la individualidad. Entre ellos tampoco hay oposición, sino que se complementan uno a otro. La pedagogía de Litt adopta en general una posición dialéctica por la cual trata de superar las oposiciones entre la pedagogía individual y la social, entre la objetiva y la subjetiva, entre la psicológica y la cultural. La obra pedagógica más importante de Litt es *Posibilidad y límites de la pedagogía* (1926).

d) *La pedagogía cultural*

Eduardo Spranger (n. 1882), quizá el más alto exponente de la psicología y la pedagogía actual, representa principalmente la pedagogía cultural. Influido muy directamente por Dilthey, diverge sin embargo de él en muchos aspectos. Para él la cultura es siempre creada y sostenida por hombres que viven conjuntamente, bien en forma de tribu, de pueblo o de Estado. La cultura no es una cosa muerta, sino algo vivo y actual. Toda creación cultural despierta automáticamente una voluntad de educación. La educación es la reproducción de la cultura, basada en el hecho de mantener vivo en los espíritus lo ya elaborado. Para la educación toda cultura es sólo materia de ejercicio para alumbrar en el alma del alumno la voluntad de progresar hacia los valores auténticos. Spranger define a la educación diciendo que es "aquella actividad cultural dirigida a la formación esencial personal de sujetos en trance de desarrollo. Se verifica en las sustancias de valor auténticas del espíritu objetivo (cultura), pero tiene por fin último el alumbramiento del espíritu normativo autónomo". Spranger consideraba cuatro aspectos esenciales de la ciencia pedagógica: el ideal de educación, la educabilidad, el educador y la comunidad educativa. Y conforme a esto la pedagogía tiene un aspecto *noológico*, en tanto que trata de los bienes educativos específicos; un aspecto *psicológico*, al investigar la voluntad educativa del educador y las condiciones de educabilidad del alumno; un aspecto *normativo*, en tanto que critica los ideales educativos que aspiran a tener validez, y un aspecto *sociológico* en tanto que investiga la estructura y la vida de las comunidades educativas. Para Spranger la educación básica es asunto de la escuela primaria, pero ésta tiene el inconveniente que en su forma actual abandona al joven en el momento en que se está formando su vida interna en la pubertad. Sobre la escuela primaria se erige la secundaria que continúa la educación general sobre una base científica y comienza en ciertos aspectos la formación profesional.

Spranger no ha escrito propiamente una obra sistemática de pedagogía. Sus ideas sobre educación se hallan dispersas en numerosos trabajos filosóficos y pedagógicos, entre los cuales se hallan sus obras tan conocidas *Formas de vida* y *Psicología de la edad juvenil*. Además hay que contar su *Cultura y educación* y *Las ciencias del espíritu y la escuela*, todas traducidas al castellano.

Hermann Nohl (n. 1889), pertenece a la misma dirección que Spranger, aunque con acento personal propio. Para él el punto de partida de la pedagogía es el hecho de la realidad de la educación como un todo con sentido. La educación constituye una gran realidad objetiva, que surge de la vida, de sus ideales y sus necesidades, como el arte o la economía, el derecho y la ciencia, que constituye un sistema cultural relativamente autónomo, independiente de los sujetos que participan en él, y que está regido por una idea propia, que actúa en toda acción educativa, y que sin embargo sólo es asib'e en su desarrollo histórico. La teoría de la educación tiene que partir de esta realidad educativa en su doble aspecto de vivencia y de objetivaciones pedagógicas. El fin de la educación es formar una vida espiritual unitaria, y esto sólo puede hacerse por una acción unitariamente espiritual. La acción pedagógica no parte de un sistema de valores, sino sólo de un *yo originario*, de un hombre real, con la firme voluntad de formar una unidad espiritual. La educación es el aspecto subjetivo de la cultura. Los sistemas cultura'es, arte, ciencia, derecho, exigen de nosotros, determinados actos; la educación por el contrario vive en el individuo y desarrolla en él fuerzas y capacidades en una forma que corresponden a su destino. Pero la educación individual no puede ser independiente de la forma de existencia nacional. La educación fuera de la comunidad de educación es algo abstracto. Así la oposición entre la educación individual y la formación cultural se resuelve en el concepto de la formación nacional. La obra esencial pedagógica de Nohl es *La teoría de la educación*, traducida al castellano.

e) *Otras direcciones filosóficas*

Richard Hönigswald (1875-1947), afirma que existe una relación tan íntima entre la pedagogía y la filosofía que en algunos de sus problemas la filosofía es pedagogía y en sus más hondas suposiciones la pedagogía es filosofía. La educación es para él la transmisión de los valores de configuración: ciencia, arte, moralidad. Su obra principal es *Fundamentos de la pedagogía*.

Peter Petersen (1884-1954), el autor del Plan Jena, considera que la educación es lo que produce la peculiaridad humana; es igual a humanización, es decir, a la penetración y perfección espiritual de la forma humana. La educación es una función espiritual, tan originaria como el desarrollo de la vida. La obra pedagógica más importante de Petersen es sus *Principios de pedagogía*, traducida al castellano.

Wilhelm Flitner (n. 1889), pertenece a la dirección pedagógica que acentúa el aspecto existencial en la educación. Ésta es para él una parte de la realidad de la vida. De ella tenemos todos un concepto obtenido de nuestra actuación en la existencia. Flitner subraya la idea de la responsabilidad de la educación. Según él es necesario que en las relaciones entre hombres intervengan y colaboren otros hombres que al actuar se consideren responsables de la educación, que hagan de ésta una relación vital ética. La obra más conocida de Flitner es su *Pedagogía sistemática*, traducida al castellano.

Jorge Simmel (1858-1918), el gran pensador alemán, se ha ocupado de la educación en su relación con la cultura. Para él la educación cultural *(Bildung)* consiste en una objetividad del sujeto y en la subjetivación de un objeto cultural. La instrucción es un medio de la educación que actúa sobre el contenido, mientras que la educación se refiere más bien al proceso de la formación. Simmel escribió una *Pedagogía escolar*, obra póstuma.

Max Scheler (1874-1928). También este gran pensador se ocupó de la educación en algunas de sus obras. Para él la educación es la acuñación, la conformación del ser humano total, modelando una totalidad viviente en la forma del tiempo; por ella el mundo grande, el "macrocosmos", se concentra en un foco espiritual y personal, el "microcosmos". Scheler se ocupó de la educación en su obra *El saber y la cultura*, traducida al castellano.

Hans Freyer (n. 1887), el sociólogo tan conocido, considera a la educación como una de las categorías del espíritu objetivo. Para él lo que se forma en la educación no son actos, ni series de actos, sino la persona que se halla antes y sobre toda vida actual. En la educación la persona misma se convierte en forma objetiva espiritual, es decir, con sentido. Su obra más importante es *Teoría del espíritu objetivo*.

1. HISTORIAS DE LA EDUCACIÓN Y DE LA PEDAGOGÍA

BARTH, P.: *Geschichte der Erziehung in soziologischer und geitesgeschichtlicher Beleuchtung*, Leipzig, Reisland, 1911.
BEHN, S.: *Historia general de la pedagogía*, Madrid, Espasa-Calpe, 1939.
BLÄTNER, F.: *Geschichte der Pädagogik*, Heidelberg, Quelle u. Meyer, 1950.
BOYD, W.: *The history of Western education*, London, Black, 5ª ed., 1950.
BUTTS: *A cultural history of Western education*, New York, McGrave-Hill.
BRUBACHER: *A history of problems of education*, New York, McGrave-Hill.
CODIGNOLA, E.: *Historia de la educación y de la pedagogía*, Buenos Aires, El Ateneo, 1948.
COMPAYRÉ, G.: *Histoire critique des doctrines de l'éducation en France depuis le XVIII siècle*. 2 vols., París, Hachette, 1883.
CUBBERLEY, E. P.: *The history of education*, Boston, Houghton, 1920.
DAVIDSON, T.: *Una historia de la educación*, Madrid, Jorro, 1910.
DILTHEY W.: *Historia de la pedagogía*, Buenos Aires, Losada, 6ª ed., 1960.
DURKHEIM, E.: *L'évolution pédagogique en France*, 2 vols., París, Alcan, 1938.
GRAVES, F. P.: *A history of education*, 3 vols., New York, Macmillan, 1913
HUBERT, R.: *Histoire de la pédagogie*. París, Presses Universitaires de France, 1949.
KANDEL, I. L.: *History of secondary education*, Boston, Houghton, 1930.
KRIECK, E.: *Bildungssysteme der Kulturvölker*, Leipzig, Quelle u. Meyer.
LARROYO, F.: *Historia general de la pedagogía*, México, Porrúa, 3ª ed., 1950.
LUZURIAGA, L.: *Historia de la educación pública*, Buenos Aires, Losada, 3ª ed., 1959.
MESSER, A.: *Historia de la pedagogía*, Barcelona, Labor, 2ª ed., 1930.
MONROE, P.: *Historia de la pedagogía*, 4 vols., Madrid, La Lectura, s. a.
MOOG, W.: *Geschichte der Pädagogik*, 2 vols., Oesterwieck, Zickfeldt, 1928.
PAULSEN, F.: *Das deutsche Bildungswesen in seiner geschichtlicher Entwicklung*, 2 vols., Leipzig, Teubner, 5ª ed., 1924.
REBLE, A.: *Geschichte der Pädagogik*, Stuttgart, Kleit, 1955.
RUIZ AMADO, R.: *Historia de la educación y de la pedagogía*, Buenos Aires, Poblet, 1949.
SCHMIDT, K. A.: *Geschichte der Pädagogik*, Cothen, Schettler, 4ª ed., 1890, 4 vols.
WEIMER, H.: *Historia de la pedagogía*, Madrid, La Lectura, 1925.
WILLMANN, O.: *Teoría de la formación humana*. Vol. I, Lamadrid, s. a.
WICKERT, R.: *Historia de la educación*, Buenos Aires, Losada, 3ª ed., 1950.
ZIEGLER, T.: *Geschichte der Pädagogik*, Munchen, Beck, 5ª ed., 1923.

2. LA EDUCACIÓN PRIMITIVA ORIENTAL

Chuang, Tuang Sun: *La pédagogie de Confucius*, Lille, 1936.
Durr, L.: *Das erziehungswesen in Alten Testament und in antike Orient*, Leipzig, 1932.
Frobenius, M.: *Weltanschauung der Naturvölker*, Belín, 1898.
Graerner, F.: *El mundo del hombre primitivo*, Madrid, Revista de Occidente, 1925.
Granet, M.: *La civilisation chinoise*, París, La Renaissance du Livre, 1939.
Hambly, W. D.: *Origins of education among primitive peoples*, London, 1926.
Levy Bruhl: *El alma primitiva*, Buenos Aiares, Lautaro.
Masson-Oursel, P. L.: *L'Inde antique et la civilisation indienne*, París, La Renaissance du Livre, 1933.
Moret, A.: *Le Nil et la civilisation egyptienne*, Paris, La Renaissance du Livre, 1933.
Obermaier, H. y García Bellido, A.: *El hombre prehistórico y los orígenes de la humanidad*, Madrid, Revista de Occidente, 4ª ed., 1947.
Steindorf, G.: *Historia de Egipto*, en "Historia Universal" de Goetz, vol. 1, Madrid, Espasa-Calpe.
Swft, F. H.: *Education in ancient Israel*, Chicago, 1919.
Wilhelh, R.: *Confucio*, Madrid, Revista de Occidente, 1926.

3. LA EDUCACIÓN GRIEGA Y ROMANA

Barbagallo, C.: *Lo Stato e l'Istruzione pubblica nell'Impero Romano*, Catania, 1911.
Davidson, Th.: *La educación del pueblo griego y su influencia en la educación*, Madrid, La Lectura, s. a.
Dobson, J. F.: *Ancient education and its meaning*, London, 1932.
Freeman, K. L.: *Schools of Hellas*, London, 1907.
Girard, F.: *L'éducation athenienne*, París, 1891.
Grasberberget, L.: *Erziehung und Unterrich im klassischen Althertum*, 3 vols., Würzburg, 1864-1881.
Gwin, A.: *Roman education from Cicero to Quintilian*, Oxford, 1926.
Jaeger, W.: *Paiedeia. Los ideales de la cultura griega*, México, Fondo de Cultura Económica, 3 vols., 1942-1945.
Lechner, M.: *Erziehung und Bildung in der griechischer-römischen Antique*. Munchen, 1933.
Marrou, H. I.: *Histoire de l'éducation dans l'antiquité*, París, Editions du Seulil, 2ª ed., 1950.
Monroe, P.: *Source book of the history of education for the greek and roman period*, New York, Macmillan, 1901.
Nettleship, R. L.: *The theory of education in Plato's Republic*, Oxford, University Press, 1935.

STENZEL, J.: *Die griechische-römische Bildungsfelt*, en el "Handbuch der Pädagogik", de Nohl u. Pallat.
TOVAR, A.: *Vida de Sócrates*, Madrid, Revista de Occidente, 1947.
WILKINS, A. S.: *Roman education*, Cambridge, 1905.

4. LA EDUCACIÓN CRISTIANA Y MEDIEVAL

ADAMS, G. B.: *Civilization during the Middle Ages*, Nem York, 1922.
BEHN, S.: *Die Geschichte der katholischen Bildung*, en el "Handbuch der Pädagogik", de Nohl und Pallat.
DRANE, A. F.: *Christian schools and scholars*, London, 1881.
GINER DE LOS RÍOS, F.: *La historia de las universidades*, en "Pedagogía universitaria", Madrid, 1924.
HEARNSHAW, F. C.: ed. *Medieval contributions to modern education*, New York, 1922.
HODGSON, G.: *Primitive christian education*, London, 1906.
HUIZINGA, J.: *El otoño de la Edad Media*, Buenos Aires, Revista de Occidente Argentina, 1947.
LANDSBERG, P.: *La Edad Media y nosotros*, Madrid, Revista de Occidente, 1925.
MARROU, H. I.: *Saint Agustin et la fin de la culture antique*, París, Boccard, 2ª ed., 1949.
MULLINGER, J. B.: *Schools of Charles the Great*, New York, 1911.
PARE, G.: *La Renaissance du XII siècle, les écoles et l'enseignement*, París-Otawa, 1933.
RADSHALL, H.: *Universities of Europe in the Middle Ages*, Oxford, 1895.
ROGER, M. L.: *L'enseignement des lettres classiques d'Aussone a Alcuin*, París, 1905.

5. LA EDUCACIÓN HUMANISTA Y CRISTIANA REFORMADA
(Siglos XV y XVI)

BRANDI, C.: *El Renacimiento*, en la "Historia Universal", de Goetz, Madrid, Espasa-Calpe, vol. IV.
BURCKHARDT, J.: *La cultura del Renacimiento en Italia*, Buenos Aires, Losada, 1949.
CADET, F.: *L'éducation a Port-Royal*, París, 1887.
DILTHEY, W.: *Hombre y mundo en los siglos XVI y XVII*, México, Fondo de Cultura Económica, 1944.
GLOCKNER, G.: *Das Ideal der Bildung und Erziehung bei Erasmus von Rotterdam*, Leipzig, 1889.
GUIBERT: *Jean Baptiste de La Salle*, París, 1900.
HARTFELDER, K.: *Melanchton als Praeceptor Germaniae*, Belín, 1899.
HUGHES, T.: *Loyola and the education system of Jesuits*, London, 1892.
JEBB, R. C.: *Humanism in education*, London, 1896.

LALLEMAND, P.: *Histoire de l'éducation dans l'ancien Oratoire de France*, París, 1889.
LAURIE, S. S.: *The history of educational opinion from the Renaissance*, Cambridge, 1903.
RENAUDET: *Prereforme et humanisme*, París, 1914.
LOYOLA, IGNACIO: *Ration atque institutio studiorum societatis Jesu*.
SPRANGER, E.: *Lutero*, en "Cultura y educación", vol. I, Buenos Aires, Espasa-Calpe.
WATSON, F.: *Vives y el Renacimiento español*, Madrid, La Lectura.

6. LA EDUCACIÓN NATURALISTA Y RACIONALISTA
(Siglos XVII y XVIII)

ADAMON, J. W.: *Pioneers of modern education*, Cambridge, 1921.
ALLAIN, A.: *L'oeuvre scolaire de la Revolution française*, París, 1891.
BUISSON, F.: *Condorcet*, París, 1928.
CASSIRER, E.: *Filosofía de la Ilustración*, México, Fondo de Cultura Económica, 1943.
COHN, J.: *Die Pädagogik der Aufklärung und des deutschen Idealismus*, en "Handbuch der Pädagogik" de Nohl u. Pallat.
DURUY, A.: *L'Instruction publique et la Revolution*, París, 1882.
FERRY, J.; BUISSON, F.; PECAU, F. y otros: *La escuela laica*, Madrid, Revista de Pedagogía, 1932.
HANSEN, A. O.: *Liberalism and American education in the Eighteenth Century*, New York, 1926.
HAZARD, P.: *La crisis de la conciencia europea*, Madrid, 1941.
—*El pensamiento europeo en el siglo* XVIII, Madrid, Revista de Occidente, 1946.
HIPPEAU, C.: *L'Instruction publique en France pendant la Revolution*, París, Didiers, 1881.
HUBLER, P.: *Friedrich der Grosse als Pädagoge*, 2ª ed., Göttingen, 1900.
LANTOINE, H.: *Histoire de l'enseignement secondaire en France au* XVIII*e. et au début du* XVIII*e. siècle*, París, 1874.
NATORP, P.: *Pestalozzi. Su vida y sus ideas*. Barcelona, Labor, 1931.
PINLOCHE: *La reforme de l'éducation en Allemagne au* XVIII*e. siècle*, París,
SPRANGER, E.: *Jean Jacques Rousseau*, en "Cultura y Elucación", Buenos Aires, Espasa-Calpe, 1948.
—*Pestalozzi*, ídem, ídem.
STOLZE, R.: *Der Philanthropismus*, Stuttgart, 1921.
VIAL, F.: *La doctrina educativa de J. J. Rousseau*, Barcelona, Labor.

7. LA EDUCACIÓN NACIONAL Y DEMOCRÁTICA

ALEXANDRE, T. y PARKER, B.: *La nueva educación en la República alemana*, Madrid, Aguilar, 1931.

HISTORIA DE LA EDUCACIÓN Y DE LA PEDAGOGÍA

Archer, R. L.: *Secondary education in the Nineteenth century*, Cambridge, 1921.
Bins, H. B.: *A century of education. 1808-1908*, London, 1908.
Dottrens, R.: *La educación nueva en Austria*, Madrid, Beltrán.
Grimaud: *Histoire de la liberté d'enseignement*, París, 1898.
Israel, A.: *L'école de la Republique. Le grand oeuvre de Jules Ferry*, París, 1931.
Lombardo-Radice, G.: *La reforma escolar italiana*, Madrid, La Lectura
Lowndes, G. A. N.: *The silent social revolution. 1895-1935*, Oxford University Press, 1937.
Luzuriaga, L.: *La escuela única*, Madrid, Revista de Pedagogía, 1931.
—*La educación nueva*, Buenos Aires, Losada, 6ª ed., 1961.
Moore, E. C.: *Fifty years of american education*, New York, 1918.
Moore, R. W. ed.: *Education: to-day and to-morrow*, London, Michael Joseph, 1945.
Pinkevich, A.: *La nueva educación en la República Rusa*, Madrid, Aguilar, 1931.
Reisner, E. H.: *Nationalism and education*, New York, 1922.
Roberts, R. D. ed.: *Education in the nineteenth Century*, Cambridge, 1901.
Tawney, R. H.: *La segunda enseñanza para todos*, Madrid, Revista de Pedagogía, 1932.
Ward, H.: *The educational system of England and Wales and its recent history*, Cambridge, University Press, 1939.
Weill, G.: *Histoire de l'idée laïque en France au XIX siècle*, París, 1925.
Zentralinstitut fub Erziehung und Unterricht: *Die deutsche Schulreform*, Leipzig, Quelle & Meyer.

8. OBRAS CLÁSICAS DE LA PEDAGOGÍA [1]

Aristóteles: *La Política*. Trad. de Julián Marías y María Araujo, Madrid, Instituto de Estudios Políticos, Buenos Aires, Espasa-Calpe.
Aristóteles: *La Política*. Trad. de Julián Marías y María Araujo, Madrid, Instituto de Estudios Políticos, Buenos Aires, Espasa-Calpe.
Cicerón: *Obras didácticas*, 2 vols., Madrid, Hernando.
Quintiliano: *Instituciones oratorias*, 2 vols., Madrid, Hernando.
San Agustín: *Confesiones*, Buenos Aires, Poblet.
Castiglione: *El cortesano*. Trad. de Boscan. Buenos Aires, Espasa-Calpe.
Erasmo: *Enchiridion, Manual del caballero cristiano*, Madrid, Instituto de Estudios Políticos.
Vives: *Tratado de la enseñanza*. Trad. de J. Ontañón, Madrid, La Lectura.
Rabelais: *Gargantúa y Pantagruel*. Trad. de E. Barrionuevo, Madrid, Aguilar, 2 vols.
Montaigne: *Ensayos pedagógicos*. Trad. de L. de Zulueta, Madrid, Espasa-Calpe.
Comenio: *Didáctica Magna*. Trad. de S. López Peces. Madrid, Reus.
Loyola: *Autobiografía*. Trad. de J. N. March. Barcelona, Casullera.

[1] Se citan sólo las obras fundamentales traducidas al castellano recomendables para la lectura de los estudiantes.

Locke: *Pensamientos acerca de la educación.* Trad. de D. Barnés, Madrid, La Lectura.
Fenelón: *La educación de las niñas.* Trad. de Ma. Luisa Navarro, Madrid, La Lectura.
Rousseau: *Emilio o de la educación.* Trad. de R. Urbano, Madrid, Jorro.
—*Antología.* Trad. de Ma. Luisa Navarro, Buenos Aires, Losada.
Condorcet: *Rapport y proyecto de decreto.* Trad. de A. Ballesteros, Madrid, Revista de Pedagogía.
Kant: *Sobre Pedagogía.* Trad. de I. Luzuriaga, en "Kant, Pestalozzi y Goethe sobre educación", Madrid, Jorro.
Pestalozzi: *Cómo Gertrudis enseña a sus hijos.* Trad. de L. Luzuriaga, Madrid, La Lectura.
—*Leonardo y Gertrudis.* Trad. de O. Ovejero, Madrid, Jorro.
—*Antología,* Trad. de L. Luzuriaga, Buenos Aires, Losada.
Goethe: *Guillermo Meister.* Trad. de L. Luzuriaga (Trozos) en "Kant, Pestalozzi y Goethe sobre educación", Madrid, Jorro.
Fichte: *Discursos a la nación alemana.* Trad. de F. Ayala, Buenos Aires, Americalee.
Juan Pablo Richter: *Levana o teoría de la educación.* Trad. de L. de Zulueta, Madrid, La Lectura, 2 vols.
Herder: *De la gracia en la escuela.* Trad. de L. de Zulueta, Madrid, La Lectura.
—*Bosquejos para un curso de pedagogía.* Trad. de L. Luzuriaga, Madrid, La Lectura.
Froebel: *La educación del hombre.* Trad. de L. de Zulueta, Madrid, Jorro.
Herbert Spencer: *La educación intelectual, moral y física.* Buenos Aires, Albatros.
Sarmiento: *De la educación popular.* Buenos Aires.
Varela, J. P.: *La educación del pueblo,* Montevideo.

9. OBRAS BÁSICAS DE LA PEDAGOGÍA MODERNA [1]

Adler, A.: *La psicología individual y la escuela.* Buenos Aires, Losada.
Barth, P.: *Pedagogía.* Madrid, La Lectura, 2 vols.
Binet, A.: *Ideas modernas sobre los niños.* Buenos Aires, Albatros, 1942.
Claparède, E.: *La educación funcional.* Madrid, La Lectura, 1932.
Cohn, J.: *Pedagogía fundamental.* Buenos Aires, Losada, 3ª ed., 1959.
Cossío, M. B.: *De su jornada.* Madrid, 1929.
Cousinet, R.: *Un nuevo método de trabajo libre por grupos.* Buenos Aires, Losada, 2ª ed., 1959.
Decroly, O.: *Iniciación general al método Decroly.* Buenos Aires, Losada, 5ª ed., 1959.
Dewey, J.: *Democracia y educación.* Buenos Aires, Losada, 4ª ed., 1961.

[1] Se indican sólo las obras traducidas al castellano. Una bibliografía más extensa puede verse en la obra del autor: *La pedagogía contemporánea,* Buenos Aires, Losada, 6ª ed., 1959; y en el *Diccionario de Pedagogía* del mismo autor, Buenos Aires, Losada, 2ª ed., 1962.

HISTORIA DE LA EDUCACIÓN Y DE LA PEDAGOGÍA

DILTHEY, W.: *Fundamento de un sistema de Pedagogía.* Buenos Aires, Losada, 5ª ed., 1960.
DURKHEIM, M.: *Educación y sociología.* Madrid, La Lectura, s. a.
FERRIÉRE, A.: *La escuela activa.* Madrid, Beltrán, 2ª ed., 1933.
FLITNER, W.: *Pedagogía sistemática.* Barcelona, Labor, 1935.
GENTILE, G.: *Sumario de pedagogía como ciencia filosófica.* Buenos Aires, El Ateneo, 1946.
GINER DE LOS RÍOS, F.s *Ensayos sobre educación.* Buenos Aires, Losada.
JAMES, W.: *Charlas a los maestros.* Buenos Aires, El Ateneo.
KERSCHENSTEINER, J.: *Concepto de la escuela del trabajo.* Madrid, La Lectura.
KEY, E.: *El siglo del niño.* Buenos Aires, Albatros, 1945.
KILPATRICK, W. H.: *Función social, cultural y docente de la escuela.* Buenos Aires, Losada, 6ª ed., 1960.
KRIECK, E.: *Bosquejo de la ciencia de la educación.* Buenos Aires, Losada, 2ª ed., 1960.
MESSER, A.: *Filosofía y educación.* Buenos Aires, Losada, 4ª ed., 1960.
MONTESSORI, M.: *El método de la pedagogía científica.* Barcelona, Araluce, 1937.
NATORP, P.: *Pedagogía social.* Madrid, La Lectura.
NOHL, H.: *Teoría de la educación.* Buenos Aires, Losada, 3ª ed., 1959.
PETERSEN, P.: *Principios de pedagogía.* Buenos Aires, Losada, 1947.
REIN, W.: *Resumen de pedagogía.* Madrid, La Lectura.
SPRANGER, E.: *Cultura y educación.* Buenos Aires, Espasa-Calpe, 1948, 2 vols.
WASHBURNE, C.: *La escuela individualizada.* Buenos Aires, Losada, 3ª ed., 1959.
WILLMANN, O.: *Teoría de la formación humana.* Madrid, Instituto de San José de Calasanz, s. a., 2 vols.
WYNEKEN, G.: *Escuela y cultura juvenil.* Madrid, La Lectura.

10. OBRAS DE CONSULTA GENERALES

a) Obras pedagógicas.

BUISSON, F.: *Nouveau dictionnaire de pédagogie et d'instruction publique.* París, Hachette, 1911.
INTERNATIONAL INSTITUTE OF TEACHER COLLEGE COLUMBIA UNIVERSITY: *Educational Yearbooks.* New York, Teachers College, Columbia University.
LUZURIAGA, L.: *Diccionario de Pedagogía.* Buenos Aires, Losada, 2ª ed., 1962.
MONROE, P.: *A cyclopedia of education,* 5 vols. New York, Macmillan, 1911-1913.
NATIONAL SOCIETY FOR THE STUDY OF EDUCATION: *Yearbooks,* 1902-1955. Bloomington, Public School Publishing Company.
NOHL, H. und PALLAT, L.: *Handbuch der Pädagogik,* 5 vols. Langensalza, Beltz, 1928-1933.
RIVLIN, H. N. y SCHUELER, H.: *Enciclopedia de la educación moderna,* 2 vols., Buenos Aires, Losada. 1946.
THE UNIVERSITY OF LONDON INSTITUTE OF EDUCATION: *The Year Book of Education,* London, Evans Brothers, Annual.
Bulletin du Bureau International d'education. Genéve. Trimestral.
Diccionario de pedagogía Labor. 2 vols., Barcelona, Labor, 1936

b) Historias generales.

GOETZ, W.: *Historia Universal*. Trad. de M. G. Morente. Madrid, Espasa-Calpe, 10 vols.
HEGEL: *Filosofía de la Historia Universal*. Madrid, Revista de Occidente.
TOYNBEE, A. J.: *Estudio de la Historia*. Buenos Aires, Emecé.
TURNER, R.: *Culturas de la humanidad*. Trad. de F. A. Delpiene y Ramón Iglesia. México, Fondo de Cultura Económica, 1948.
WEBER, A.: *Historia de la cultura*. Trad. de L. Recasens Siches. México, Fondo de Cultura Económica, 1941.
WELLS, G. H.: *Esquema de la historia universal*. Trad. de E. Díaz Canedo y Ricardo Baeza, Buenos Aires, Anaconda, 2 vols.
BREHIER, E.: *Historia de la fisolofía*. Trad. de D. Náñez, Buenos Aires, Sudamericana, 2 vols., 1942.
FERRATER MORA, J.: *Diccionario de Filosofía*, 4ª ed., Buenos Aires, Sudamericana, 1958.
MARÍAS, J.: *Historia de la filosofía*. Buenos Aires, Revista de Occidente Argentina, 1946.
WINDELBAND: *Historia de la filosofía*. Trad. de F. Larroyo, México, Pallas, 8 vols., 1941.

ÍNDICE DE AUTORES

Abelardo, 97
Abentofail, 96
Abril, P. S. de, 106
Adler, A., 244
Agazzi, R., 232
Agrícola, R., 104
Agustín, San, 17, 80, 83-84
Alberti, J. B., 102
Alcuino, 91, 97
Alejandro Magno, 51, 64
Alfonso el Sabio, 18
Alfredo el Grande, 88-89
Alberto Magno, 97
Alzate, J. A., 162
Amunátegui, M. y G. V., 193
Anselmo, San, 97
Aporti, F., 221
Arias Montano, 106
Aristóteles, 17, 44, 51, 53, 56, 65-66, 71, 76, 96, 253
Ascham, R., 121
Avellaneda, N., 192
Averroes, 96
Avicena, 96

Bacon, 15, 130, 140, 147
Badley, J. H., 226, 228
Baeumler, A., 253.
Bain, A., 208
Ballesteros, A., 173
Baranda, M., 193
Baranda, I., 193
Barnard, M., 191, 217
Barreda, G., 193

Barros Arana, D., 193
Barth, 24, 250, 252
Basedow, 14, 155, 170, 172, 227
Basilio, San, 80, 84
Beda el Venerable, 97
Belgrano, M., 192
Bell, A., 186
Bello, A., 193
Benito, San, 81, 83
Bergemann, P., 250
Bergson, H., 17, 225
Bertier, G., 231
Berulle, P. de, 134
Binet, A., 243
Blanco, R., 189
Blonski, P. P., 224
Bode, B. H., 243, 248
Bolívar, 193
Borgoña, Duque de, 150
Boscán, 101
Bottai, 222
Bovet, P., 232, 246
Boyd, W., 107
Brougham, Lord, 187
Buda, 17, 35
Budde, G., 241
Budé, G., 110
Bugenhagen, J., 115, 120
Bühler, Ch., 243
Bühler, K., 243
Buisson, F., 184, 212
Bus, C., 127
Butler, N. M., 217
Butler, R. A., 216

Calasanz, José de, 127, 128
Calomarde, 189
Calvino, 17, 117, 120, 132
Campe, 171
Canals Frau, S., 27
Carlomagno, 85, 88, 89
Carlos III, 152, 160
Carlos V, 136
Carlos Augusto, 201
Carlyle, 187
Casati, 221
Casiodoro, 96
Cassirer, E., 153
Castiglione, 101, 109
Castillejo, J., 223
Catalina de Rusia, 152, 158, 219
Catón el Viejo, 68, 71, 73
César, 72
Cicerón, 74, 103, 225
Cisneros, 106
Claparède, E., 232, 243
Clemente, San, 81-82
Codignola, E., 264
Cohen, H., 250
Cohn, J., 153, 255
Colet, J., 108
Comenio, 16, 17, 130, 142-146, 150, 166, 225, 234
Compayré, G., 110, 134, 156
Comte, A., 207
Conant, J. B., 217
Condillac, 165
Condorcet, 16, 159, 164, 172-174
Confucio, 32, 33
Copérnico, 15, 16
Cossío, M. B., 189, 223
Costa, J., 223
Counts, G. S., 252
Cousin, V., 183
Cousinet, R., 226, 231, 245
Credaro, L., 222
Cubberley, E. P., 96, 139, 190, 219
Cyr, Saint, 133
Chatelain, P., 231
Churchill, W., 216

D'Alambert, 152
Dalhem, 232
Danou, 159
Darwin, 17, 208

De Gaulle, 214
Decroly, O., 14, 226, 227, 231, 237, 249
Debesse, M., 243
Demolins, E., 230,
Descartes, 15, 16, 17, 135, 140, 147
Deschand-Alexander, 231
Devogel, 232
Dewey, J., 14, 17, 18, 226, 227, 234, 246-247, 253
Dickens, Ch., 187
Diderot, 152, 158, 165
Diesterweg, 185
Dilthey, W., 10, 19, 46, 50, 54, 59, 71, 88, 96, 131, 225, 256, 257
Dinter, 189
Disraeli, 187
Durkheim, E., 19, 252

Elyot, T., 109
Eliot, Ch. W., 217
Enrique II, 94, 136
Enrique VIII, 118
Erasmo, 104-106, 106, 108, 114, 150, 225, 241
Ernesto el Piadoso, 131
Eucken, 229
Falk, 185
Falloux, 183
Federico el Grande, 14, 18, 152, 155, 156
Federico Guillermo I, 136, 154
Federico Guillermo II, 155
Felipe II, 136
Felipe III, 136
Felipe V, 137
Feltre, V. da, 101, 102, 225, 226
Fenelón, 150-151
Fénix, 45
Fernando VI, 137
Fernando VII, 188
Ferriére, A., 249, 253
Ferry, J., 184
Fichte, 14, 152, 177, 184, 194, 195-196, 250
Filipo, 64
Fisher, C., 215
Flitner, W., 260
Forster, H. D., 187
Fourier, P., 127

ÍNDICE DE AUTORES

Francisco I, 109
Francke, H., 135-136, 227
Franco, General, 224
Fraschetti, 233
Freeman, F. N., 243, 245
Freinet C., 226, 231
Freud, S., 244
Freyer, H., 260
Frischeisen-Köhler, M., 256
Froebel, 14, 17, 194, 199-203, 227

Galileo, 15, 16, 140
Gante, P. de, 137
Gaudig, H., 241, 242
Geheeb, P., 229, 232
Gentile, G., 222, 254
Gerardo de Grote, 103
Gil de Zárate, A., 189
Giner de los Ríos, F., 189, 233
Giraudin, M. de, 169
Gladstone, 187
Glöckel, O., 230
Goethe, 17, 18, 194, 197-198
Gómez Farías, V., 193
Gorgias, 54
Granet, M., 31
Gregorio, San, 88
Groos, G., 243
Guarino, 102
Guillén de Rezzano, C., 227
Guizot, F., 183
Gurlit, L., 241

Häberlin, P., 255
Hadenberg, 188
Hadow, 221
Haenisch, K., 210
Hamaïde, 231
Harnisch, 185
Hazard, P., 153
Hegel, 33, 152, 194, 197, 257
Hegius, 103
Helvetius, 165
Hennigsen, 230
Herbart, 14, 17, 177, 194, 203, 204, 216
Herder, 199
Herriot, E., 212, 253
Hippias, 54
Hitler, A., 211, 212

Homero, 45, 48
Hönigswald, R., 259
Horacio, 70
Howard, 236
Huarte de San Juan, 108
Huguenin, E., 232
Humboldt, W. de, 177, 185
Humefer, 38
Huss, 114
Huxley, T., 208

Isabel I de Inglaterra, 118
Isidoro, San, 96
Isócrates, 53, 63

Jaensech, E., 243
Jäger, W., 45, 47, 49, 55, 71
James, W., 217, 225, 241, 242
Jaspers, K., 18
Jaurés, J., 253
Jefferson, T., 163, 217
Jenofonte, 56
Jerónimo, San, 82-83
Jesucristo, 79
Jöde, 230
Johnson, M., 235
José ben Gamala, 41
Jovellanos, G., 161
Juan Crisóstomo, San, 80
Judd, Ch. H., 243
Juvenal, 73

Kofka, K., 243
Kant, 17, 152, 170, 171, 174-175, 176
Keller, H., 17
Kempis, T., 103
Kerschensteiner, J., 210, 226, 227, 248, 249
Key, E., 241
Kierkegaard, S., 17
Kilpatrick, W. A., 217, 226, 238, 247, 253
Klemm, O., 243
Knox, J., 117, 132
Krause, F. E. A., 30
Krause, K. C. F., 200
Krieck, E., 25, 253
Kruskaya, 219

Labarca, A., 162
La Chalotais, 157, 158, 164, 172-173
Lakanal, 159
Lambercier, 166
Lancaster, 188
Langevin, P., 214
Lanson, G., 169
Lao-tse, 32
Larroyo, F., 27, 138
La Salle, J. B., 133-134
Lay, W. A., 243, 245
Leibniz, 130
Lenin, 219
Lepelletier, 159
Lessing, 194, 198
Licurgo, 47, 48
Lietz, H., 226, 229
Lily, W., 108
Lincoln, 223
Linde, E., 241
Lipmann, O., 243
Litt, T., 257
Locke, 14, 130, 146-150, 166, 169, 241
Lombardo-Radice, G., 222, 254
Lope de Vega, 17
Loyola, I. de, 14, 123, 127
Lucano, 73
Luis XIV, 132
Luis de Anhalt, 141
Luis de León, F., 106
Luis el Piadoso, 89
Lulio, R., 98
Lunatscharsi, 219
Lutero, 14, 17, 114-115, 119-120
Luzuriaga, L., 11, 94, 174, 240
Llorca, A., 227, 233

Macauley, 187
Mackinder, 236
Manjon, A., 189
Mann, H., 190, 192, 217
Marcial, 73
Marco Aurelio, 72
Marenholtz-Bülow, 200
María Teresa, 152
Marrou, H. I., 46, 52, 73
Martí Alpera, F., 227, 233
Martin, G. H., 139
Marx, C., 17
Masson-Oursel, P., 35

Meinhold, 42
Melanchton, 115, 120
Mendouse, P., 243
Mentor, 45
Mericia, M. A., 127
Messer, A., 255
Meumann, E., 243, 244
Mirabeau, B., 159
Mitre, B., 192
Moisés, 40
Molière, 17
Monroe, P., 90, 132
Montaigne, 17, 110, 112, 166, 225
Monterrey, C. de, 138
Montesino, P., 189
Montesquieu, 157, 172
Montessori, M., 226, 227, 228, 232, 235, 237, 249
Moreno, M., 192
Moret, A., 37
Moro, Tomás, 114
Moyano, C., 189
Mulcaster, R., 121
Mussolini, B., 222

Napoleón, 14, 182, 184
Natorp, P., 210, 250, 251, 253
Nebrija, A. de, 106
Néstor, 45
Newton, 132
Nietzsche, 17, 225, 241
Nohl H., 253, 259
Nunn, P., 241, 242
Núñez, A., 193
Nussbaum, 232

Olaizola, S., 227
Orígenes, 82
Ortega y Gasset, J., 23, 57, 204
Otto, B., 241
Oxentierna, 142
Owen, R., 187

Pabst, A., 249
Pacomio, San 80
Pantaneus, 79
Parkhust, H., 226, 227, 235, 249
Pascal, 17
Paulo III, 128
Paulsen, F., 250, 252

ÍNDICE DE AUTORES

Pécaut, F., 184
Pedro el Grande, 219
Pestalozzi, 14, 16, 17, 153, 164, 170, 175-180, 185, 188, 227, 250
Pétain, Ph., 213.
Peters, C. C., 252
Petersen, P., 226, 260
Petrarca, 101
Piaget, J., 243, 244
Pinkevitch, 253
Pizzigoni, G., 232
Platón, 13, 14, 17, 45, 51, 53, 56, 59-63, 65, 250, 253
Plutarco, 17, 47, 68, 73, 74
Ponce de León, 108
Profit, 231
Protagoras, 54, 55
Prüfer, J., 202
Ptahotep, 38, 39

Quintana, J. M., 188
Quintiliano, 17, 72, 73, 75-77, 82, 103

Rabanos, Mauro, 97
Rabelais, 111, 225
Ramón y Cajal, S., 223
Ramus, P., 110
Ratke, 14, 16, 130, 140-142, 150, 225
Reddie, C., 226, 228
Rein, W., 206
Reuchlin, J., 104
Richter, J. P., 194, 199
Riehl, A., 250
Ritter, K., 177
Rivadavia, B., 192
Rochow, B. von, 172
Rodríguez, S., 193
Rolland d'Erceville, 157
Roubatkine, 231
Rousseau, 14, 16, 150, 152, 166-170, 176, 197, 225, 241
Rugg, H., 248
Ruiz Amado, R., 189
Rusk, R. R., 243, 245
Russell, Bertrand, 241

Sadler, M., 187
Salas, M. de, 162
Sallwürk, E., 217
Salzmann, 171

San Alberto, J. de, 162
Sanz, J. M., 162
Sanz del Río, J., 189
Sarmiento, D. F., 14, 192
Scharrelmann, H., 241
Scheler, M., 260
Schelling, 204
Schiller, 170, 194, 199
Schleiermacher, 194, 196
Schmidt, K., 36
Schwartz-Bys, 232
Scotus Erigena, 97
Segismundo, Duque de, 142
Séneca, 74, 150
Servet, M., 118
Shaftesbury, Conde de, 147
Shakespeare, 17
Sickinger, 237
Simmel, G., 260
Simon, 245
Smelten, 232
Sócrates, 13, 14, 44, 54, 55-59, 60, 61, 225
Spain, 235
Spencer, H., 194, 207-208, 250
Spens, 215
Spinoza, 32
Spranger, E., 14, 170, 250, 258
Stanley Hal, 200, 223
Steiger, F. von, 207
Stein, L. von, 185
Steindorf, G., 38
Stern, W., 243
Stiehl, 184
Stoy, C., 206
Stuart Mill, 18, 187
Sturm, J., 120
Sturm, K. F., 253
Süvern, 184

Tagore, R., 227
Talleyrand, 159
Tawney, R. H., 253
Thorndike, E. L., 243
Tobler, 232
Tolstoi, 225, 227
Tomás de Aquino, Santo, 17, 96, 97
Tovar, A., 56
Toynbee, A. J., 21, 26, 29, 67
Trajano, 72, 73

Trasímaco, 54
Trotzendorf, V., 120, 227
Turgot, 167, 172
Turner, R., 32

Valdés, 106
Vargas, J. M., 193
Varela, J. P., 193
Varrón, 73
Veracruz, A. de, 137
Vergerio, P. P., 102
Vértiz, 162
Vespasiano, 72
Virgilio, 77
Vitoria, F. de, 106
Vives, 17, 107-108, 149, 225
Voltaire, 152

Ward, L. F., 252
Warrens, Mme. de, 169

Washburne, C., 226, 227, 235, 237
Wáshington, J., 162, 217
Weber, A., 34, 40, 49, 122, 123
Wells, G. H., 22
Willmann, O., 87, 250, 251
Wimpfelin, J., 104
Wirt, 235
Wolsey, C., 106
Worringer, G., 23, 37
Wundt, W., 195
Wycliff, 114
Wyneken, G., 239, 254

Zay, J., 213
Zedlitz, Barón von, 155, 172
Zeidler, 230
Ziegler, Th., 19, 128
Zillar, T., 206
Zumárraga, J. de, 137
Zwingli, 120

ÍNDICE GENERAL

Introducción 9

Capítulo I. HISTORIA DE LA EDUCACIÓN Y DE LA PEDAGOGÍA. 11
1. Concepto de la historia de la educación y de la pedagogía 11
2. Factores de la historia de la educación 13
3. Etapas de la historia de la educación 15
4. Fuentes para el estudio de la educación 17
5. Valor de la historia de la educación 18

Capítulo II. LA EDUCACIÓN PRIMITIVA 21
1. Cultura y sociedad de los pueblos primitivos 21
2. La educación en los pueblos primitivos 24
3. La educación en los pueblos indoamericanos 26

Capítulo III. LA EDUCACIÓN ORIENTAL 29
1. La educación china 30
2. La educación india 34
3. La educación egipcia 36
4. La educación hebrea 39

Capítulo IV. LA EDUCACIÓN GRIEGA 43
1. La educación heroica 43
2. La educación espartana 46
3. La educación ateniense 48
4. La educación helenística 51

Capítulo V. LA PEDAGOGÍA GRIEGA 53
1. Los sofistas 54
2. Sócrates 55
3. Platón 59
4. Isócrates 63
5. Aristóteles 64

Capítulo VI. LA EDUCACIÓN ROMANA 67
1. La educación en la época heroica-patricia 68
2. La educación romana bajo la influencia griega 70
3. La educación romana en la época del Imperio 72
4. La pedagogía romana 73
5. Quintiliano 75

Capítulo VII. LA EDUCACIÓN CRISTIANA PRIMITIVA 78
1. La primera educación cristiana 79
2. Los primeros educadores y pedagogos cristianos 81
3. San Agustín 83

Capítulo VIII. LA EDUCACIÓN MEDIEVAL 85
1. La educación monástica y catedral 86
2. La educación palatina y estatal 88
3. La educación caballeresca 90
4. La educación universitaria 91
5. La educación gremial y municipal 93
6. La educación de los árabes 95
7. La pedagogía medieval 96

Capítulo IX. LA EDUCACIÓN HUMANISTA 99
1. La educación humanista en Italia 100
2. La educación humanista en los países nórdicos 104
3. La educación humanista en España 106
4. La educación humanista en Inglaterra 108
5. La educación humanista en Francia 109

Capítulo X. LA EDUCACIÓN RELIGIOSA REFORMADA (PROTESTANTE) 113
1. La educación religiosa luterana 114
2. La educación religiosa calvinista 117
3. La educación religiosa anglicana 118
4. La pedagogía de la religión reformada 119

Capítulo XI. LA EDUCACIÓN RELIGIOSA REFORMADA (CATÓLICA) 122
1. La educación de los jesuitas 123
2. La educación de las otras órdenes religiosas 127
3. Pedagogos y educadores de la educación católica 127

Capítulo XII. LA EDUCACIÓN EN EL SIGLO XVII 130
1. Desarrollo de la educación pública 131
2. La educación de carácter católico 132
3. La educación religiosa pietista 135
4. La educación en España 136
5. La educación en la América hispánica 137
6. La educación en la América británica 138

ÍNDICE GENERAL

CAPÍTULO XIII. LA PEDAGOGÍA EN EL SIGLO XVII 140
1. La pedagogía realista: Ratke 140
2. Comenio 142
3. Locke 146
4. La pedagogía femenina: Fenelón 150

CAPÍTULO XIV. LA EDUCACIÓN EN EL SIGLO XVIII 152
1. La educación estatal 154
2. La educación nacional 158
3. La educación en España y en Hispanoamérica 160
4. La educación en Norteamérica 162

CAPÍTULO XV. LA PEDAGOGÍA EN EL SIGLO XVIII 164
1. La pedagogía sensualista: Condillac, Diderot, Helvetius ... 165
2. La pedagogía naturalista: Rousseau 166
3. La pedagogía filantrópica: Basedow 170
4. La pedagogía política: La Chalotais y Condorcet 172
5. La pedagogía idealista: Kant 174
6. Pestalozzi 175

CAPÍTULO XVI. LA EDUCACIÓN EN EL SIGLO XIX 181
1. Francia 182
2. Alemania 184
3. Inglaterra 186
4. España 188
5. Estados Unidos 190
6. Repúblicas Hispanoamericanas 191

CAPÍTULO XXVII. LA PEDAGOGÍA EN EL SIGLO XIX 194
1. La pedagogía idealista: Fichte, Hegel, Schleiermacher ... 195
2. Goethe 197
3. Froebel 199
4. Herbart 203
5. La pedagogía positivista: Spencer 207

CAPÍTULO XVIII. LA EDUCACIÓN EN EL SIGLO XX 209
1. Alemania 210
2. Francia 212
3. Inglaterra 214
4. Estados Unidos 217
5. Rusia 219
6. Italia 221
7. España 223

CAPÍTULO XIX. LA EDUCACIÓN NUEVA 225
1. Las instituciones 227
2. Las escuelas nuevas inglesas 228
3. Las escuelas nuevas alemanas y austríacas 229

4. Las escuelas nuevas francesas y belgas 230
5. Las escuelas nuevas suizas e italianas 232
6. Las escuelas nuevas españolas 233
7. Las escuelas nuevas norteamericanas 234
8. Los métodos de la educación nueva 235

Capítulo XX. LA PEDAGOGÍA CONTEMPORÁNEA 240
1. La pedagogía individual 241
2. La pedagogía psicológica y experimental 243
3. La pedagogía activa 245
4. La pedagogía social 250
5. La pedagogía filosófica 253

Bibliografía 261

Índice de autores 269

ALGUNAS OBRAS PEDAGÓGICAS DE LORENZO LUZURIAGA

Direcciones actuales de la pedagogía en Alemania, Madrid, Librería Nacional y Extranjera, 1913.
La enseñanza primaria en España. (En colaboración con don Manuel B. Cossío), Madrid. Publicaciones del Museo Pedagógico Nacional, 1915.
La enseñanza primaria en el extranjero, Madrid, Museo Pedagógico Nacional, 1915-1917.
Documentos para la historia escolar de España, Madrid, Centro de Estudios Históricos, 2 volúmenes, 1916-1917.
La preparación de los maestros, Madrid, Museo Pedagógico Nacional, 1918.
Ensayos de Pedagogía e Instrucción Pública, Madrid, Hernando, 1920.
La enseñanza primaria en las Repúblicas Hispanoamericanas, Madrid, Museo Pedagógico Nacional, 1921.
La escuela unificada, Madrid, Museo Pedagógico Nacional, 1922.
Las escuelas nuevas, Madrid, Museo Pedagógico Nacional, 1923.
Escuelas de ensayo y de reforma, Madrid, Museo Pedagógico Nacional, 1924.
Escuelas activas, Madrid, Museo Pedagógico Nacional, 1925.
La escuela única, Madrid, Revista de Pedagogía, 1931.
Antología de Pestalozzi, Madrid, Revista de Pedagogía, 1931, 2ª ed., Buenos Aires, Losada, 1946.
Antología de Herbart, Madrid, Revista de Pedagogía, 1932, 2ª ed., Buenos Aires, Losada, 1946.
La enseñanza primaria y secundaria argentina comparada con la de otros países, Universidad Nacional de Tucumán, 1942.
La pedagogía contemporánea, Universidad Nacional de Tucumán, 1942, 6ª ed., Buenos Aires, Losada, 1960. Traducción al portugués de Idel Becker, São Paulo, 1951.
La educación nueva, Universidad Nacional de Tucumán, 1943, 6ª ed., Buenos Aires, Losada, 1961.
Reforma de la educación, Buenos Aires, Losada, 1945.

Historia de la educación pública, Buenos Aires, Losada, 1946, 3ª ed., 1959.
La escuela nueva pública, Buenos Aires, Losada, 1948, 3ª ed., 1958.
Pedagogía, Buenos Aires, Losada, 1950, 6ª ed., 1960. Traducción al portugués de L. Lourenço de Oliveira. São Paulo, 1953.
Historia de la educación y de la pedagogía, Buenos Aires, Losada, 1951. (5ª ed. 1963). Traducción al portugués de Luis Damasco Penna, São Paulo, 1955.
Pedagogía social y política, Buenos Aires, Losada, 1954, 2ª ed., 1958.
Ideas pedagógicas del siglo XX (editor), Buenos Aires, Nova, 1955, 2ª ed., Losada, 1959.
Antología pedagógica, Buenos Aires, Losada, 1956, 2ª ed., 1959.
La educación de nuestro tiempo, Buenos Aires, Losada, 1957.
La Institución Libre de Enseñanza y la educación en España, Universidad Nacional de Buenos Aires, 1958.
Diccionario de pedagogía, Buenos Aires, Losada, 1960. (2ª ed., 1962).
Revista de Pedagogía (Dirección), Madrid, 1922-1936 (15 vols.), Tucumán, 1939 (1 volumen).

BIBLIOTECA PEDAGÓGICA

Adler, Alfred	*La educación de los niños*
Claparède, Édouard	*La escuela y la psicología*
Comas, Margarita	*El método de proyectos en las escuelas urbanas*
Cousinet, Roger	*Un nuevo método de trabajo libre por grupos*
Decroly, O. y Boon, G.	*Iniciación general al método Decroly y ensayo de aplicación a la escuela primaria*
Dewey, John	*Democracia y educación*
Dewey, John	*El niño y el programa escolar*
Dilthey, Wilhelm	*Historia de la pedagogía*
Dilthey, Wilhelm	*Fundamentos de un sistema de pedagogía*
Freeman, Frank N.	*La pedagogía científica*
Ghioldi, Américo	*Política educacional en el cuadro de las ciencias de la educación*
Gozaer, Giovanni	*Teoría y organización de la educación profesional*
Guillén de Rezzano, Clotilde	*Los centros de interés en la escuela*
Jesualdo	*La escuela politécnico-humanista, escuela del futuro*
Jesualdo	*La literatura infantil*
Kilpatrick W. H., Hugg, Harold; Washburne, H.	*El nuevo programa escolar*
Lafora, G. R. y Comas, M.	*La educación sexual y la coeducación de los sexos*
Lay, W. A.	*Manual de pedagogía*
Lehmann, Rudolf	*Introducción a la filosofía*
Lipmann, Otto	*Psicología para maestros*
Luzuriaga, Lorenzo	*La educación de nuestro tiempo*
Luzuriaga, Lorenzo	*Historia de la educación y de la pedagogía*
Luzuriaga, Lorenzo	*Pedagogía*
Luzuriaga, Lorenzo	*Antología pedagógica*
Luzuriaga, Lorenzo	*Pedagogía social y política*
Luzuriaga, Lorenzo	*Ideas pedagógicas del siglo XX*
Luzuriaga y otros	*Métodos de la nueva educación*
Lynch, A. J.	*El trabajo individual según el plan Dalton*
Maguire, Edward R.	*El plan de los grupos de estudio*
Mantovani, Juan	*Educación y vida*
Messer, August	*Filosofía y educación*
Messer, August	*Introducción a la psicología y direcciones de la psicología en la actualidad*
Meumann, Ernest	*Pedagogía experimental*
Navarro de Luzuriaga, María Luisa	*El método de trabajo por equipos*

NOHL, HERMAN	*Teoría de la educación*
PFISTER, OSKAR	*El psicoanálisis y la educación*
PIAGET, J. y HELLER, J.	*La autonomía en la escuela*
PIAGET, JEAN y otros	*La nueva educación moral*
ROHRACHER, A.	*Introducción a la caracterología*
SPRANGER, EDUARDO	*Fundamentos de la política escolar*
STÖSSNER, ARTURO	*Psicología pedagógica*
TOMER, EDUARDO M.	*El folklore en la escuela*
VALLS, VICENTE	*Metodología de las ciencias físicas*
VERNIERS, L.	*Metodología de la historia*
WASHBURNE, CARLETON W.	*Winnetka. Historia y significación de un experimento pedagógico*
WASHBURNE, CARLETON W.	*Educación para una conciencia mundial*
WELLS, M. E.	*Un programa desarrollado en proyectos*

Impreso en Erre Eme S.A. en el mes de noviembre de 1997
Talcahuano 277 - 1013 Buenos Aires
Telefax: 01-382-4452/1931